LA FABLE
DES
ABEILLES,
OU
LES FRIPONS
DEVENUS
HONNETES GENS

AVEC

LE COMMENTAIRE

Où l'on prouve que les Vices des Particuliers tendent à l'avantage du Public.

TRADUIT DE L'ANGLOIS
Sur la Sixième Edition.

TOME TROISIEME.

Opinionum commenta delet dies, Naturæ judicia confirmat. CICERO de Nat. Deor. Lib. II.

À LONDRES.
AUX DEPENS DE LA COMPAGNIE.
MDCCXL.

PREFACE.

BIEN des gens s'étonneront que j'ajoute un troisiéme & un quatrième Volume à la FABLE DES ABEILLES, avant que d'avoir répondu aux plaintes que diverses Personnes continuent de faire contre la DEFENSE que j'ai publiée pour les deux prémiers Tomes. Je conviens que tout Livre imprimé est soumis au jugement des Lecteurs; mais aussi il seroit fort déraisonnable que les Auteurs n'eussent pas les mêmes droits sur les Ouvrages de leurs Critiques. La manière dont j'ai été traité, & les libertés que certaines Personnes ont prises avec moi, sont trop bien connues, pour que le Public puisse ignorer qu'en fait de civilité, je ne suis point en reste avec mes Adversaires. Si donc ceux qui ont trouvé à propos de me reprendre & de me critiquer, ont un droit incontestable de censurer ce qu'ils croient appercevoir en moi de blâmable; s'ils sont autoriſés à dire de moi tout ce qu'ils veulent; je dois ſans-doute avoir auſſi à mon tour le privilège d'examiner leurs critiques, & de juger, ſans les conſulter, s'ils méritent que je leur réponde. C'eſt au Public à juger entre mes Cenſeurs & moi.

La troiſième édition de la FABLE DES ABEILLES avoit déjà paru, lorſque je publiai la DEFENSE de cet Ouvrage, qui eſt contenue dans le ſecond Tome. La manière dont j'y rapporte les accuſations que l'on avoit formées contre moi, montre évidemment que je n'ai point cherché à diſſimuler ni les argumens ni les invectives dont on a prétendu m'accabler. J'ai au contraire eu ſoin d'en inſtruire fidèlement le Public. J'avois même d'abord penſé à ſaiſir cette occaſion, pour donner une liſte des Antagoniſtes qui ont écrit contre moi: mais comme ils n'ont rien de conſidérable que leur nombre, j'ai craint qu'on ne m'accuſât d'oſtentation, ſi je ne répondois en même tems à tous ces Adverſaires: tâche que je n'entreprendrai jamais; puiſque ſi juſques-à-préſent j'ai été accuſé d'avoir dit quelque choſe contre les Bonnes Mœurs, il n'y a point

point de Génie médiocre qui n'ait pu aisément déduire, soit de l'APOLOGIE, soit du LIVRE même, une très-bonne réponse à cette frivole accusation.

Quoi qu'il en soit, il y a près de deux ans que j'ai fini une autre DEFENSE DE LA FABLE DES ABEILLES. Dans celle-ci je m'étois attaché à résoudre toutes les Objections qu'on peut raisonnablement faire, soit contre la doctrine qui est formellement contenue dans l'Ouvrage, soit contre les dangereuses conséquences qu'on en peut tirer. Ces conséquences sont l'unique chose qui m'ait toujours fait de la peine. Persuadé intérieurement que je n'ai point écrit dans un mauvais but, je serois au desespoir qu'on me soupçonnât d'avoir eu de pernicieux desseins.

Quant aux Objections qu'on a faites contre l'exécution de l'Ouvrage même, je ne m'en suis nullement mis en peine. Que les Critiques disent que mon Livre est sophistique & mal écrit, qu'il ne contient rien de nouveau, mais seulement des faussetés qui n'ont ni suite ni liaison; qu'ils disent encore que la diction en est barbare, que les idées en sont basses, & que le stile en est rampant,

pant, pitoïable même; je le leur permets volontiers. Je crois même que dans le fond ces Gens pourroient fort bien avoir raiſon; mais quand même la choſe ne feroit pas telle, je ne me donnerois cependant jamais la peine de les contredire; parce que je ſuis dans l'idée qu'un Auteur ne ſauroit plus mal emploïer ſon tems, qu'à défendre & à prouver ſon habileté.

Je n'ai écrit que dans le deſſein de m'amuſer, ainſi je ſuis déjà parvenu à mes fins. S'il n'en a pas été de même de ceux qui ont lu mon Livre, j'en ſuis fâché, quoique je ne m'en croie point du tout reſponſable. Je n'ai point fait imprimer mon Livre par ſouſcription. Je n'ai jamais fait eſpérer qu'il feroit utile & excellent. Au contraire, dès la Préface du prémier Tome, j'en parlai comme d'un Ouvrage de peu de conſéquence; & depuis j'ai avoué publiquement, que ce n'étoit qu'une pure rapſodie *. Si l'on avoit acheté quelque Livre, avant que de l'avoir examiné, & ſans ſavoir ce que c'eſt, à qui s'en prendroit-on qu'à ſoi-même & à ſon

* Voïez Tome II. Page 137.

ſon imprudence, lorsqu'on ne le trouveroit pas tel qu'on l'avoit eſpéré? D'ailleurs, eſt-il rare qu'on ne trouve pas de ſon goût les Livres qu'on a achetés? N'arrive-t-il pas même ſouvent qu'on s'ennuïe à la lecture qu'on ſe ſera procuré ſur la parole d'un Homme de poids, qui nous aura promis du plaiſir dans cette lecture?

Pluſieurs de mes Amis ont vu une grande partie de la DEFENSE dont j'ai fait mention ci-deſſus, & ils l'ont même attendue pendant quelque tems. Si je n'ai pas répondu à leurs espérances, ce n'eſt pas que j'aïe été arrêté par le choix des caractères, ou du papier. Il y a bien d'autres raiſons qui m'empêchent de publier cette APOLOGIE. On me diſpenſera de les expoſer, puiſque je n'ai tiré de l'argent de qui que ce ſoit, & que même je n'ai jamais promis cette DEFENSE. Dans quelque tems qu'elle paroiſſe, mes Antagoniſtes croiront toujours que c'eſt aſſez tôt, & perſonne ne ſouffrira de ce délai que moi ſeul.

Dès-que j'ai été attaqué, j'ai eu peine à comprendre, comment il s'eſt pu trouver des Gens qui ſe ſoient imaginés que j'eusse écrit dans l'intention de *corrompre la Nation*, & *d'encourager toute sorte de Vices* *. D'abord je n'ai pu attribuer cette accusation qu'à une ignorance volontaire, & à une malice préméditée. Mais depuis que j'ai vu des Personnes appréhender sérieusement, que les fréquentes représentations de l'*Opéra des Gueux* † n'augmentassent le nom-

* Voïez Tome II. Page 225.

† Mr. GAY est l'Auteur de cet OPERA, qu'on appellera une Comédie, ou de telle autre manière qu'on le trouvera à propos, le nom ne fait rien à la chose. Cette Pièce, à proprement parler, est un Opéra & une Comédie en même tems: semblable en cela à un *Opéra Comique*, excepté que ce ne sont point des Airs de Vaudevilles. Elle contient une satyre très-fine, & très-ingénieuse, contre les Cours & les Ministres d'Etat. Ils y sont censurés en la personne des Voleurs de grands chemins, dont ils rapportent les divers stratagêmes qui sont en usage parmi eux pour se trahir, se détruire, & se soutenir les uns les autres : stratagêmes qui répondent assez bien aux artifices des Politiques du tems. Un des Chapelains du Roi a vivement prêché contre cet OPERA ; mais cette censure n'a pas empêché les Personnes sensées de ce Roïaume, de dire qu'il n'y avoit qu'un attachement servil à un Parti, une envie de se singulariser, une stupidité desespérée, un zèle aveugle, ou une hypocrisie affectée, qui pût condamner un Ouvrage aussi instructif, que l'est cette Pièce de l'illustre Mr. GAY. Cet Auteur, mort déjà depuis quelques années, a été enterré à l'Abbaïe de *Westminster*. Voici son Epitaphe.

Life is a jest, and all things show it,
I thaugt so once, but now i know it.

C'est-à-dire: Toutes choses prouvent que la vie n'est

nombre des Fripons & des Friponneries, j'ai commencé à croire qu'il pouvoit réellement y avoir dans le Monde *des gens aſſez prévenus* pour ſe perſuader qu'on encourage le Vice, quand on le cenſure.

On doit attribuer à la même perverſité de jugement, l'indignation qu'ont fait éclater contre moi quelques-uns de mes Adverſaires, pour avoir avoué dans l'APOLOGIE, que *jusques-ici je n'avois pas été capable de reprimer ma vanité, autant que je l'aurois ſouhaitté* *. Il paroît viſiblement par leur critique, que ces Perſonnes ſe ſont imaginé qu'il n'y avoit point de différence entre ſe plaindre d'une foibleſſe & s'en vanter. Mais ſi ces Cenſeurs cauſtiques s'étoient moins laiſſés aveugler par la paſſion; ſi, en examinant les choſes de plus près, ils n'euſſent pas eu trop d'indulgence pour leur vanité, ils ſe ſeroient aiſément apperçu que pour faire eux-mêmes une pareille confeſſion, ils n'avoient beſoin que d'un peu plus de ſincérité. J'avoue qu'une Perſonne qui pu-

n'eſt qu'un jeu, auſſi l'ai-je cru autrefois; mais à préſent j'en ſuis aſſuré.

* Voïez vers la fin du Tome II.

publiéroit qu'il a de la vanité, en même tems qu'il découvriroit ſon arrogance, ſeroit impardonnable. Mais lorſque nous entendons un Homme ſe plaindre d'une infirmité, & confeſſer qu'il n'a pas les forces néceſſaires pour s'en guérir, s'il n'en laiſſe paroître aucun ſymptôme qu'on puiſſe lui reprocher avec juſtice, bien loin d'être offenſés de ſon aveu, ſon ingénuïté au contraire nous charme, & nous ne pouvons nous empêcher de louer ſa candeur. Si donc, pendant que les autres inventent mille menſonges pour pallier leur orgueil, un Auteur ſincère ne prend avec ſes Lecteurs de ces libertés qu'on regarde comme une ſuite de la vanité, que celles qu'on a accoutumé de prendre dans des Ouvrages de la même nature, & qu'en même tems il reconnoiſſe que ſon but a été par-là de ſatisfaire cette foibleſſe, on ne peut envisager ſa confeſſion que comme un compliment, & on ne doit conſidérer ſa franchiſe, que comme une politeſſe qu'il fait au Public, & une condeſcendance qu'il n'étoit pas obligé d'avoir. Le Vice ne conſiſte point à éprouver des paſſions, ou à être ſujet aux fragilités de la Nature Humaine; mais

mais on tombe dans le Vice, lorsqu'on les assouvit, & qu'on leur obéit dans ce qui est contraire aux préceptes de la Raison. Un Ecrivain qui, rempli de respect pour ses Lecteurs, soumettroit respectueusement son Ouvrage à leur jugement, & qui déclareroit en même tems qu'il n'est susceptible d'aucune vanité, gâteroit son compliment dans le tems même qu'il le feroit, puisqu'il n'y a point de mérite à faire une chose qui ne coute point de peine. Les Personnes de goût, comme celles qui n'ont que peu de délicatesse, ne peuvent être que très-foiblement frappées de la modestie d'un Homme qu'elles savent être exempt de toute vanité. Sans cette foiblesse la modestie n'est point une vertu; ou du-moins dans ce cas-là elle n'auroit pas plus de mérite, que n'en auroit la chasteté dans un Eunuque, ou l'humilité dans un Homme de néant & dans un Gueux. Quelle seroit la gloire de *Caton*, pour avoir refusé de goûter l'eau qu'on lui avoit apportée, si l'on ne supposoit qu'il avoit grand soif quand on la lui présenta?

Le Lecteur trouvera dans ce troisième Tome, & dans le quatrième, bien des choses qui serviront à éclaircir plusieurs endroits obscurs du prémier & du second Volume, & à en déveloper quelques-uns que je m'étois d'abord contenté d'indiquer.

Dans le tems que je formois ce dessein, j'ai senti que si d'un côté il m'étoit beaucoup plus facile de l'exécuter dans des DIALOGUES, de l'autre cette méthode n'étoit point du tout propre à discuter des Opinions, & à agiter des Controverses. Quand des Personnes susceptibles de partialité se proposent de battre un Antagoniste, & d'en triompher sans peine, ils suivent ordinairement la méthode usée de l'attaquer dans un DIALOGUE. En débutant, ils laissent appercevoir le Champion qui doit perdre la bataille; & dans le combat même, ils donnent à connoître la victime qu'ils se proposent de sacrifier. Ce Combattant y fait rarement meilleure figure que les Coqs, qui le jour de *Mardi-Gras* † sont destinés à recevoir les

† Il semble que l'Auteur fait ici allusion à une coutume, qui a lieu en *Angleterre* le jour de *Mardi-Gras*, & même quelquefois dans le *Brabant*. On attache un Coq par le pied à une corde, dont l'extrémité est liée à un pieu fiché en terre, ou qu'on arrête avec le pied. Dans cette situation, les Assistans

les coups ſans en rendre aucun, & qui ſont viſiblement dreſſés à avoir le deſſous.

Les préjugés qu'on a contre les DIALOGUES, ſont très-fondés. Cependant il n'eſt pas moins vrai qu'il n'eſt point de manière d'écrire qui ait été ſuivie par des Auteurs plus fameux. Ceux qui y ont le mieux réuſſi ſont *Platon* & *Cicéron*, les deux plus célèbres Auteurs de l'Antiquité. L'un a presque écrit tous ſes Ouvrages Philoſophiques, & l'autre ne nous a rien laiſſé que dans ce genre. Il eſt donc évident que ſi quelques Perſonnes n'ont pas réuſſi à écrire en DIALOGUES, on doit en attribuer la faute à la méthode qu'ils y ont obſervée, plutôt qu'au genre même d'écrire qu'ils avoient choiſi. Ainſi rien n'a pu le décréditer, que le mauvais uſage qu'on en a fait. *Platon* nous aprend la raiſon qui lui a fait préférer les DIALOGUES à tout autre manière d'écrire: *C'eſt*, dit-il, *que dans un* DIALOGUE *on peut repréſenter les choſes qu'on raconte, comme ſi elles*

tans lui jettent un bâton pour le tuer; & la ſeule habileté du Coq conſiſte à éviter les coups qu'on veut lui porter. C'eſt auſſi à cela ſeul qu'on le dreſſe.

les se passoient devant les yeux. *Cicéron*, après ce grand Homme, en a rendu la même raison.

La plus grande Objection qu'on puisse faire avec quelque fondement contre ce genre d'écrire, est tirée de la difficulté qu'il y a d'y réussir. Le principal des Interlocuteurs de *Platon*, est toujours son Maître *Socrate*, qui soutient partout son caractère avec beaucoup de dignité; mais dans plusieurs occasions, *Platon* n'auroit pu parler par la bouche d'un Personnage aussi extraordinaire, s'il n'eût pas lui-même été un aussi grand Homme que *Socrate*.

Cicéron, scrupuleux imitateur de *Platon*, introduit dans ses DIALOGUES quelques-uns de ces illustres *Romains* qui vivoient de son tems; Personnages reconnus pour être dans des opinions opposées aux siennes. Il leur fait soutenir à chacun son propre sentiment, avec autant de force & d'ardeur, qu'il leur auroit été possible de le défendre eux-mêmes. En lisant ces DIALOGUES, on peut aisément s'imaginer qu'on se trouve dans une compagnie de plusieurs Savans, dont le goût & les inclinations sont différens. Mais pour réussir en sui-

ſuivant cette route, il faut avoir la capacité de *Cicéron.*

C'eſt ainſi encore que *Lucien*, & pluſieurs autres d'entre les Anciens, choiſiſſent pour leurs Interlocuteurs, des Perſonnages dont les caractères ſont connus. Auſſi eſt-il inconteſtable que l'on intéreſſe par-là beaucoup plus le Lecteur, que ſi on prenoit pour Interlocuteurs des Gens inconnus. Mais quand les Perſonnages ne ſoutiennent pas leur propre caractère, l'Auteur fait viſiblement voir qu'il a entrepris un Ouvrage qu'il n'étoit pas en état d'exécuter.

Pour éviter cet inconvénient, la plupart des Modernes qui écrivent en DIALOGUES, ſe ſont ſervi de noms ſuppoſés, qui ſont, ou de leur propre invention, ou de celle de quelqu'autre. Pour l'ordinaire on a tiré ces noms de la Langue Grecque, & ils ſervent à déſigner le caractère des Perſonnages imaginaires auxquels on les donne. Ces noms dénotent quelquefois le parti que ſuivent les Interlocuteurs, & dans d'autres occaſions les objets de leur amour ou de leur haine. Mais de tous ces mots qu'on a heureuſement formés, il n'en eſt

eſt aucun qui ait été du goût d'un auſſi grand nombre d'Auteurs, que celui de *Philalèthe* †. Quelles qu'aïent été leurs vues & leurs talens, ils ont affecté de prendre un Interlocuteur qui portoit un ſi beau nom : preuve certaine que les Hommes ont généralement beaucoup d'eſtime pour la Vérité. Depuis deux-cens ans il n'y a pas eu un ſeul Ouvrage Polémique de quelque importance, dans lequel les deux Partis n'aïent introduit quelquefois ce valeureux Champion; qui, ſemblable à l'*Almanzor de Dryden*, a toujours été du côté victorieux, & a conſtamment renverſé ſes plus vaillans Antagoniſtes. De cette manière, on connoit toujours quel ſera le ſuccès du combat, dès-que les Combattans ſont ſeulement nommés, avant même que le prémier coup ait été frappé.

Tous les Hommes n'ont pas les inclinations également tranquiles. Pluſieurs Lecteurs ſe ſont plaints, qu'en découvrant trop tôt le dénoûment de la Piè-

† PHILALETHE eſt un Nom composé de deux mots Grecs, dont l'un ſignifie *qui aime*, & l'autre *la Vérité*.

Pièce, ils n'avoient pas aſſez de plaiſir pour leur argent. Ce goût aïant prévalu depuis quelque tems, les Auteurs ont eu moins de peine à trouver des noms pour les Perſonnages qu'ils introduiſoient. J'ai ſuivi cette dernière méthode, qui me paroît tout auſſi raiſonnable, mais plus facile qu'aucune autre. Je déclare que je n'ai eu d'autre but dans les noms que j'ai donnés à mes Interlocuteurs, que celui de les diſtinguer ſans aucun égard à l'étymologie des mots, & aux opinions de ceux que j'introduis. Seulement j'ai eu ſoin de choiſir des noms qui ne fuſſent pas difficiles à prononcer, & dont le ſon ne choquât point les oreilles.

Mais quoique les noms que j'ai donnés à mes Interlocuteurs ſoient feints & ſuppoſés, cependant les circonſtances dans leſquelles j'ai placé ces Perſonnages, & les caractères ſous leſquels je les repréſente, ſont très-réels; & je les ai copiés d'après nature, avec toute la fidélité poſſible.

J'ai connu des Critiques, qui trouvoient mauvais qu'on indiquât à la tête des Pièces de Théatre, le caractère général des Acteurs. Ils alléguoient pour rai-

raiſon, qu'on leur enlevoit d'avance le plaiſir, & qu'ils avoient aſſez de génie pour découvrir eux-mêmes tout ce que les Acteurs devoient repréſenter. Mais je ne ſaurois approuver l'opinion de ces Beaux-Esprits. Il y a une espèce de ſatisfaction, ce me ſemble, à connoître la Compagnie où l'on eſt introduit; & quand je dois fréquenter quelque tems des Perſonnes, j'aime à être informé d'abord de ce qu'elles ſont. C'eſt auſſi la raiſon qui m'a déterminé à donner ici au Lecteur quelques idées des Perſonnes qui doivent l'entretenir.

Les Interlocuteurs que j'introduis ſont des Gens de qualité, c'eſt-là leur caractère général & commun. Qu'on me permette donc, avant que de deſcendre dans le particulier, de faire quelques réflexions ſur le Beau Monde en général. Cette précaution eſt d'autant plus à propos, que l'on ne conſidère pas toujours les Grands avec des yeux fort attentifs.

Dans tout le Monde Chrétien il y a parmi les Gens à la mode, des Perſonnes qui remplies d'une juſte horreur pour l'Athéisme, & pour ceux qui font profeſſion ouverte d'Incrédulité, n'ont ce-

cependant que fort peu de Religion, & qui ſe trouvent à peine être des *Demi-Croïans*, quand on entre dans le détail de leur conduite, & qu'on examine leurs ſentimens. On ſe propoſe principalement dans la belle Education, de procurer ici-bas à ceux qu'on en veut orner, autant de douceur, d'agrémens & de plaiſirs que la Terre peut en fournir. Pour cet effet on enſeigne d'abord aux Grands tous les différens artifices dont ils doivent ſe ſervir pour ſe rendre agréables, ſans qu'il leur en coute beaucoup de gène & de contrainte. On leur fait enſuite connoître tous les plaiſirs délicats de la vie; & on les inſtruit des préceptes de la prudence humaine, pour éviter la peine & l'embarras, afin de pouvoir jouïr de la vie auſſi tranquilement qu'il eſt poſſible.

Pendant que les Hommes recherchent ainſi leur intérêt particulier, ils contribuent en même tems à avancer & à multiplier les plaiſirs de la vie. Bientôt l'expérience leur a appris que pour parvenir à ces fins, on devoit bannir de la converſation, & du commerce, tout ce qui pouvoit tendre le moins du monde à faire de la peine aux autres. C'eſt en conſéquence de ce principe qu'on eſt convenu qu'il ne ſeroit permis qu'aux Parens, aux Maîtres & aux Gouverneurs, de rappeller à leur devoir ceux qui s'en écarteroient, & de les reprendre pour leurs imperfections, leurs négligences, ou leurs omiſſions. Encore doivent-ils prendre garde de ne pas adreſſer ces cenſures & ces exhortations en compagnie. Prétendre inſtruire ou corriger ceux ſur qui nous n'avons point d'autorité, c'eſt une groſſièreté qu'on ne pardonneroit pas même à un Eccléſiaſtique dès-qu'il eſt hors de la Chaire. S'il vouloit même paſſer pour un Prédicateur poli, il ne devroit pas parler en Chaire d'un ton de Maître, ni jamais faire mention de choſes desagréables ou effraïantes. Mais quelles que ſoient les choſes qu'on veut bien écouter lorsqu'elles ſont propoſées dans l'Egliſe, dès-qu'on en eſt dehors, & qu'on ſe trouve parmi le Beau Monde, il n'eſt plus permis, ſous quelque prétexte que ce ſoit, d'en parler. Ainſi il n'y a qu'un Pédant qui oſât dans une converſation faire des réflexions ſur la certitude d'une Vie à venir, ſur la néceſſité de la Repentance,

&

& sur quelqu'autre article fondamental de la Religion Chrétienne. Des sujets de cette nature ne seroient rien moins qu'amusans pour des Personnes du Bel Air. D'ailleurs on doit supposer que chacun est instruit de ces matières, & qu'il y donne les soins qu'elles méritent. Que dis-je! il y auroit de l'impolitesse à dire le contraire. Les égards pour la Mode sont la principale règle, pour ne rien dire de plus, que les Gens du Monde suivent. De-là vient qu'il y en a peu, qui conduits par le même principe, qui les oblige à se rendre visite les uns aux autres & à se régaler de tems en tems, n'aillent à l'Eglise, & ne reçoivent les Sacremens. Mais comme le plus grand soin du Beau Monde est de plaîre & de paroître bien élevé, la plupart, plusieurs même contre leur conscience, ne négligent rien pour ne pas paroître plus religieux que la Mode ne le permet, crainte de passer pour des Hypocrites, ou pour des Bigots ridicules.

Il faut avouer cependant que la *Vertu* est un terme très-fort à la mode, dont l'aimable son charme quelques-uns même des plus voluptueux. Mais ils n'entendent par-là, qu'une profonde vénération pour tout ce qui eſt galant & peu commun, jointe à une forte averſion pour tout ce qui eſt vulgaire & impoli. Il paroît que ces Gens-là s'imaginent que la Vertu conſiſte principalement à ſe conformer exactement aux loix de la Politeſſe, du Savoir-vivre, & à avoir pour eux tous les égards qui leur ſont dûs. Pour prouver la réalité de cette *Vertu*, on a ſouvent emploïé les mots les plus pompeux; & pour en ſoutenir l'éternité, on a vu pluſieurs Champions prêts à prendre les armes.

Le Monde Poli, qui ſe pique de cette *Vertu de mode*, ne ſe refuſe aucun des plaiſirs que la Mode permet: il en jouït en public, ſi elle les autoriſe; ou en ſecret, ſi la Politeſſe les condamne. Au lieu donc de conſacrer leur cœur à l'amour de la vraie Vertu, qui ſeule mérite ce beau nom, ils ſe contentent de ſe préſerver de la difformité extérieure du Vice, afin d'avoir la ſatisfaction de paroître bien élevés. On paſſeroit pour ridicule à leurs yeux, ſi l'on s'aviſoit de faire violence à ſes inclinations, ou de ſoutenir que la Vertu exige qu'on renonce à ſoi-même. Tous les Philoſophes de Cour conviennent qu'on ne ne peut en aucune manière aimer, ou ſouhaitter ce qui eſt mortifiant & incommode. Le Beau Monde n'exige autre choſe que des manières civiles, & de l'éloignement pour les paroles & les actions qui ont quelque choſe de choquant, lors du-moins qu'on ſe trouve en public avec des Perſonnes élevées de cette manière. C'eſt-là tout ce qu'ils exigent pour obtenir le nom de chaſte, ou de tempérant. Quelques libertés que l'on ſe donne d'ailleurs dans le particulier, la réputation n'en ſouffrira pas, pourvu qu'on ait la prudence de cacher ſes amourettes aux yeux de tous ceux qui ſe piquent d'être des Cenſeurs polis, & que l'on ait ſoin de ne rien faire de criminel, dont on puiſſe donner des preuves. *Si non caſtè, ſaltem cautè*, eſt un précepte qui renferme en abrégé tout ce qu'une Belle Education doit procurer. On avoue en général que l'Incontinence eſt un péché: cependant il eſt fort rare de trouver des Garçons au deſſous de trente ans, ou des Femmes qu'on met au rang des modeſtes, qui ſe piquent de ne s'y être jamais abandonné.

Les Hommes, dans quelque lieu du

Monde qu'ils habitent, toujours remplis d'égards pour eux-mêmes, souhaittent de passer pour réellement vertueux; par conséquent les vices, & toutes les fautes commises à tête levée, & en leur présence, sont odieux & impardonnables. Ainsi la vue d'un Homme ivre en plein jour, sur la rue, ou dans quelque Assemblée grave, a quelque chose de choquant; parce qu'une pareille action, accompagnée de ces circonstances, viole directement les règles de la Bienséance; & parce que celui qui la commet, témoigne ouvertement qu'il méprise le Public, & qu'il néglige un devoir qu'on suppose lui être dû. Il peut aussi arriver que l'on blâmera les Personnes qui ne se trouvant pas favorisées des biens de la Fortune, emploïeront à boire plus de tems, ou plus d'argent, que la situation de leurs affaires ne le leur permet. Mais indépendamment de ces considérations, & de toute autre semblable, l'Ivrognerie en elle-même n'est pas souvent censurée: rarement on la condamne, entant qu'elle est un péché, & une offense contre le Ciel. Y a-t-il quelque Homme riche, par exemple, qui se fasse un scrupule d'avouer qu'en un un tel tems il s'eſt rencontré dans une telle compagnie, où l'on a extraordinairement bu. Les Membres des diverſes Sociétés qui s'aſſemblent presque tous les jours de l'année dans le deſſein de boire & de ſe divertir, comptent leur manière de paſſer le tems pour auſſi innocente qu'aucune autre, lors même qu'ils y emploient ordinairement cinq ou ſix heures des vingt-quatre qui compoſent le jour naturel, pourvu que perſonne ne perdant la Raiſon, il ne s'y commette aucune extravagance. Quiconque n'a jamais bu à l'excès, n'aura jamais la réputation d'être un *bon Compagnon.* Si quelqu'un eſt d'une ſi forte conſtitution, ou qu'il ait bu avec aſſez de prudence pour n'être point incommodé le lendemain, de la doſe de vin qu'il a pris la nuit precédente; le pis qu'on en dira, c'eſt qu'il aime la bouteille avec modération, quoiqu'il paſſe conſtamment une bonne partie de la nuit à boire, & qu'il n'aille presque jamais ſe coucher ſans une *pointe de vin.*

L'Avarice, il eſt vrai, eſt généralement déteſtée: mais comme on ſe rend également coupable de ce vice, ſoit qu'on cherche à amaſſer de l'argent, ſoit qu'on faſſe ſes efforts pour le ménager ; il eſt évident qu'on devroit également condamner & rejetter les moïens bas, ſordides, & iniques d'acquérir des richeſſes, comme les viles & mesquines voies de les épargner. Mais on eſt communément plus indulgent. On ne taxe jamais d'avarice ceux qui dans leurs dépenſes ſe conforment au Beau Monde, & qui vivent à tous égards dans la ſplendeur. Quand même un Homme hauſſeroit tous les ans les rentes de ſes Terres, & qu'il laiſſeroit à peine à ſes Fermiers de quoi ſubſiſter ; quand même il s'enrichiroit par l'uſure, & par tous les exorbitans profits que l'extorſion peut tirer de la néceſſité des autres ; & plus que tout cela, quand il ſeroit mauvais Païeur, & Créancier impitoïable, on ne lui donneroit pas le nom odieux d'Avare. Quoi qu'on faſſe en un mot, on ne paſſera jamais pour tel, ſi l'on reçoit bien ſon monde, & qu'on faſſe pour ſa famille tout ce qui convient à une Perſonne de ſa condition.

Combien de Gens, déja très-riches, ne voïons-nous pas avoir l'extravagance de perdre leur tranquilité, pour acquéquérir de plus grands biens? Quelle avidité ne font pas paroître quelques Personnes pour augmenter les émolumens casuels attachés à leurs Charges? Quelle infame condescendance n'a-t-on pas pour obtenir des Emplois lucratifs? Ne voit-on pas des Gens faire leur cour comme des Esclaves, & ramper d'une manière basse & indigne auprès des Favoris, pour obtenir des pensions dont ils pouvoient aisément se passer? Cependant, qui les a jamais blâmés que leurs ennemis ou leurs envieux, & peut-être les Pauvres qui sont peu contens de leur état? Que dis-je! La plupart des Personnes bien élevées, & qui vivent elles-mêmes dans l'abondance, les loueront de leur diligence & de leur activité; elles diront que ces Gens-là songent au solide; qu'industrieux & attentifs à soutenir leur famille, ils savent ce que c'est que vivre dans le Monde, & qu'ils sont propres à y faire bien leurs affaires.

La haute opinion qu'on inspire de la Nature Humaine, dans cette Education artificielle dont nous parlons, ne fait pas moins de tort à la Foi Chrétienne, que les favorables interprétations qu'on donne à ces dérèglemens. On ne cesse de nous dire que c'est la faculté que nous avons de raisonner, qui nous met si fort au-dessus de toutes les autres Créatures. J'avoue que cette proposition est très-certaine; mais il n'est pas moins vrai que plus on nous fournit de raisons pour nous admirer nous-mêmes, plus aussi notre vanité augmente, & plus nous faisons de fond sur la suffisance de notre Raison. En effet, comme l'expérience apprend que plus on a d'estime pour sa propre excellence, moins on est capable en général de supporter patiemment les injures; on voit de même que plus hautes sont les notions que les Hommes conçoivent sur ce qu'ils possèdent de meilleur, je veux parler de leur faculté de raisonner, plus ils auront de répugnance à donner leur consentement à tout ce qui paroîtra surpasser ou contredire la Raison. Si l'on demande à une Personne d'admettre quelque chose qu'elle ne sauroit comprendre, le vain Raisonneur appellera cela un affront qu'on fait à l'Entendement Humain.

L'aise & le plaisir sont le grand but que se propose le Beau Monde; la civilivilité eſt d'ailleurs inſéparable de leurs manières. D'où il eſt naturel de penſer que les Gens qui ont reçu une belle éducation, ne disputeront jamais ſur la Religion dans laquelle ils ont été élevés, & qu'ils ne ſe donneront jamais la peine d'examiner s'ils ſont du nombre des Croïans. Soumis ſans ſcrupule à toutes les cérémonies uſitées dans le Culte Religieux qu'ils ont accoutumé de pratiquer, ils ne vous conteſteront jamais la vérité, ni du Vieux, ni du Nouveau Teſtament; pourvu qu'à votre tour vous ne ſoïez pas rigides ſur la Foi & ſur les Myſtères, & que vous leur permettiez de donner un ſens allégorique, ou figuré, à l'Hiſtoire de la Création, & à tout ce qu'ils ne ſauroient comprendre ou expliquer par le moïen des Lumières Naturelles.

Au reſte je ſuis très-perſuadé qu'il y a parmi ceux qui ſe piquent de ſavoir-vivre, pluſieurs Perſonnes qui ſont plus vertueuſes & plus ſincères que celles que je viens de décrire. J'ai voulu ſimplement dire, qu'une grande partie des Grands reſſemblent beaucoup au portrait que je viens de tracer; & j'en appelle à toute Perſonne qui a de la can-

candeur, & qui eſt en état d'en juger.

HORACE, CLEOMENE & FULVIE, ſont les noms de mes Interlocuteurs. Le prémier repréſente en général une de ces Perſonnes à la mode, dont j'ai parlé; mais qui par rapport à la Morale eſt aſſez raiſonnable, quoiqu'il paroiſſe ſe défier beaucoup plus de la ſincérité des Eccléſiaſtiques, que de celle de toute autre Profeſſion. Il eſt perſuadé de ce qui eſt exprimé dans ce proverbe, auſſi uſé & ſpécieux qu'il eſt faux & injurieux, *Les Prêtres de toutes les Religions ſont abſolument les mêmes.* Par rapport à ſes études, je ſuppoſe qu'HORACE entend paſſablement les Auteurs Claſſiques, & qu'il a plus de lecture que n'en ont ordinairement les Gens de qualité qui ſont nés avec de grands biens. C'eſt un Homme qui a beaucoup d'honneur, qui fait cas de la juſtice, & qui eſt rempli de ſentimens d'humanité. Plutôt prodigue qu'avare, il paroît entièrement deſintéreſſé dans ſes principes. HORACE a voïagé, il a vu le Monde, & il poſſède la meilleure partie de ces qualités qui donnent à un Homme la réputation d'être un fort bon Gentilhomme.

CLEO-

Cleomene étoit autrefois du même caractère, mais il s'eſt beaucoup corrigé. Il avoit d'abord par amuſement étudié l'Anatomie, & diverſes parties de la Philoſophie; & au retour de ſes voïages, il s'étoit attaché avec beaucoup d'application à l'étude de l'Homme, & à la connoiſſance de Soi-même. On ſuppoſe que dans le tems qu'il emploïoit ainſi ſes heures de loiſir, la Fable des Abeilles lui eſt tombée entre les mains. Cleomene, faiſant un bon uſage de ce qu'il lit dans la Fable, compare ce qu'il ſent intérieurement, & ce qu'il a vu dans le Monde, avec les ſentimens établis dans ce Livre; & par cet examen il trouve que le défaut de ſincérité eſt tout auſſi univerſel dans le Monde, que le dit le Fabuliste. Plein de mépris pour les vains prétextes & les frivoles excuſes dont on ſe ſert communément pour couvrir les paſſions, il a toujours eu de violens ſoupçons ſur la ſincérité de ceux en qui il a apperçu un amour exceſſif pour le Monde. Il ſe défie de ceux qui recherchent avec une espèce de fureur les richeſſes & le crédit, lors même qu'ils aſſurent très-expreſſément que le grand but de leurs tra-

travaux, eſt de ſe mettre en état de faire du bien aux autres, & d'être plus reconnoiſſans envers le Ciel. Ses ſoupçons redoublent ſur-tout, lorſqu'il voit ces mêmes Perſonnes ſe conformer aux coutumes reçues parmi le Beau Monde, & ſe plaîre dans la manière de vivre qui eſt à la mode. Il n'a pas meilleure opinion de toutes les Perſonnes d'eſprit qui aïant lu & examiné l'Evangile, ſoutiennent que l'on peut, ſans perdre la qualité de Bon Chrétien, rechercher de tout ſon pouvoir la Gloire Mondaine. CLEOMENE croit que la Bible eſt la Parole de Dieu. Il le croit même ſans réſerve, parfaitement convaincu de la vérité des Myſtères, auſſi-bien que de celle des Hiſtoires qui ſont renfermées dans les Livres Sacrés. Pleinement perſuadé, non ſeulement de la vérité de la Religion Chrétienne, mais encore de la rigidité de ſes Préceptes, il attaque ſes paſſions avec vigueur, & il ne ſe fait point de peine d'avouer ſa foibleſſe, & les violens obſtacles qu'il trouve à les ſoumettre. On l'entend ſouvent ſe plaindre que les empêchemens qu'y apportent la chair & le ſang, ſont inſurmontables. Il connoit toute la difficulté qu'il qu'il y a à remplir la tâche que l'Evangile nous impose. Aussi s'oppose-t-il toujours à ces Casuistes relâchés, qui, pour parvenir à leurs fins, travaillent à adoucir la rigueur des Loix du Christianisme. Suivant lui, les actions de graces que les Hommes rendent à Dieu, sont une offrande qui lui déplaît, si continuant à vivre dans les plaisirs & dans le luxe, ils recherchent avec trop d'empressement la pompe & les vanités de ce Monde. La fine politesse qu'il a observée dans les conversations, la complaisance avec laquelle il a vu les Gens polis se flatter mutuellement dans leurs foiblesses, &, pour tout dire en un mot, presque toute la conduite qu'il a remarquée dans les Personnes du bel air, a persuadé à CLEOMENE qu'il y avoit entre leurs actions extérieures & leurs inclinations une opposition incompatible avec la Droiture & la Sincérité. Il croit que de toutes les Vertus Chrétiennes il n'en est point de plus rare ni de plus difficile à acquérir que l'Humilité: il est même prévenu de l'idée que rien n'est plus propre à détruire la simple possibilité de jamais parvenir à cette Vertu, que ce qu'on appelle l'Education d'un Gen-

Gentilhomme. CLEOMENE eſt auſſi d'avis que plus on emploie de dextérité pour cacher les ſignes extérieurs & les ſymptômes de la Vanité, plus on s'en rend esclaves intérieurement. Il a examiné avec ſoin la félicité & le plaiſir que produiſent les applaudiſſemens & les récompenſes inviſibles, dans le cœur des Perſonnes de ſens & d'une imagination judicieuſe. Avec le même ſoin il a conſidéré ce qu'il y avoit dans ces minces récompenſes qui les rendoit ſi précieuſes aux yeux des Mortels, qui les recevoient comme des dédommagemens de leurs travaux. CLEOMENE a étudié la contenance de ceux qui s'entendent admirer ou louer ſur quelque choſe qui leur appartient, comme ſur le choix de leurs ameublemens, ſur leur politeſſe à recevoir leur monde, ſur leurs équipages, ſur leurs habillemens, ſur leurs plaiſirs, ou ſur le bon goût qui règne dans leurs Bâtimens.

CLEOMENE paſſe pour charitable, c'eſt un Homme qui pratique une morale rigide; cependant il ſe plaint ſouvent, qu'il ne poſſède pas la vertu ſublime que demande le Chriſtianisme. Il regarde comme imparfaites ſes actions,

tions qui ont bien toutes les apparences d'être bonnes, s'il sent intérieurement qu'elles sont parties d'un mauvais principe. L'éducation qu'il a reçue, jointe à une aversion naturelle pour l'infamie, a toujours eu assez de force pour l'éloigner des actions honteuses : mais il attribue cela à sa vanité, qui de son propre aveu possède si entièrement son cœur, qu'il ne connoit aucun acte de quelque passion que ce soit, dont il ait pu l'exclure. Sa conduite a toujours été sans reproche, ainsi la sincérité de sa foi n'a point fait de changement visible dans ses mœurs. Il n'a jamais cessé de s'examiner soi-même en particulier. Comme il n'a point de panchant à l'Enthousiasme, sa vie est très-unie ; & s'il n'a jamais aspiré aux grands mouvemens de Dévotion, il ne s'est aussi jamais rendu coupable de péchés énormes. CLEOMENE à une forte aversion pour les *Rigoristes* de toute espèce. Quand il voit les Hommes se quereller sur la forme de leur Confession de Foi, & sur l'interprétation de Passages obscurs, il est indigné de les voir manquer de charité. Il ne peut souffrir que des Personnes qui veulent obliger les autres à être de leur ſentiment ſur des matières problématiques, ſoient en ſcandale par leur relâchement à l'égard des devoirs les plus évidens & les plus néceſſaires. Il a pris toutes les peines imaginables pour fouiller dans les replis du Cœur Humain. Il n'a rien négligé pour en découvrir la vanité, l'hypocriſie, & pour dévoiler à ſes intimes Amis les ſtratagêmes de l'un, & le pouvoir exorbitant de l'autre. Non ſeulement il eſt perſuadé que la ſatisfaction qu'on goûte dans les plaiſirs mondains, eſt quelque choſe de très-diſtinct de la gratitude qu'on doit à Dieu pour ſes bienfaits, & qu'elle n'a rien de commun avec la Religion; mais il croit de plus que cette ſatisfaction, procédant de ſes diſpoſitions intérieures, ſe termine à lui-même, & n'a point d'autre objet. Le repos & la tranquilité de la vie eſt toujours accompagné, ſuivant lui, d'une certaine enflure de cœur, qui paroît inſéparable de ſa nature. Quelle que ſoit la cauſe de ces hautes idées, il eſt convaincu que le ſacrifice du cœur que l'Evangile demande, conſiſte à déraciner entièrement ce principe. Il avoue cependant fort ingénûment que cette ſatistisfaction qu'il trouve en soi-même, que cette bonne opinion qu'il a de lui-même & de ce qu'il possède, est la principale source de ses plaisirs, & qu'elle fait la partie la plus agréable des douceurs de la vie.

CLEOMENE avoue souvent avec douleur, qu'il craint bien que l'attachement qu'il a pour le Monde, ne finisse qu'avec la vie. Trois raisons entretiennent chez lui des soupçons si humilians. Prémièrement, les égards qu'il continue d'avoir pour le sentiment des Mondains. En second lieu, l'obstination de son cœur indocile, qui ne sauroit changer les objets de sa vanité, & avoir honte des actions dont il a appris à se glorifier dès son enfance. Enfin, l'aversion insurmontable qu'il trouve dans son cœur pour le mépris & les railleries, de quelque espèce qu'elles soient. Ce sont ces dispositions qui l'ont empêché de rompre tout commerce avec le Beau Monde, & de changer entièrement sa manière de vivre: car dans le fond il ne croit point qu'il y ait du ridicule à parler du renoncement au Monde, à dire adieu à toute la pompe & aux vanités du Siècle.

Le rolle de FULVIE, qui eſt le troiſième de mes Perſonnages, eſt très-petit : elle ne paroît même que dans le prémier DIALOGUE, ainſi il feroit inutile d'en donner le caractère. Me propoſant de dire quelque choſe de la *Peinture* & des *Opéras*, j'ai cru que je pourrois plus naturellement amener ce ſujet, en introduiſant FULVIE. Les Dames ne doivent pas conclure du peu que FULVIE dit, qu'elle manque de vertu & d'esprit. Voilà ce que j'avois à dire à l'égard des Perſonnages que j'introduis dans ces DIALOGUES.

Pour venir au ſujet même, j'ai ſuppoſé, dans le prémier DIALOGUE, qu'HORACE, charmé de la manière d'écrire de Milord *Shaftsbury* †, de la politeſſe de ſon ſtile, de ſes fines railleries, & de la dextérité avec laquelle il a ſu aſſocier la vertu avec les belles manières, étoit un zèlé Partiſan du Syſtême de *Sociabilité* que ce Seigneur a établi. Il s'étonne comment CLEOMENE peut être le Défenſeur d'un Livre tel que celui de LA FABLE DES ABEILLES, qu'il avoit ouï diffamer par un ſi grand nombre

† Quoique l'Auteur parle ici en général des Ouvrages de Milord *Shaftsbury*, il n'a pourtant en vue que ſes *Caractériſtiques*.

bre de Perſonnes. CLEOMENE aime extrêmement HORACE, ainſi il doit naturellement chercher à le détromper: mais celui-ci qui hait la Satyre, & qui à ouï dire que le Courage & l'Honneur même étoient tournés en ridicule dans cet Ouvrage, eſt fort prévenu contre l'Auteur & contre ſon Syſtême. Il avoit entendu deux ou trois fois CLEOMENE diſcourir ſur ce ſujet avec d'autres Perſonnes, mais il n'avoit jamais voulu ſe mêler de la converſation. CLEOMENE lui propoſe d'entrer en conférence. HORACE bat d'abord froid; & enfin, redoutant les inſtances de ſon Ami, il évite toutes les occaſions de ſe trouver ſeul avec lui, jusqu'à ce que CLEOMENE uſant de ſtratagême, un jour qu'HORACE après une courte viſite de cérémonie vouloit prendre congé de lui, l'oblige à entamer ce ſujet.

Je ne ſerai point ſurpris s'il y a des Perſonnes de probité & de ſens, qui trouvent des défauts dans la méthode que j'ai ſuivie pour mettre au jour mes penſées. J'avoue qu'il y a effectivement quelque choſe que je ne ſaurois juſtifier pleinement. Qu'un Homme tel que CLEOMENE, qui rencontre un

Livre conforme à ses sentimens, désire de faire connoissance avec l'Auteur, il n'y a rien-là qui soit contre la vraisemblance: mais alors on m'objectera que c'est toujours moi qui ai écrit les DIALOGUES, quels que soient les Interlocuteurs; & qu'ainsi il est tout-à-fait contraire à la bienséance qu'un Auteur persécute les autres pour les entretenir de son Ouvrage. Il n'y a qu'un Ami à qui ces manières puissent peut-être convenir.

Rien n'est plus vrai que le principe sur lequel cette Objection est fondée. Tout ce qu'on peut y répondre de meilleur, c'est, ce me semble, qu'un Homme aussi impartial, & aussi amateur de la Vérité que j'ai représenté CLEOMENE, devroit être aussi circonspect en parlant du mérite de son Ami, que s'il s'agissoit de son mérite propre.

On insistera peut-être, & l'on dira que dès-que quelqu'un fait profession d'être Ami d'un Auteur, & de suivre en tout les mêmes sentimens, on oblige les Lecteurs à être sur leurs gardes, & on les rend aussi soupçonneux & aussi défiant contre cet Ami, que contre l'Auteur même. Mais quelque va-

la-

lables que fussent les excuses que je pourrois alléguer pour résoudre cette difficulté, je ne me serois jamais hazardé à suivre la méthode que je défens, si je n'avois pas eu du plaisir à la voir exécuter par le célèbre *Gassendi*, qui à l'aide de plusieurs DIALOGUES, & d'un Ami qui en est le principal Personnage, a non seulement expliqué & éclairci son Systême, mais encore réfuté ses Adversaires. C'est donc lui que j'ai imité. Ainsi je me flatte que si par-là j'ai eu quelque occasion de me donner indirectement des louanges, le Lecteur trouvera que je l'ai fait sans dessein, & sans aucune mauvaise intention.

Il paroît par ce que je viens de dire, que CLEOMENE est un Ami qui propose mes vrais sentimens; aussi est-il juste qu'on regarde comme venant de moi tout ce qu'il dira. Mais aucune Personne judicieuse ne pensera que je doive être également responsable de tout ce que dira HORACE, son Antagoniste. Si jamais il propose quelque chose qui sente le libertinage, ou qui mérite la censure, & que CLEOMENE ne le reprenne pas de la manière la plus forte & la plus sérieuse, ou qu'il ne lui fasse pas les réponſes les plus ſatisfaiſantes & les plus convaincantes, dans ce cas-là je mérite d'être blâmé à cauſe de mon incapacité. Dans tout autre cas les discours d'HORACE ne ſauroient légitimement m'être imputés.

Malgré cet avis, le ſort qu'ont eu le prémier & le ſecond Volume, me fait craindre que bientôt on ne tire de ces DIALOGUES diverſes phraſes qu'on citera, ſans faire aucune attention à la contexture du discours, & aux réponſes que j'ai faites. Ainſi l'on fera bien connoître les termes dont je me ſuis ſervi, mais on ne fera pas connoître mes ſentimens. Il ſera même beaucoup plus facile de tomber dans ce défaut au ſujet de ce troiſième Tome, & du quatrième, qu'au ſujet des deux précédens. Mais ſi j'avois le bonheur de n'être attaqué que par des Adverſaires qui vouluſſent être d'aſſez bonne foi pour transcrire mes discours fidèlement & ſans artifice, rien ne ſeroit plus propre à me réfuter. Cette candeur ſerviroit ſurtout à m'inspirer quelques ſoupçons ſur diverſes propoſitions que j'ai avancées, & que j'ai crues jusqu'à-préſent très-bien fondées.

Ce trait ——, que le Lecteur renconcontrera ſouvent dans ces DIALOGUES, marque ou une interruption, quand on ne permet pas à la Perſonne qui parloit de continuer ; ou une pauſe, pendant laquelle on ſuppoſe qu'il ſe dit ou fait quelque choſe, qui n'avoit aucun rapport au but principal.

Dans ces derniers Volumes, je traite le même ſujet que j'avois entrepris dans ceux qui ont pour titre LA FABLE DES ABEILLES. On y trouvera le même ſoin à chercher la Vérité, & à découvrir la Nature de l'Homme & de la Société. J'ai donc cru qu'il ſeroit inutile de lui chercher un autre titre. Rien ne me plaît davantage que la ſimplicité. D'ailleurs, dans le cas préſent, ma découverte ne ſeroit abſolument d'aucun uſage. Ainſi j'attends du Lecteur, qu'il voudra bien me pardonner le vuide extraordinaire & l'air dégarni qu'ont les frontiſpices de ces deux derniers Tomes.

Je finirois ici ma Préface, qui n'eſt déjà que trop longue, ſi le Public, qu'on a groſſièrement trompé par un bruit qui court contre moi depuis quelques mois, ne s'attendoit à recevoir des lumières ſur un fait répété pendant très-long-tems dans plusieurs Gazettes. Il est naturel que j'empêche le Public d'être davantage la dupe d'une calomnie; surtout puisque j'ai une occasion aussi favorable de l'instruire de la vérité, & qu'il n'y a personne qui puisse mieux le détromper que moi-même.

Dans la Gazette de *Londres*, intitulée *The Evening-Post* *, qui parut le *Samedi* 9. *Mars* 1728, on trouva, à la fin des Nouvelles Domestiques, le paragraphe suivant, imprimé en petits caractéres *Italiques*.

„ *Vendredi* au soir, prémier du cou-
„ rant, on vit, au Feu de joie † que l'on
„ fit devant la Porte de *Saint-James*,
„ un Monsieur bien habillé, qui se dé-
„ clara être l'Auteur d'un Livre intitu-
„ lé LA FABLE DES ABEILLES. Cette
„ Personne témoigna beaucoup de cha-
„ grin d'avoir écrit un pareil Ouvra-
„ ge; & rappellant la promesse qu'il
„ avoit

* Le *Courier du Soir*: nom qu'on a donné à cette Gazette, parce qu'elle paroît sur le soir.

† Ce Feu de joie se faisoit pendant la vie de la feue Reine le 1. de *Mars* V. S. pour le jour de sa naissance. Cette Princesse, née le 1. de *Mars* 1683, mourut le 20. *Décembre* 1737, au grand regret des *Anglois*, qui sentiront encore long-tems la perte qu'ils ont faite d'une Personne si distinguée par ses belles qualités & ses rares vertus.

„ avoit faite, il prononça ces paroles „ à haute voix, *Je condamne mon Livre* „ *au feu*. Il exécuta en même tems cet„ te sentence.

Le *Lundi* suivant, la même Nouvelle fut répétée dans le *Daily Journal* *, d'où elle a circulé pendant long-tems dans les autres Gazettes. Mais depuis que cette Nouvelle a paru pour la prémière fois dans la Gazette du *Samedi* mentionné, on y a fait une petite Addition, & l'on a ajouté l'Avertissement suivant avec un N. B.

ΑΡΕΤΗ-ΛΟΓΙΑ †.

„ Ou Recherches sur l'ORIGINE DE „ LA VERTU MORALE, où l'on exami„ ne & réfute les fausses notions de „ *Machiavel*, de *Hobbes*, de *Spinosa*, „ & de Mr. *Bayle*, que l'Auteur de LA „ FABLE DES ABEILLES a recueillies. „ On y établit en même tems l'Eternité „ des Loix de la Nature, & les Obli„ gations immuables de la Vertu. Le „ tout

* C'est une autre Gazette, qui paroît tous les jours, hormis le *Dimanche*.

† Mots *Grecs*, qui signifient DISCOURS SUR LA MORALE.

„ tout eſt précédé d'une Introduction
„ préliminaire en forme de Lettre, a-
„ dreſſée à cet Auteur. Par le Docteur
„ ALEXANDRE INNES, Vicaire de l'E-
„ gliſe de *Ste. Marguerite* à *Weſtminſ-*
„ *ter.*

La petite Addition que j'ai dit avoir été faite dans les copies de la prémière Nouvelle, conſiſte en ces ſix mots (*liſant le Livre du Vicaire ſuſdit*) qu'on a inſéré immédiatement après ceux-ci (*cette Perſonne*).

Quelque ridicule que ſoit cette hiſtoire, il pourroit ſe trouver des Gens aſſez crédules, qui la voïant répétée dans pluſieurs *Papiers* ſans qu'on ſe mît en devoir de les contredire, y ajouteroient foi. Cependant, dès-qu'on y eut fait ces changemens, le moindre degré d'attention ſuffiſoit pour faire ſoupçonner toute la Pièce de ſuppoſition: puiſque, quand même l'on pourroit rendre raiſon pourquoi cette Nouvelle ſuit l'Avertiſſement, on ne ſe perſuadera jamais que cette Perſonne repentante ait effectivement prononcé ces paroles qu'on lui attribue. Sans-doute il aura nommé le Livre; & s'il a dit que ſon chagrin avoit été occaſionné né par la lecture de l'ΑΡΕΤΗ-ΛΟΓΙΑ, ou du nouveau Livre du Révérend Docteur INNES, comment a-t-il pu arriver qu'une partie aussi remarquable de sa confession ait été omise dans la prémière publication, où l'on paroît avoir recueilli avec tant de soin & d'exactitude les paroles & les actions de ce *Monsieur bien habillé?* D'ailleurs chacun sait quelle est l'industrie de nos Nouvellistes, & l'étendue de leurs correspondances. Si donc pareille farce avoit réellement été jouée, & qu'on eût païé quelqu'un pour prononcer les paroles rapportées cidessus, & pour jetter le Livre au feu (je me suis même souvent étonné qu'on ne l'ait pas déjà fait) est-il croïable qu'une chose si remarquable, faite si publiquement & devant tant de Témoins, le prémier jour de *Mars*, n'eût été insérée dans aucune des Gazettes avant le neuvième, & qu'on ne l'eût jamais répétée dans la suite, que comme un Appendice à l'Avertissement destiné à recommander le Livre du Dr. INNES?

Quoi qu'il en soit, cette histoire a fait beaucoup de bruit, & a beaucoup amusé mes Amis, dont plusieurs m'ont for-

fortement, & à diverses fois, sollicité d'en faire voir la fausseté: mais je n'ai jamais voulu, crainte qu'on ne se moquât de moi, comme il est arrivé, il y a quelques années, au Pauvre Dr. *Patridge* *, pour avoir soutenu sérieusement qu'il n'étoit pas mort. Tout ce qui nous embarrassoit, c'étoit de savoir comment ce Roman avoit été imaginé. Nous n'y comprenions rien; mais un de mes Amis aïant emprunté le Livre du Dr. Innes, que je n'avois pas encore vu, m'y montra ce qui suit.

„ Mais à propos, Monsieur, si je
„ m'en souviens bien, l'ingénieux Mr.
„ *Law*, dans ses Remarques sur votre
„ Fable des Abeilles, vous rappelle
„ votre promesse †, par laquelle vous
„ vous êtes obligé à brûler ce Livre
„ dans le tems & dans l'endroit que
„ votre Adversaire indiquera, si l'on
„ trou-

* Ceux qui voudront se mettre au fait du badinage auquel l'Auteur fait allusion, n'ont qu'à lire les trois prémiéres Pièces que Mr. *de la Chapelle* a mises à la tête du *Babillard*, ou du *Philosophe Nouvelliste* de *Richard Steele*. Ces trois Pièces sont du Docteur *Swift*. Cet Auteur ingénieux prouvoit que *Patridge* étoit mort, tandis que celui-ci bien portant s'amusoit à réfuter sérieusement le faux *Isaac Bickerstaff*.

† Voïez à la fin du Tome II.

„ trouve quelque chose qui soit contre „ la Morale, ou qui tende à la corruption des Mœurs. J'ai beaucoup de „ respect pour cet Auteur, quoique je „ n'aïe pas l'honneur de le connoître „ personnellement; mais je ne saurois „ m'empêcher de condamner son excessive crédulité, s'il a cru qu'un „ Homme qui est dans vos principes, „ fût esclave de sa parole. Pour moi „ je vous connois trop bien, pour m'en „ laisser imposer aussi facilement. Si „ cependant vous persistez dans votre résolution, & que vous vouliez „ condamner votre Livre au feu, je „ demande que cette exécution se fasse „ le prémier de *Mars* devant la porte „ de St. *James*; puisque c'est le jour „ de l'Anniversaire de la naissance de la „ meilleure & de la plus illustre Reine qu'il y ait sur la Terre. C'est la „ moindre réparation que vous puissiez „ faire, pour avoir cherché à corrompre & à débaucher les Sujets de sa „ Majesté dans leurs principes, que de „ brûler votre Livre. Si donc, Monsieur, vous y consentez, je me persuade qu'il vous reste bien encore „ quelque Ami, ou quelque charitable

„ Voi-

„ Voiſin, pour vous aider à vous jetter
„ tout d'un tems au feu par manière
„ d'appendice. Cela rendroit parfaite,
„ ſuivant moi, la ſolemnité du jour.
„ Je ne ſuis point votre Patient *, mais

Votre très-humble Serviteur.

Ainſi finit cette Pièce dans l'APETHΛΟΓΙΑ, que le Docteur INNES a trouvé à propos d'appeller *Introduction préliminaire en forme de Lettre à l'Auteur de* LA FABLE DES ABEILLES. Elle étoit ſignée A. I. & datée de *Tot-hill fields Weſtminſter*, le 20. *Janvier* 1728.

A la lecture de cette Lettre, notre ſurpriſe ceſſa. Je me perſuadai même que le Public judicieux me ſauroit bon gré, ſi je n'entrois pas plus avant dans cette diſpute. Je ne puis donc rien dire du corps de l'Ouvrage; & je ne connois ni l'Auteur, qui paroît ſi bien inſtruit de mes principes, ni ſa Morale, que par le peu de mots que je viens d'en rapporter. *Ex pede Herculem*, par l'échantillon on peut juger de la pièce.

A *Londres* le 20. Octobre 1728.

† L'Auteur de cette Lettre fait ſans-doute alluſion à la profeſſion de feu Mr. MANDEVILLE, qui exerçoit la Médecine à *Londres*.

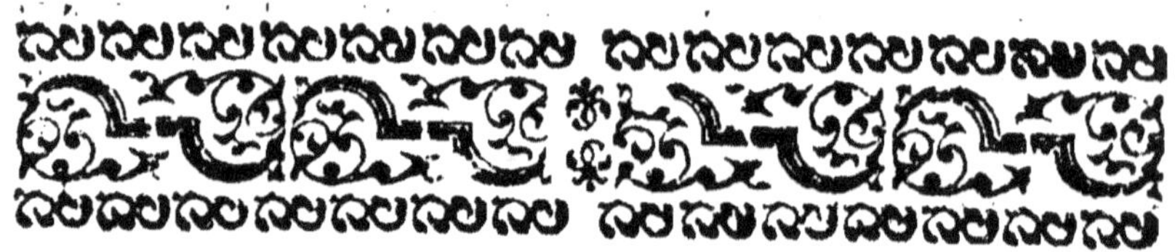

DIALOGUE I.

HORACE, CLEOMENE, & FULVIE.

CLEOMENE.

QUOI HORACE? Toujours si pressé?

HOR. Je vous prie de m'excuser, je suis obligé de vous quiter.

CLEO. Je ne sai si vous avez d'autres habitudes que celles que vous aviez autrefois, ou si vous avez changé d'humeur; mais il est certain qu'il est arrivé quelque changement chez vous, dont je ne puis concevoir la cause. Il n'y a point d'amitié, dont je fasse plus de cas que de la vôtre. Il ne fut jamais personne, dont la compagnie me plût davantage; cependant je ne puis jamais en profiter. Je vous proteste qu'il m'est quelquefois venu dans l'esprit, que vous m'évitiez à dessein.

HOR. Je ſuis fâché, CLEOMENE, d'avoir manqué à mon devoir. Cependant je ne laiſſe point paſſer de ſemaine, ſans venir vous aſſurer de mes reſpects ; & ſi j'y manque quelquefois, j'envoie toujours m'informer de l'état de votre ſanté.

CLEO. Je n'ignore pas que perſonne n'eſt plus poli que vous ; mais j'ai cru que notre amitié, & notre longue connoiſſance, exigeoient quelque choſe de plus que de ſimples complimens & des cérémonies. Depuis quelque tems je ne vai jamais vous faire viſite, que je ne vous trouve ſorti, ou engagé ailleurs. Toutes les fois même que j'ai le bonheur de vous voir ici, vous n'y demeurez qu'un inſtant. Pardonnez-moi, je vous prie, mon impoliteſſe pour cette fois. Qu'eſt-ce qui vous empêche à-préſent de me tenir compagnie une heure ou deux ? Ma Couſine parle de ſortir, ainſi je reſterai ici tout ſeul.

HOR. Je ſuis trop diſcret pour vous dérober, en reſtant ici, un tems ſi propre à la ſpéculation.

CLEO. A quelle ſpéculation, je vous prie ?

HOR. A ces méditations ſublimes ſur la nouvelle manière de penſer par rapport à notre Etre, en cherchant à l'avilir ; opinion dont vous avez paru juſques-ici ſi infatué. J'appelle ce nouveau Syſtême, le Syſtême de *Difformité*. Ses Partiſans, uniquement occupés à repréſenter, ſous la forme la plus laide & la plus

plus méprisable, toutes les qualités dont la Nature nous a doués, paroissent faire d'étranges efforts pour persuader aux Hommes qu'ils sont tous autant de Diables.

CLEO. S'il ne s'agit que de cela, je vous aurai bientôt convaincu.

HOR. Point de conviction pour moi, je vous en conjure. J'ai déjà pris mon parti; & je suis pleinement persuadé qu'il y a dans le Monde du *Bien*, & du *Mal*; & que les mots d'*Honneur*, de *Bienveillance*, d'*Humanité*, & même de *Charité*, ne sont pas de simples sons, vuides de sens; mais que ces Vertus sont très-réelles, malgré ce qu'en dit la FABLE DES ABEILLES. Je suis résolu de croire que la dégénération des Hommes, & la corruption du Siècle, n'empêchent pas qu'il n'y ait encore aujourd'hui des personnes qui possèdent actuellement ces Vertus.

CLEO. Mais vous ne savez pas ce que j'ai à vous dire. Je suis ——

HOR. Cela peut être, mais je ne veux pas en écouter un mot. Tout ce que vous pourriez me dire là-dessus seroit inutile. Je vous déclare même que si vous ne me donnez la permission de parler à mon aise, je sors dans le moment. Ce maudit Livre vous a fasciné les yeux, & vous fait nier l'existence de ces mêmes Vertus qui vous ont attiré l'estime de vos Amis. Vous savez que ce n'est point ma manière ordinaire de parler. Je hais d'emploïer des expreſſions dures. Mais quelles meſures peut-on, ou doit-on garder avec un Auteur qui traite tout le monde *de haut en bas*, qui fait un jeu de la Vertu & de l'Honneur, qui appelle *Alexandre* le Grand un *Enragé* †, & qui n'épargne pas plus les Rois & les Princes, qu'on ne feroit les gens de la condition la plus abjecte? Le but de ſa Philoſophie eſt juſtement le contraire de celui du Collège des *Hérauts d'Armes* *. Votre Auteur s'occupe uniquement à chercher, & à déterrer des origines baſſes & mépriſables, aux actions les plus belles & les plus honorables; tandis que les Hérauts d'Armes s'attachent continuellement à découvrir de hautes & d'illuſtres généalogies pour les gens d'obſcure & de baſſe extraction. Je ſuis votre très-humble Serviteur.

CLEO. Arrêtez, je ſuis de votre ſentiment. Ce dont je voulois vous convaincre tout à l'heure, c'étoit comment j'étois revenu de la folie que vous venez d'ex-

† Voïez Tom. II. pag. 19.

* Le Collège des HERAUTS D'ARMES s'appelle communément en Anglois *The Heralds Office*. Une de ſes principales fonctions regarde les Honneurs, étant conſidérés *tanquam Sacrorum Cuſtodes & Templi Honoris Æditui*. Le Roi d'Armes, appellé *Garter*, doit avoir une connoiſſance exacte de toute la Nobleſſe, pour inſtruire les Hérauts dans tous les points douteux qui regardent le Blazon: il doit même être toujours plutôt prêt à excuſer qu'à blâmer aucun Noble, à-moins qu'il ne ſoit obligé par la Juſtice à dépoſer contre lui.

d'expofer avec tant de juftice. J'ai abandonné cette erreur.

HOR. Parlez-vous férieufement ?

CLEO. Rien n'eft plus certain. Il n'y a pas de plus zèlé Partifan des Vertus *Sociales*, que je le fuis. Je doute même beaucoup qu'il y ait de plus grand Admirateur de Milord *Schaftsbury* † que moi.

HOR. Je ferois charmé de vous voir dans ces idées, j'aurois une grande fatisfaction d'éprouver fi vous me devancez. Vous ne fauriez concevoir, CLEOMENE, combien j'ai été affligé de voir le grand nombre d'ennemis que vous vous êtes attiré par cette extravagante manière de raifonner. Si vous parlez férieufement, aprenez-moi d'où eft venu ce changement.

CLEO. Prémièrement, je me fuis laffé de voir tout le monde déchaîné contre moi. En fecond lieu, le Syftême que je combattois, donne plus lieu à l'invention. Les Poëtes, & les Orateurs furtout, trouvent dans le Syftême de la *Sociabilité* un plus vafte champ à faire valoir leurs talens.

HOR. J'ai de violens foupçons contre le changement d'opinion dont vous vous glorifiez. Etes-vous convaincu que l'autre Syftême foit faux ? Comment avez-vous pu découvrir votre erreur, en voïant que tout le monde étoit contre vous ?

CLEO. Je le crois faux affurément, mais ce

† Dans fon Syftême de la *Sociabilité*.

ce n'eſt pas ſur le fondement dont vous parlez. Car ſi le plus grand nombre n'étoit pas contre le Syſtême de *Difformité*, nom que vous lui donnez avec juſtice, il n'y auroit pas dans le monde autant de mauvaiſe foi & d'hypocriſie, que le Syſtême même le ſuppoſe. Mais depuis que le bandeau a été levé de deſſus mes yeux, j'ai découvert qu'il n'eſt rien de plus ridicule que la *Vérité* & la *Probabilité*; & que ces choſes ne ſont d'aucun uſage, ſurtout parmi les Perſonnes de bon goût.

HOR. Je penſois que vous étiez converti; mais quelle nouvelle phrénéſie vient encore de vous ſaiſir?

CLEO. Point de phrénéſie du tout. Je dis, & je le ſoutiendrai devant tout le monde, que la *Vérité* dans le Syſtême *ſublime* que vous profeſſez, & où je ſuis à-préſent, eſt très-ridicule. Un Maître qui, en enſeignant les Arts & les Sciences deſtinées pour les Perſonnes de goût, s'attacheroit à la Vérité, & en écouteroit les déciſions, ne ſauroit commettre de faute moins pardonnable & plus groſſière. Il doit uniquement s'embarraſſer de ce qui eſt agréable.

HOR. Auſſi les Vérités enſeignées crûment, & ſans ornemens ——

CLEO. Jettez les yeux ſur ce Tableau de la *Nativité* fait par un *Hollandois*. Que le coloris en eſt charmant! Quelle fineſſe de pinceau! Quelle juſteſſe dans les traits ex-

extérieurs d'une Pièce finie avec tant de délicatesse! Mais quelle a été la folie du Peintre, de représenter le foin, la paille, le bétail, un ratelier, & une crèche? Il est étonnant qu'il n'ait pas encore mis le *Bambino* † dans la crèche.

FULV. Le *Bambino*? Vous voulez apparemment parler de l'Enfant? Pourquoi le Peintre ne l'auroit-il pas mis dans la crèche? N'y a-t-il pas été en effet? L'Histoire ne nous dit-elle pas que l'Enfant fut couché dans la crèche? Je ne m'entends pas beaucoup en Peinture, mais je puis bien voir si les choses sont tirées d'après le naturel, ou non. Il est certain que rien ne ressemble mieux à la tête d'un Bœuf que cela. Une Peinture me plaît davantage, lorsque l'Art trompe si bien mes yeux, que je crois réellement voir les objets que le Peintre a voulu représenter. J'ai toujours envisagé cette Pièce comme un Chef-d'œuvre, persuadée qu'on ne peut rien voir de plus semblable à la Nature.

CLEO. Semblable à la Nature? Et moi je dis, MADAME, qu'elle en est d'autant plus mauvaise. On peut aisément voir, ma chère Cousine, que vous ne vous entendez point en Peinture. Ce n'est pas la Nature, mais l'agréble Nature, la belle Nature, qu'on doit représenter. On doit cacher, & éloigner de la vue tous les ob-

† Mot *Italien* qui signifie un *petit Enfant*.

objets bas, abjects, méprisables & vils; parce qu'ils choquent autant les Personnes de bon goût, que le font les objets réellement laids & dégoutans.

FULV. A ce compte il ne faudroit jamais peindre, ni la condition de la *Vierge Marie*, ni la naissance de notre *Sauveur*.

CLEO. Vous vous trompez. Le sujet en lui-même est noble. Allons seulement dans la chambre voisine, & je vous montrerai la manière différente dont un Peintre habile peut exécuter le même trait d'Histoire —— Jettez les yeux sur cette Peinture. Voïez la superbe architecture. Voïez cette colonnade. Peut-on rien imaginer de plus magnifique? Avec quelle dextérité n'a-t-on pas placé cet Ane dans l'éloignement? Vous voïez qu'il n'y a qu'une très-petite partie du Bœuf qui paroisse. Faites attention, je vous prie, à l'obscurité dans laquelle ces deux Animaux sont placés. Le Tableau est exposé au grand jour; cependant on pourroit y jetter dix fois les yeux, sans remarquer ces Animaux. Considérez ces colonnes, elles sont de l'Ordre *Corinthien*. Voïez-en la grandeur. Admirez le bel effet qu'elles produisent. Quelle vaste étendue, & quel espace ne renferment-elles pas! Tous ces nobles objets concourent à exprimer la majestueuse grandeur du sujet. Ils remplissent en même tems l'esprit de crainte & d'admiration.

FULV. Vous n'y pensez pas, mon Cousin.

fin. Est-ce donc que le bon sens entre toujours dans le jugement que vos personnes de bon goût portent sur les Peintures?

HOR. Madame?

FULV. Je vous demande pardon, MONSIEUR, si je vous ai offensé par cette question. Mais pour moi, il me paroît étrange d'entendre louer un Peintre, pour avoir changé l'étable d'une Hôtellerie en un Palais magnifique. C'est mille fois pire que la Métamorphose de *Philémon* & de *Baucis* du Docteur *Swift* †; car encore y a-t il quelque espèce de ressemblance dans ces changemens.

HOR. Il n'y a, MADAME, dans une Etable que de l'ordure & des vilenies, ou des objets vils & abjects, qui ne doivent point être exposés à la vue des Personnes de qualité.

FULV. La Pièce *Flamande* qui est dans l'autre chambre, n'a rien de choquant. Mais j'aimerois mieux voir l'Etable d'*Augias*, avant même qu'elle eût été nettoïée par *Hercule* *, que toutes ces Colonnes canelées. Rien de tout ce qui choque mon entendement, ne peut plaîre à mes yeux.

† Cette Pièce se trouve dans le dernier Volume des *Miscellanées* du Docteur *Swift* & de Mr. *Pope*.

* Le septième des Travaux d'*Hercule*, fut de nettoïer les Etables d'*Augias*, Roi d'Elide, où se retiroient chaque jour des milliers de Bœufs. Il y avoit si long-tems que ces Etables n'avoient été nettoïées, que l'air étoit infecté des exhalaisons qui en sortoient.

yeux. Quand je demande qu'on me peigne une Histoire remarquable, qui au su de tout le monde s'est passée dans une Hôtellerie publique, le Peintre ne me trompe-t-il pas étrangement, s'il représente une Chambre faite suivant toutes les règles de l'Architecture; & qu'au lieu d'un Cabaret, il m'élève un Palais, ou une Sale de festin, qui puisse servir à y recevoir un Empereur *Romain*? D'ailleurs l'état pauvre & abject que notre Sauveur choisit en venant au monde, est une circonstance essentielle de son Histoire. Elle renferme une excellente moralité contre la vaine pompe du Siècle: on y trouve un motif très-puissant pour nous porter à l'humilité. Bien loin que la Pièce *Italienne* pût produire cet effet, elle pourroit plutôt servir à inspirer de la vanité, du faste.

HOR. En vérité, MADAME, l'expérience est contre vous. Il est certain que, même parmi le Vulgaire, les représentations d'objets vils, abjects & communs, ne produisent point l'effet dont vous parlez: elles excitent le mépris, ou tout au moins elles ne font aucune impression. Au lieu que de vastes & de superbes Bâtimens, des Cintres hardis, des Ornemens extraordinaires, & un étalage pompeux de cette Architecture d'un grand goût, excitent la dévotion, & inspirent aux Hommes de la vénération, & une crainte religieuse pour les lieux où brillent ces grands

Ob-

Objets. Y a-t-il jamais eu d'Eglise de *Non-Conformistes*, ou quelqu'un de leurs Greniers, qui ait pu entrer en comparaison à cet égard avec une belle Cathédrale ?

FULV. Je crois que c'est-là un moïen méchanique d'exciter la dévotion des Idiots & des Superstitieux ; mais je suis persuadée qu'une contemplation attentive des Ouvrages de Dieu ——

CLEO. Je vous prie, ma Cousine, finissez de défendre votre mauvais goût. Le Peintre n'a que faire de la vérité de l'Histoire. Il doit uniquement se mêler d'exprimer la dignité de son sujet. Plein d'égard pour ces Juges du haut rang, il ne doit jamais perdre de vue l'excellence de notre espèce. Tout son art & son bon sens doivent tendre à élever l'Homme au plus haut degré de perfection. Les grands Maîtres ne travaillent point pour le Commun Peuple ; ils travaillent pour les Personnes qui ont l'entendement rafiné. Les prétendus défauts dont vous vous plaignez, sont l'effet de la politesse & de la complaisance du Peintre. Dès-qu'il a eu représenté l'Enfant & la *Madona*, il a cru qu'il suffisoit, pour vous mettre au fait de l'Histoire qu'il vouloit exprimer, de vous faire entrevoir le Bœuf & l'Ane. Il ne veut point qu'on fasse voir son élégant Tableau à ces Stupides & à ces Ignorans qui, pour reconnoître JESUS CHRIST naissant, auroient besoin d'une plus ample explication.

Du

Du reste, il ne vous met devant les yeux que des objets nobles, & dignes de votre attention. Vous connoissez qu'il est Architecte, & qu'il entend très-bien la Perspective. Il vous montre avec quel art il sait arrondir une colonne, & comment sur un plan on peut représenter la hauteur, la profondeur d'un terrain, & toutes les autres merveilles formées par ce mystère incompréhensible de lumières & d'ombres.

FULV. Pourquoi donc prétend-on que la Peinture est une imitation de la Nature?

CLEO. On loue, il est vrai, un Ecolier qui copie exactement les objets comme il les voit; mais on attend d'un grand Maître, que s'abandonnant à son génie, il ne prendra que les perfections de la Nature, & qu'il la représentera non point telle qu'elle est, mais telle que nous souhaitterions qu'elle fût. C'est ainsi que *Zeuxis* †, pour faire le Portrait d'une Déesse, prit cinq belles Femmes, dont il choisit ce que chacune avoit de plus charmant.

FULV. Encore chaque Grace qu'il peignit, étoit-elle tirée d'après Nature.

CLEO. Cela est vrai; mais il laissa à la Na-

† ZEUXIS d'*Héraclée* vivoit dans la LXXXV. Olympiade. Il avoit peint une Corbeille de raisins avec tant d'art, que les Oiseaux trompés fondoient sur cette proie, & les venoient becquetter. *Pline* en parle Liv. XXXV. Chap. IX. & X.

Nature ce qu'elle avoit de rebut, & n'imita que ce qu'elle avoit d'excellent ; ainsi il fit un *Assemblage* supérieur à tout ce qui existoit dans la Nature. *Démétrius* (1) a été blâmé de tirer les objets trop au naturel. On a aussi critiqué *Denis* (2), pour avoir tiré les portraits des Hommes trop semblables à nous. Pous nous approcher davantage de notre tems, on a dit que *Michel Ange* (3) étoit trop naturel ; & *Lysippe* (4) autrefois a reproché aux Sulpteurs ordinaires, de faire des Statues trop ressemblantes aux Hommes qui existoient dans la Nature.

FULV. Cela est-il bien vrai ?

CLEO. Vous pouvez le voir dans la Préface de *L'Art de peindre* par *Graham*. Ce Livre est là-haut dans ma Bibliothèque.

HOR. Ces règles vous paroissent étranges,

(1) *Diogène Laërce* parle du Peintre DEMETRIUS. Il étoit surnommé le *Graphique*.

(2) *Pline* parle de ce fameux Peintre, Liv. XXXV. Chap. X & XXI.

(3) Habile Peintre & Sculpteur de la Maison des Comtes de *Canosse*. Il nâquit à *Arezzo*, & fut élevé à *Florence*. Renommé surtout pour le Dessein, on lui reprochoit les licences qu'il se donnoit contre les règles de la Perspective.

(4) Ce LYSIPPE étoit un habile Statuaire, qu'*Alexandre le Grand* estimoit beaucoup. Il fit les têtes plus petites, & les corps moins gros, pour faire paroître ses Statues plus hautes. Sur quoi LYSIPPE disoit de lui-même, que les autres avoient fait les Statues comme les Hommes étoient faits, mais que pour lui il les faisoit comme les Hommes paroissoient. *Vulgò dicebat à Veteribus factos quales essent Homines, à se quales viderentur esse. Plin.* lib. XXXIV. Cap. VIII.

ges, MADAME, mais elles ſont d'un uſage infini au Public. Plus nous relevons l'excellence de notre eſpèce, plus ces belles images exciteront dans les Ames nobles des idées dignes, & conformes à leur dignité: Idées qui manqueront rarement de pouſſer les Hommes à la Vertu, & aux Actions Héroïques. Il y a dans les Objets une grandeur qui ſurpaſſe les beautés de la ſimple Nature; c'eſt ce qu'on doit exprimer. Je ne doute pas, MADAME, que vous n'ayez beaucoup de plaiſir à l'Opéra. Souvenez-vous donc de la manière noble, & de la magnificence plus que naturelle avec laquelle tout y eſt exécuté. Quel charmans traits, quels délicats, & en même tems quels majeſtueux mouvemens n'entrent pas dans ces Pièces, lorsqu'il s'agit d'exprimer les plus impétueuſes paſſions. Le ſujet doit toujours en être grand, & encore ne doit-on prendre que les côtés beaux & agréables, graves & ſignificatifs. Si l'on s'aviſoit d'y repréſenter les actions telles qu'elles ſe paſſent dans l'uſage ordinaire de la vie, on détruiroit le ſublime en même tems qu'on vous ôteroit tout le plaiſir.

FULV. Je ne me ſuis jamais attendue à trouver du naturel dans un Opéra; mais comme les Perſonnes de diſtinction s'y rendent, & que chacun y vient bien paré, c'eſt une ſorte d'occupation; & je manque rarement de m'y rendre tous les ſoirs, parce que c'eſt la coutume d'y aller.

ler. D'ailleurs la Famille Roïale, & le Roi même, honorant ordinairement de leur présence les Opéras, il est presque devenu aussi nécessaire de les y accompagner, que d'aller en Cour. Ce qui m'y divertit, c'est la Compagnie, l'Illumination, la Musique, les Scènes, & les autres Décorations. Mais comme je n'entends que très-peu l'*Italien*, ce qu'on admire le plus dans le *récitatif*, est perdu par rapport à moi, qui envisage la partie active plutôt comme ridicule que ——

HOR. Ridicule, MADAME? Juste Ciel!

FULV. Je vous demande pardon, MONSIEUR, de l'expression. Jamais il ne m'est arrivé de me moquer de l'Opéra. Mais par rapport à l'amusement en lui-même, j'avoue qn'une bonne Pièce de Théatre me divertit infiniment plus, & que je préfère tout ce qui éclaire mon entendement, à toutes les recréations qui charment uniquement les yeux & les oreilles.

HOR. Est-il possible qu'une Dame d'aussi bon sens soit capable d'un tel choix? N'avez-vous point, MADAME, de goût pour la Musique?

FULV. Je l'ai nommée comme un de mes amusemens.

CLEO. Ma Cousine joue même fort bien du Clavessin.

FULV. J'aime à entendre une bonne Musique; mais elle ne me jette point dans

dans ces extases, dont j'entends parler à quelques Personnes.

HOR. Il n'y a rien assurément qui soit plus capable d'élever l'esprit, qu'un beau Concert. Il dégage, ce semble, l'ame d'avec le corps, & il nous ravit en admiration. Dans cette situation charmante, nous sommes plus capables de recevoir des impressions extraordinaires. Nos passions se taisent, & notre cœur est tranquile, quand les Instrumens cessent. Une belle Action, accompagnée d'une voix bien ménagée, nous force d'admirer les travaux héroïques qui entrent dans la composition d'un Opéra. La grande harmonie qu'il y a entre les sons engageans & les gestes expressifs, s'empare du cœur, & nous inspire invinciblement ces nobles sentimens que les termes les plus forts peuvent seuls produire. Il y a très-peu de Comédies qui soient supportables; & quand même elles seroient beaucoup meilleures, la légèreté du stile ne pourroit que nous gâter le goût, & la petitesse du sujet ne pourroit qu'abaisser les nobles sentimens des Personnes de qualité. Dans les Tragédies le stile est plus sublime, & le sujet en doit être plus grand: mais toutes les violentes passions, & même les représentations qu'on en fait, troublent l'esprit, & y causent du desordre. D'ailleurs, quand les Hommes tâchent d'exprimer les choses avec force, & de les représenter au naturel, il arrive sou-

ſouvent que ces images inquiètent, parce qu'elles ſont trop touchantes. L'action eſt défectueuſe, pour être trop naturelle. L'expérience nous aprend auſſi, que tout ce pathétique excite ſouvent dans les Eſprits qui ne ſont pas ſur leurs gardes, des flammes très-nuiſibles à la Vertu. Il s'en faut bien que les Théatres n'aïent quelque choſe d'attraïant. La Compagnie l'eſt encore moins; puiſque la plus grande partie de ceux qui les fréquentent, ſont de la lie du Peuple. Ces gens cauſent aux Perſonnes qui ont la moindre délicateſſe, du dégoût par plus d'un endroit. Outre les mauvaiſes odeurs, & les ſpectacles deshonnêtes qu'y donnent les Gens de néant qui ne prennent garde à rien, & les Filles effrontées, qui, après avoir païé, ſe mettent de niveau avec les Perſonnes de la plus haute distinction; on y entend les ſermens les plus groſſiers, & les plaiſanteries les plus dégoutantes, ſans oſer même faire paroître qu'on en eſt choqué. Tout y eſt confondu, les Gens de la plus haute naiſſance ſont mêlés avec la plus vile Canaille, ils participent pêle-mêle au même Divertiſſement. On n'a aucun égard, ni à l'habillement, ni au rang, ni à la qualité. Ce ſont-là tout autant de choſes très-choquantes; & il ne peut être que très-desagréable au Monde poli, de ſe voir confondu avec une foule de Gens qui, pour la plupart au deſſous de la médiocre con-

 di-

dition, ignorent absolument les égards qu'ils doivent aux autres.

A l'Opéra, au contraire, tout concourt à rendre le plaisir parfait. La douceur de la voix, en prémier lieu, & l'action composée avec tant d'art & de solemnité, servent à adoucir & à calmer toutes les passions. Or c'est la tranquile sérénité du cœur & de l'esprit, qui nous rend surtout aimables, & qui nous fait le plus aprocher de la perfection *Angélique*. Au lieu que le tumulte qui accompagne les passions, est une des principales causes de la corruption du cœur, dégrade notre Raison, & nous rend semblables aux Sauvages mêmes. Il est incroïable combien nous sommes portés à l'imitation, & de quelle étrange manière nous nous formons, sans nous en appercevoir, suivant les modèles & les exemples qu'on nous met souvent devant les yeux. On ne voit jamais à l'Opéra ni colère ni jalousie qui donnent des contorsions au visage, ni flammes qui soient dangereuses. On n'y représente jamais d'amour qui ne soit pur, & aprochant du *Séraphique*. Il n'y paroît jamais rien, dont le souvenir soit capable de salir le moins du monde l'imagination.

En second lieu, la Compagnie qu'on trouve à l'Opéra, est tout-à-fait différente de celle qui se rend à la Comédie. Chacun y est pleinement en sureté, & par rapport à sa tranquilité, & par rapport à son honneur. On ne sauroit nommer un un autre endroit, où l'innocence, les graces, les charmes & la beauté aïent moins besoin de gardiens. Nous y sommes à couvert des manières grossières & & impolies. On n'y entend jamais, ni discours sales & immodestes, ni plaisanteries qui tiennent du libertinage, ni de détestable satire. Faites attention d'un côté à la richesse & à la magnificence des habillemens qui y brillent, à la qualité des personnes qui s'y trouvent, à la variété des couleurs, & au coup d'œil charmant que fait le Beau Sexe placé sur un Théatre si spacieux, si bien illuminé, & si bien décoré. Considérez d'un autre côté la contenance grave de l'Assemblée, & l'air des Assistans, qui montre qu'ils sont tous persuadés qu'ils se doivent l'un à l'autre des égards, même du respect; & vous serez obligée d'avouer qu'il ne peut pas y avoir sur la Terre d'amusement plus agréable. Croïez-moi, MADAME, il n'y a pas d'endroit où les deux Sexes aïent une aussi belle occasion qu'à l'Opéra, d'acquérir de sublimes sentimens, & de s'élever au dessus du Vulgaire. Il n'y a point de Divertissemens ou d'Assemblées, où les Jeunes Gens de qualité puissent autant se former les manières, & contracter une habitude forte & durable de la Vertu.

FULV. Jamais je n'avois entendu autant louer l'Opéra, que vous venez de le faire. Je vous assure même, HORACE, que je ne croïois pas qu'on en pût autant

 dire.

dire. Tous ceux donc qui aiment ce Divertiſſement, vous ont beaucoup d'obligation. Il faut avouer que le Grand Goût eſt d'un merveilleux ſecours dans les Panégiriques, ſurtout dans les cas où il y auroit de l'impoliteſſe à les examiner à la rigueur, & à être trop ſcrupuleux ſur les éloges.

CLEO. Que penſez-vous à-préſent, FULVIE, de la Nature & du Bon Sens? Ne doivent-ils pas être entièrement chaſſés de par-tout?

FULV. Jusques-à-préſent vous n'avez rien dit qui doive me dégoûter du Bon Sens. Si ce que vous venez d'inſinuer touchant la Nature, qu'on ne doit point l'imiter dans la Peinture, eſt votre opinion, je dois l'avouer, ces idées m'ont frappé; mais je ne puis les aprouver.

HOR. Je n'ai garde, MADAME, de rien avancer qui ſoit contraire au Bon Sens. Mais CLEOMENE doit avoir quelque deſſein, en outrant le perſonnage qu'il prétend jouer. Tout ce qu'il a dit ſur la Peinture eſt très-vrai, ſoit qu'il badine, ou qu'il parle ſérieuſement. Cependant il parle d'une manière ſi oppoſée à l'opinion qu'on ſait qu'il défend par-tout depuis peu, que je ne ſai que penſer de lui.

FULV. Convaincue des bornes étroites de mon entendement, je vai rendre viſite à quelques Perſonnes avec qui je ſerai plus de niveau.

HOR.

Hor. Vous me permettrez, Madame, de vous conduire à votre caroſſe —— † Je vous prié, Cleomene, dites-moi, que vous eſt-il venu en tête?

Cleo. Rien du tout. Je vous ai déjà dit que j'étois parfaitement revenu de ma folie. Je ne ſai quels ſoupçons vous formez ſur mon compte. Pour moi, je trouve que j'ait fait beaucoup de progrès dans le Syſtême de la *Sociabilité*. Ci-devant je croïois que l'Avarice & l'Ambition étoient les principes qui faiſoient agir les Prémiers Miniſtres, de même que tous ceux qui ſe trouvent au timon des Affaires. Je m'imaginois qu'ils avoient leurs vues particulières dans toutes les peines qu'ils ſe donnoient, & dans la ſervitude où ils ſe réduiſoient pour le Bien Public, & qu'ils étoient ſoutenus dans leurs travaux par de ſecrets plaiſirs, qu'il ne vouloient point déclarer. Il n'y a pas encore un mois que j'étois perſuadé que tous les ſoucis, & toutes les inquiétudes des Grands Hommes ſe terminoient uniquement à eux-mêmes. Je croïois que tous ceux que je voïois briguer de grands Emplois, ſe propoſoient prémièrement de s'enrichir, d'obtenir des Titres d'Honneur, & d'élever leur Famille; en ſecond lieu, d'avoir occaſion de déploïer leur jugement & leur ima-

† Horace, après être rentré, reprend la converſation interrompue. Nous avons vu dans la Préface que c'étoit-là un des uſages de cette marque ——.

imagination, pour ſe procurer les plaiſirs délicats de la vie, & pour acquérir, ſans renoncer le moins du monde à eux-mêmes, la réputation d'Homme ſage, humain & libéral. Enfin, je préſumois qu'ils ſe propoſoient, en recherchant ces grands Poſtes, de ſe procurer la douce ſatisfaction qu'il y a de ſe voir élevé au-deſſus des autres, & les plaiſirs ſenſibles que produit l'autorité. J'avois l'entendement ſi borné, que je ne pouvois concevoir, comment il étoit poſſible qu'un Homme ſe réſolût volontairement à être eſclave, s'il n'y trouvoit ſon propre avantage. Mais j'ai abandonné ces jugemens téméraires. J'apperçois viſiblement aujourd'hui que tous les deſſeins des grands Politiques tendent uniquement au Bien Public. Je vois les Vertus *Sociales* briller dans toutes leurs actions. C'eſt le bonheur de la Nation, qui eſt le principe de toutes les démarches des Miniſtres d'Etat.

HOR. Vous en dites trop ; mais cependant il eſt inconteſtable qu'il y a eu des Perſonnes qui ont pouſſé la vertu juſqu'à ce ſublime degré de deſintéreſſement. On a vu des Pères de la Patrie prendre des peines incroïables pour le bien de leur Nation, ſans aucune vue d'intérêt: Que dis-je ! Il y a encore aujourd'hui d'illuſtres Perſonnages qui en feroient autant, ſi on les emploïoit. Nous avons eu des Princes, qui négligeant l'aiſe & les plaiſirs, & ſacrifiant leur repos pour avancer la la prospérité, & augmenter l'opulence & la gloire du Roïaume, n'ont rien eu tant à cœur que le bonheur de leurs Sujets.

Cleo. Point de disputes, je vous en prie: la différence qu'il y a entre le tems passé & le tems présent, entre les Personnes qui sont dans les Emplois, & celles qui n'y sont point, vous est peut-être plus connue qu'à moi: mais vous savez que nous sommes convenus, depuis plusieurs années, de ne jamais entrer dans des disputes de Parti. Si je demande votre attention, c'est afin que vous vous assuriez de mon amendement, & du changement considérable qui s'est fait en moi; conversion dont vous paroissez douter. Je n'avois auparavant qu'une très-mince opinion de la Religion de la plupart des Rois, & de celle des autres grands Potentats; mais pour à-présent je juge de leur piété, par ce qu'ils en disent eux-mêmes à leurs Sujets.

Hor. C'est très-bien fait.

Cleo. Dans le tems que je n'avois que des idées basses, & que je portois les jugemens les plus étranges & les plus absurdes sur les Guerres étrangères, j'étois assez ridicule pour me persuader que les causes de plusieurs de ces dissensions n'étoient que des bagatelles grossies par les Politiques, pour parvenir à leurs fins. Je croïois que les plus fatales mesintelligences entre les Etats & les Roïaumes, pouvoient venir de la malice cachée, de la fo-

folie, ou du caprice d'un ſeul Homme. J'attribuois pluſieurs des malheurs & des guerres qui affoibliſſoient des Roïaumes & des Nations entières, à des querelles particulières, à des piques, à des reſſentimens, & à la fierté des Prémiers Miniſtres. Ce qu'on appelle une haine perſonnelle entre les Princes, ne me paroiſſoit être, au moins dans les commencemens, qu'une animoſité, ou publique, ou ſecrète, que les deux grands Favoris de ces Cours avoient l'un contre l'autre. Mais à-préſent j'ai apris à attribuer ces actions à des cauſes plus relevées. Je puis même dire que le luxe du Voluptueux, qui m'avoit toujours offenſé, m'eſt devenu ſupportable; parce que je ſuis préſentement convaincu que les plus Riches dépenſent leur argent dans le but, ſi utile à la Société, d'avancer les Arts & les Sciences; & que dans leurs entrepriſes les plus diſpendieuſes, ils ſe propoſent principalement de donner de l'occupation aux Pauvres.

Hor. C'eſt-là certainement avoir fait de grands progrès.

Cleo. J'ai en horreur la ſatire, & je la déteſte à tous égards autant que vous pouvez la déteſter. Les Ouvrages les plus utiles pour connoître le Monde, & pour pénétrer dans le Cœur Humain, ſont, ce me ſemble, les Adreſſes, les Epitaphes, les Epſtres Dédicatoires, & ſurtout les Préambules des Lettres *Paten-*

ten-

tentes, dont je fais une ample collection.

HOR. L'entreprise est fort utile assurément.

CLEO. Mais pour faire cesser tous les doutes que vous pourriez encore avoir sur ma conversion, je vous ferai voir quelques règles faciles, que j'ai faites pour les jeunes Commençans.

HOR. A quel but?

CLEO. Pour juger des Actions des Hommes, suivant les beaux principes de l'aimable Systême de Milord *Schaftsbury*. Ces règles sont diamétralement opposées à celles qui sont proposées dans la FABLE DES ABEILLES.

HOR. Je ne vous comprends pas.

CLEO. Vous concevrez d'abord ce que je veux dire. Je leur ai donné le nom de règles, quoique ce soient plutôt des exemples dont on doit tirer les règles. Supposons, par exemple, qu'une Femme pauvre & industrieuse ait épargné quarante *Shellings*, en se refusant la nourriture nécessaire, & en ne portant que de vieux haillons pendant un long espace de tems; qu'elle donne cette somme pour placer son Fils, âgé de six ans, auprès d'un Ramonneur de cheminées. Pour juger charitablement de l'action de cette Femme, en suivant le Systême des *Vertus Sociales* de Milord, il faut vous imaginer, qu'encore qu'elle n'ait jamais donné le sou pour faire ramonner sa cheminée, elle sait cependant par expérience que son bouillon a été sou-

ſouvent ſali, & que pluſieurs cheminées ont été miſes en feu, faute d'avoir été nettoïées. C'eſt donc pour faire du bien à ſa Génération, autant qu'elle en eſt capable, que cette Femme cède tout ce qu'elle poſſède, qu'elle donne ſon Fils & ſes biens. Elle a deſſein de contribuer de ſon côté à prévenir les différens malheurs qui ont été ſouvent occaſionnés par de la ſuie qu'on a imprudemment laiſſé amaſſer dans les cheminées. Sans aucun principe d'intérêt particulier, elle ſacrifie ſon Fils unique à l'occupation la plus vile pour le ſervice du Public.

Hor. A ce que je vois, vous ne vous embarraſſez pas beaucoup, ſi les ſujets ſont grands & ſublimes. En cela vous vous écartez de Milord *Schaftsbury*.

Cleo. Lorsque frappés d'étonnement nous contemplons dans une nuit étoilée la gloire du Firmament, nous ne pouvons pas nous empêcher de reconnoître que ce Total, ce beau Tout, doit être l'ouvrage d'un grand Architecte, revêtu d'un pouvoir & d'une ſageſſe admirable: mais il n'eſt pas moins évident que chacun des objets qui compoſent l'Univers, fait partie d'un Ouvrage complet & entier.

Hor. Sans-doute vous avez deſſein de badiner?

Cleo. Bien loin de-là. Ce ſont-là des vérités reſpectables, dont je ſuis auſſi convaincu, que je puis l'être de ma propre

pre existence. Mais je vai indiquer les conséquences que Milord *Schaftsbury* tire de ces principes. Par-là vous pourrez juger si je suis un prosélyte sincère, & un exact observateur des instructions de ce Seigneur. Par cette réflexion que j'ai faite sur les Objets qui brillent dans le Firmament, je voulois vous prouver que le jugement que j'ai porté sur la conduite de la pauvre Femme, ne diffère en rien de la manière généreuse de penser que Milord *Schaftsbury* établit & recommande dans ces *Caractéristiques*.

Hor. Est-il possible qu'on puisse lire un tel Livre, sans en faire un meilleur usage! Dites-moi, je vous prie, quelles sont les conséquences dont vous parlez?

Cleo. Comme cette infinité de Corps lumineux, quoique différens par leur grandeur, par la vitesse de leurs mouvemens, & par les lignes qu'ils décrivent dans leur cours, concourent cependant tous à former l'Univers; ainsi cette petite partie que nous habitons, est pareillement composée d'Air, d'Eau, de Minéraux, de Végétaux, & de Créatures animées, qui, malgré leur infinie diversité, contribuent à former cette *Terraquée Sphérique*.

Hor. Rien n'est plus vrai. Il en est de même de toute notre espèce. Elle est composée de plusieurs Nations, qui aïant divisé entr'elles la surface de la Terre, diffèrent extrêmement quant à la Religion, à la Forme du Gouvernement, aux Intétérêts & aux Manières : la Société Civile de chaque Nation est de même formée d'une grande multitude de Personnes des deux sexes, qui différant infiniment les unes des autres en âge, en tempérammment, en sagesse & en biens, forment tous ensemble le Corps Politique.

CLEO. C'est-là précisément ce que je voulois dire. Je vous prie, MONSIEUR, de me dire à-présent, si le bonheur général n'est pas le grand but que les Hommes se proposent, en formant de telles Sociétés; je veux dire, si tous les Individus, en se combinant ainsi, ne se proposent pas de rendre leur condition plus douce, que celle dont jouïroient les Créatures Humaines, si, semblables aux autres Animaux, elles vouloient vivre dans une entière liberté?

HOR. Je ne dis pas seulement que c'est-là le but qu'on se propose en formant des Sociétés; je dis de plus qu'il n'y a personne dans ces Sociétés, qui ne contribue effectivement à ce but de quelque manière.

CLEO. D'où il s'ensuit que l'on est toujours condamnable, lorsqu'on se propose son avantage & son plaisir particulier, en faisant des choses qui nuisent réellement à la Société visible. Pour agir de cette manière, il faut même avoir l'ame basse, intéressée, & être incapable de pénétrer dans la nature des choses. Les Personnes vé-

véritablement ſages ne ſe conſidèrent jamais comme de ſimples Individus. Ils ſavent faire attention au Tout, dont ils ne ſont qu'une petite & très-mépriſable partie. Rien de tout ce qui eſt oppoſé au Bien Public, ne ſauroit leur donner aucune ſatisfaction. Puis donc que c'eſt-là une vérité inconteſtable, les avantages particuliers ne doivent-ils pas toujours être ſubordonnés à l'intérêt général? Chacun ne doit-il pas tâcher d'augmenter ce bonheur commun; & par conſéquent ne doit-il pas faire tout ce qu'il peut pour devenir un Membre utile à tout le Corps dont il fait partie?

Hor. Que concluez-vous de tout cela?

Cleo. Eſt-ce que la pauvre Femme dont j'ai parlé, n'a pas agi conformément à ce Syſtême de la *Sociabilité*?

Hor. Y a-t-il quelque Perſonne de ſens, qui puiſſe s'imaginer que des principes auſſi généreux aïent fait agir une pauvre Miſérable, qui ne ſonge point à ce qu'elle fait, & qui n'a ni ſentiment ni éducation?

Cleo. Il eſt vrai que j'ai ſuppoſé cette Femme très-pauvre, & je ne veux pas non plus inſiſter ſur ſon éducation; mais quant à ce que vous dites qu'elle agit ſans réflexion, & qu'elle eſt deſtituée de ſens, vous me permettrez de vous dire que c'eſt-là un jugement injurieux, que vous portez ſans en avoir de fondement.

Tout

Tout ce que vous pouvez conclure du récit que j'en ai fait, c'eſt qu'elle eſt circonſpecte, vertueuſe & ſage, malgré ſa pauvreté.

HOR. Je crois que vous voudriez me perſuader que vous parlez ſérieuſement.

CLEO. Je parle beaucoup plus ſérieuſement que vous ne penſez. Je vous dis encore une fois que dans l'exemple que j'ai cité, j'ai ſuivi pas à pas Milord *Shaftsbury*, & que je ne m'y ſuis point du tout écarté du Syſtême de la *Sociabilité*. Mais ſi je tombe dans quelque erreur, faites-le moi ſentir.

HOR. Cet Auteur eſt-il jamais entré dans des cas ſi bas & ſi pitoïables?

CLEO. Les Actions nobles n'ont rien de vil, quelles que ſoient les Perſonnes qui les font. Mais ſi le Vulgaire doit être exclu des Vertus *Sociales*, quelle règle, ou quelle inſtruction reſtera-t-il aux pauvres Ouvriers, qui font la plus grande partie de la Nation? Dans le Syſtême de *Milord*, la Religion ne ſauroit les diriger, puiſque les *Caractériſtiques* ont fait un jeu de toute Révélation, & ſurtout de la Religion Chrétienne. D'ailleurs, ſi vous avez une auſſi mauvaiſe opinion du Pauvre & de l'Ignorant, je puis, en ſuivant la même méthode, porter un jugement tout-à-fait ſemblable des Perſonnes de la plus haute diſtinction. Mais que les Ennemis du Syſtême de la *Sociabilité* contemplent cet Avocat vénérable, qui malgré

gré les grandes richesses qu'il possède, qui malgré la chaleur étouffante qu'il fait, qui malgré son grand âge ne laisse pas de se rendre au Barreau pour éclaircir une Cause douteuse, & qui sans aucun égard à son dîner abrège ses jours pour travailler à établir les droits des autres. Quelle bienveillance le Médecin ne fait-il pas paroître pour son Espèce, lorsque visitant les Malades depuis le matin jusques au soir, il entretient plusieurs attelages de chevaux, afin de pouvoir être utile à un plus grand nombre de Personnes ! Quel n'est pas son amour pour le Genre Humain, puisqu'il s'en faut même peu qu'il ne se reproche encore le tems qu'il emploie aux fonctions nécessaires de la vie ! De même, que ne doit-on pas dire de cet infatigable Ecclésiastique, qui, quoique déjà Pasteur d'une très-grande Paroisse, a cependant assez de zèle pour solliciter encore une autre Eglise, où il croit pouvoir être utile & faire du bien, lors même qu'il y a cinquante autres Postulans, qui n'aïant point encore de Bénéfice offrent leurs services pour cette Paroisse.

Hor. Je vois votre dessein. Vous voudriez tirer de ces Panégiriques forcés des argumens *ad absurdum*. La raillerie est assez ingénieuse, & pourroit même faire rire dans certaines occasions ; mais aussi vous êtes obligé d'avouer que ces éloges affectés ne sauroient soutenir un sérieux exa-

examen. Quand nous considérons que le grand but & les soins perpétuels du Pauvre, consistent à subvenir à ses besoins immédiats, & à s'empêcher de mourir de faim ; lorsque nous faisons réflexion que les Enfans sont au Pauvre un fardeau sous lequel il gémit, & que pour s'en délivrer il emploie tous les moïens qui sont compatibles avec cette affection basse & involontaire, que la Nature le force d'avoir pour ses Enfans ; quand, dis-je, nous considérons tout cela, les vertus de cette Femme industrieuse que vous donnez pour exemple, s'évanouïssent. L'amour pour le Bien Public, & les généreux principes que votre sagacité a découverts dans les trois *Facultés* où l'on élève les Gens pour gagner leur vie, paroissent aussi être tirés de trop loin. Tout le monde sait que la réputation, les richesses, & la grandeur sont les grands objets où tendent les Avocats & les Médecins tant soit peu distingués. Tous les siècles sont témoins de la patience & de l'assiduïté incroïable avec laquelle plusieurs d'entr'eux se sont voués tout entiers à leurs pratiques. Cependant, quel que soit le travail & la fatigue auxquels ils ont bien voulu se soumettre, les motifs qui les ont fait agir sont autant connus que leurs vocations mêmes.

Cleo. Est-ce que ces Personnes ne font pas de bien aux Hommes, & ne sont-elles pas utiles au Public ?

Hor. Je ne le nie pas, elles nous rendent

dent souvent des services inestimables; & ceux qui sont habiles dans l'une ou l'autre de ces *Facultés*, ne sont pas seulement utiles, mais sont même fort nécessaires dans la Société. Mais quoiqu'il y en ait plusieurs qui consacrent toute leur vie, & tous leurs plaisirs à remplir leur vocation, je suis néanmoins persuadé qu'il n'y en a pas un qui voulût prendre le quart de la peine qu'il se donne à-présent, si sans en prendre aucune il pouvoit amasser autant de biens, acquérir autant de réputation, & se procurer les autres avantages qu'ils retirent de l'estime, ou de la gratitude de ceux qu'ils servent. Je ne crois pas même qu'il y en eut aucun de distingué parmi eux qui ne l'avouât, si on lui en formoit la question. Si donc l'amour de l'argent & l'ambition sont les principes connus par lesquels ces Personnes agissent, il est très-ridicule de leur attribuer des vertus qu'elles ne prétendent pas s'approprier elles-mêmes. Mais l'éloge que vous avez fait du Curé, est le plus plaisant de tous. J'ai entendu bien des excuses, & même de très-frivoles, pour pallier l'avarice des Prêtres; mais je n'ai jamais rien entendu de semblable à ce que vous avez dit en leur faveur. Le Défenseur & l'Admirateur du Clergé le plus prévenu, n'a jamais découvert avant vous beaucoup de vertu dans l'empressement avec lequel les Ecclésiastiques recherchent la pluralité des Bénéfices; surtout, lors-

lorsque déjà bien pourvus, il y en a plusieurs autres qui meurent de faim, faute d'occupation.

CLEO. Mais s'il y a quelque réalité dans le Systême de la *Sociabilité*, il vaudroit beaucoup mieux pour le Public, que les Hommes dans toutes les Professions agîssent suivant ces généreux principes. Vous ne sauriez même disconvenir que la Société n'y gagnât, si le général des Hommes dans ces trois *Facultés* avoient plus d'égard pour les autres, & qu'ils en eûssent moins pour eux-mêmes.

HOR. Je n'en sai rien. Lors même que je viens à réfléchir sur l'esclavage où sont les Avocats & les Médecins, je doute fort qu'il leur fût possible de se donner les mêmes mouvemens, supposé qu'ils ne fussent pas continuellement éguillonnés par la tendresse qu'ils ont pour les honoraires & les récompenses.

CLEO. C'est-là effectivement, je l'avoue, un argument très-fort contre le Systême de la *Sociabilité*. Il fait même, suivant moi, beaucoup plus de tort à ce Systême, que tout ce qu'a avancé l'*Auteur* contre lequel vous vous êtes si fort recrié.

HOR. Je n'en conviens point. De ce que quelques-uns agissent par des principes d'intérêt, je n'en conclus point que les autres soient destitués de vertu.

CLEO.

Cleo. Ni l'*Auteur* en queſtion non plus ; & vous lui faites une grande injuſtice, ſi vous aſſurez qu'il ait tiré cette conſéquence.

Hor. Je refuſe de louer ce qui ne le mérite pas ; mais quelque dépravés que les Hommes ſoient, il eſt encore dans le Monde de la Vertu, auſſi-bien que du Vice, quoique la Vertu ſoit plus rare.

Cleo. Perſonne n'a jamais contredit ce que vous venez de dire ; mais j'ignore quel eſt votre deſſein. Milord *Shaftsbury* ne tâche-t-il pas de contribuer au Bien Général, & d'encourager les Vertus *Sociales*? Ne ſuis-je pas obligé de ſuivre ſon exemple ? Suppoſé que je me trompe, en interprétant ſi favorablement les actions des Humains, il ſeroit cependant toujours très-bon de ſouhaiter que les Hommes euſſent plus d'égard pour le Bien Public, moins d'attachement pour leurs intérêts particuliers, & plus de charité pour leurs Voiſins que l'on n'en a d'ordinaire.

Hor. On peut faire ce ſouhait; mais quelle probabilité y a-t-il que ce bonheur arrive jamais ?

Cleo. Si la choſe eſt impoſſible, il eſt très-ridicule d'en diſcourir, & de faire voir l'excellence de la Vertu. Que ſert-il d'en mettre au jour la beauté, ſi les Hommes ne peuvent parvenir à l'aimer ?

Hor. Si l'on ne recommandoit jamais la Vertu, le Monde deviendroit pire qu'il n'eſt.

 Cleo.

Cleo. Donc par la même raiſon, plus on recommanderoit la Vertu, plus auſſi le Monde deviendroit meilleur. Mais je vois fort bien pourquoi vous uſez de faux-fuïans & de ſubterfuges contre votre opinion. Vous ſentez que vous êtes néceſſairement obligé de convenir de la juſteſſe de mes Panégiriques comme vous les appellez, ou de trouver des défauts dans la plupart de ceux de Milord *Shaftsbury* ; & vous ne voudriez ni l'un ni l'autre, s'il vous étoit poſſible. De ce que les Hommes préfèrent la compagnie à la ſolitude, Milord *Shaftsbury* prétend prouver l'amour & l'affection naturelle que nous avons pour notre Eſpèce. Si donc on prenoit la peine d'examiner cette conſéquence avec autant de rigueur que vous avez examiné tout ce que j'ai dit en faveur des trois *Facultés*, je crois que les conſéquences de l'un & de l'autre ſe trouveroient à peu près également fondées. Mais je me tiens à mon texte, & je ſoutiens la réalité des Vertus *Sociales*. Si donc cet illuſtre Auteur a penſé ſi charitablement de ſon Eſpèce, & a élevé ſa dignité au plus haut degré, je ne vois pas pourquoi on m'accuſeroit de plaiſanter, lorſque je ſuis les traces de ce Seigneur. Il a certainement écrit dans un bon but : ſon deſſein étoit d'inſpirer à ſes Lecteurs des notions rafinées, & de l'affection pour le Bien Public, indépendamment de la Religion. Le Monde jouït

du

du fruit de ses labeurs; mais l'avantage de ses Ecrits ne pourra jamais être universellement senti, à moins que cet amour pour le Bien Public ne saisisse aussi les plus vils Artisans, que vous voudriez cependant exclure de ces généreux sentimens, & de ces nobles principes, qu'on remarque déjà si visiblement dans un très-grand nombre. Je pense maintenant à deux sortes de Gens, qui auroient surtout besoin de ces principes, & chez qui cependant on ne les trouve que très-rarement. Malheur qui auroit sans-doute causé dans le lien de la Société un tel relâchement, qu'il n'y auroit eu aucun moïen d'en jamais resserrer les nœuds, si l'amour le plus sensible pour le Bonheur Public, & si la plus grande bienveillance n'avoient sollicité, & même obligé d'autres Personnes, qui ne sont que de simples Etrangers sans presque aucune éducation, à déploïer leurs bons offices pour réparer le mal que les Membres nés de l'Etat alloient faire au Roïaume. Un grand nombre d'habiles Ouvriers seroient morts de faim dans d'obscures demeures, malgré leur industrie, s'ils n'avoient su à qui vendre leurs Ouvrages, ou qu'ils n'eussent trouvé personne qui voulût en disposer pour eux. De plus, on fournit tous les jours le Riche & le Prodigue d'une variété infinie de Babioles superflues, & de Colifichets parfaitement bien travaillés; mais tous sont inventés pour

 satis-

ſatisfaire quelquefois une curioſité inutile, quelquefois même l'extravagance & les paſſions des autres : Bagatelles auxquelles on n'auroit jamais penſé, beaucoup moins en auroit-on eu beſoin, ſi on n'en avoit jamais vu, ou qu'on eût toujours ignoré à qui les vendre. Quel bien ne fait donc pas au Public le Vendeur de Bijoux, qui, ſuivant les principes de la *Sociabilité*, emploie beaucoup d'argent à ſatisfaire les déſirs de ces deux différentes claſſes de Perſonnes, je veux dire de l'Ouvrier & de l'Acheteur? Il procure la nourriture & le vêtement au Pauvre laborieux qui le mérite. Il fait une exacte & promte recherche des plus habiles Ouvriers, afin que perſonne ne puiſſe expoſer en vente de plus beaux Ouvrages que lui. Il reçoit les plus grands Etrangers avec une extrême politeſſe, & un viſage riant. Leur parlant ſouvent le prémier, il a l'honnêteté de s'offrir à deviner leurs beſoins. Il ne borne pas ſa complaiſance à attendre les Acheteurs pendant un petit nombre d'heures fixes ; mais il attend patiemment tout le jour leur commodité, dans une boutique ouverte, où il ſupporte avec joie les chaleurs de l'Eté, ou les rigueurs de l'Hiver. Quel bel exemple ce Marchand ne donne-t-il pas de l'affection naturelle que l'Homme doit avoir pour ſon Eſpèce! En effet, ſi l'on agit par ce principe, lorſqu'on fournit ſimpleplement le néceſſaire de la vie ; quel témoignage d'amour & de bienveillance ne donne-t-on pas, en travaillant à procurer aux plus capricieux, tout ce qui eſt de leur goût, les choſes même les plus inutiles ?

HOR. Tout ce que vous venez de dire, à parler franchement, eſt de ce genre, je veux dire qu'il eſt des plus inutiles. Mais n'êtes-vous pas encore las de débiter des ſottiſes ?

CLEO. Quel défaut trouvez-vous dans ces favorables interprétations ? Eſt-ce qu'elles diminuent la dignité de notre Eſpèce ?

HOR. J'admire votre artifice ; & j'avoue même qu'en outrant le rolle que vous jouez d'une manière ſi extravagante, vous avez mis le Syſtême de la *Sociabilité* dans un jour plus deſavantageux, que je ne l'avois enviſagé juſques-ici. Mais vous le ſavez, les meilleures choſes peuvent être tournées en ridicule.

CLEO. Que je le ſache, ou non, Milord *Shaftsbury* l'a expreſſément nié. Il eſt même dans la penſée, que le badinage & la plaiſanterie ſont la meilleure & la plus ſure pierre de touche pour éprouver le mérite des choſes. Il croit qu'on ne peut donner du ridicule à ce qui eſt réellement grand & bon. C'eſt auſſi la règle que ce Seigneur a ſuivie pour examiner les Saintes Ecritures, & la Religion Chrétienne ; & il les a expoſées à cette épreuve, ve, parce qu'il a cru qu'elles ne pourroient point la soutenir.

Hor. Il a tourné en ridicule la Superstition, & les pitoïables notions dont on remplit l'esprit du Vulgaire sur la Divinité: mais il n'y eut jamais d'Homme qui ait eu de l'Etre Suprême, & de l'Univers, des idées plus sublimes que Milord *Shaftsbury*.

Cleo. Vous êtes convaincu que mon accusation est fondée.

Hor. Je ne prétends point défendre toutes les sillabes que cet Auteur a écrites. Son stile est engageant, sa diction est polie, ses raisonnemens sont forts, plusieurs de ses pensées sont parfaitement bien exprimées, & la plupart des images qu'il emploie sont extrêmement délicates. Un Auteur peut me plaîre, sans que pour cela je sois dans l'obligation de répondre à toutes les chicanes qu'on lui fera.

Quant à ce que vous appellez votre imitation de Milord *Shaftsbury*, je n'aime point le Burlesque: mais le ridicule que vous y trouvez, se voit peut-être dans votre Systême avec moins de peine, que vous ne paroissez en avoir pris pour en trouver dans celui de Milord.

Considérez, je vous prie, les travaux pénibles & dégoutans auxquels on se soumet pour fournir cette vaste quantité de Bière forte que la Populace boit si avidement. Ne trouvez-vous pas la Vertu *Socia-*

Sociale dans le Charretier dont se sert le Brasseur ?

CLEO. Oui, & même dans le Cheval qui traîne le Haquet. Du-moins j'y vois cette Vertu, aussi bien que dans quelques Grands Hommes, qui seroient cependant fort choqués, si nous refusions de croire que la plupart de leurs actions intéressées, dont la Société ne tire qu'un très-petit avantage, ne viennent pas d'un principe vertueux, & d'une attention généreuse pour le Public. Ne croïez-vous pas que dans l'Election d'un *Pape* le choix des Cardinaux ne soit dirigé par l'influence du Saint Esprit, & fondé principalement sur ses divines inspirations ?

HOR. Non ; pas plus que je ne crois la Transubstantiation.

CLEO. Mais si vous aviez été élevé dans la Religion *Catholique-Romaine*, vous croiriez cependant l'une & l'autre de ces propositions.

HOR. Je n'en sai rien.

CLEO. Assurément, si vous étiez sincèrement attaché à votre Religion, vous ne révoqueriez point en doute ces dogmes. Vous feriez tout comme des milliers de *Catholiques-Romains*, qui n'ont pas moins de sens & de réflexion que vous ou que moi.

HOR. Je n'ai rien à dire par rapport à cela. Il y a cependant plusieurs choses incompréhensibles, qui ne laissent pas d'êd'être très-véritables. Ce ſont-là proprement les objets de la Foi. C'eſt auſſi pour cela que je garde un profond ſilence, & que je me ſoumets avec beaucoup d'humilité dans les matières qui ſont au-deſſus de ma portée, & qui ſurpaſſent réellement les bornes de mon entendement. Mais je me garderai bien de jamais rien admettre, qui me paroiſſe viſiblement contraire à ma raiſon, ou directement oppoſé au témoignage de mes ſens.

CLEO. Vous croïez ſans-doute une Providence, qui gouverne tout. Quelle raiſon pourriez-vous donc alléguer, pour démontrer que Dieu ne dirige pas les Hommes dans une affaire de cette importance; dans une affaire qui, plus que toute autre, intéreſſe tout le Monde Chrétien?

HOR. Voilà une queſtion très-captieuſe. La Providence dirige & gouverne tout ſans exception, c'eſt-là un principe inconteſtable. Ma négative n'eſt pas moins évidente. Pour la défendre, & pour rendre raiſon de mon incrédulité, il me ſuffit de prouver que tous les inſtrumens, & tous les moïens mis en uſage par les Cardinaux dans ces ſortes d'Elections, ſont viſiblement humains, mondains, & que même il y en a pluſieurs ſi criminels qu'on ne ſauroit les pallier.

CLEO. Tous les moïens qu'ils emploient ne ſont pas aſſurément de ce genre. Les Cardinaux ne font-ils pas tous les jours des

des prières, & n'implorent-ils pas solemnellement le secours divin?

HOR. Oui: mais par le reste de la conduite de ces Prélats, on peut aisément découvrir la manière dont ils envisagent ces cérémonies, & quelle est la confiance qu'ils ont dans ces prières. La Cour de *Rome* est sans-contredit la prémière Académie des Politiques rafinés, & la meilleure Ecole pour apprendre l'art de caballer. Les ruses ordinaires, & les stratagêmes connus y passent pour rusticité. On y conduit les projets au travers des labyrinthes les plus obscurs de la subtilité humaine. Le génie doit y céder à la finesse, comme dans la Lutte la force cède à l'adresse. Une certaine habileté, que quelques Personnes ont à cacher aux autres leurs talens, leur est d'un beaucoup plus grand usage, que ne le seroit le plus grand savoir, & la plus profonde pénétration. Dans le Sacré Collège, où tout est *auro venale*, la Vérité & la Justice y sont à très-bas prix. Le Cardinal *Palavicini*, & les autres Jésuites qui ont été les véritables Défenseurs de l'Autorité Papale, ont avoué avec ostentation la *Politia Religiosa della Chiésa*; & ils ne nous ont point celé les vertus & les qualités, qui seules sont estimées des *Purpurati*. Ils avouent même que comme le plus grand honneur consiste parmi eux à tromper adroitement, à quelque prix que ce soit, ainsi la plus grande honte consiste à être du-

dupé, fut-ce même par le plus bas artifice. Dans les Conclaves surtout, tout se conduit par la ruse, on n'y fait rien sans intrigues. C'est par la conduite des Electeurs de *sa Sainteté*, qu'on peut surtout reconnoître que le Cœur de l'Homme est un abîme profond & ténébreux. Quelquefois on y pousse la fine dissimulation, jusques à affecter de la perfidie & de la tromperie. Souvent les Sacrés Cardinaux se trompent les uns les autres, en contrefaisant les Hypocrites. Qui pourroit donc jamais se persuader que la Sainteté, la Religion, ou l'Envie d'avancer les intérêts du Ciel, aient la moindre part dans les complots, les machinations, les brigues, & les artifices d'une Société, dont chaque Membre ne cherche qu'à assouvir ses passions, à avancer les intérêts de son Parti, & à détruire toutes les Factions qui lui sont opposées, sans consulter ni le Droit, ni la Justice?

CLEO. Les sentimens que j'apperçois chez vous, me confirment ce que j'ai souvent entendu dire, que les Renegats deviennent toujours les plus cruels Ennemis du Parti qu'ils ont abandonné.

HOR. Fus-je jamais *Catholique-Romain*?

CLEO. Je veux parler du Systême de *Sociabilité*, dont vous avez été autrefois le plus vigoureux Défenseur. Cependant il n'y a personne aujourd'hui, qui puisse juger des actions plus sincèrement, & pour dire la vérité, moins charitablement que vous,

vous, ſurtout de celles des pauvres Cardinaux. Je n'aurois jamais ſoupçonné de vous trouver mon antagoniſte, après avoir abandonné le *Syſtème de Difformité*. Mais, ſi je ne me trompe, nous avons tous les deux changé de parti. Il étoit dit que nous ſerions toujours en oppoſition.

Hor. Il me ſemble effectivement qu'il eſt arrivé quelque choſe d'approchant.

Cleo. Que dis-je! Qui ſe ſeroit jamais imaginé qu'un jour j'interprèterois, auſſi favorablement qu'il eſt poſſible, les actions des autres, tandis que vous feriez tout le contraire?

Hor. Je ne ſai ce que le Peuple ignorant, qui ne nous connoîtroit ni l'un ni l'autre, pourroit penſer, en nous entendant raiſonner ainſi. Mais il me paroît que nos diſcours montrent manifeſtement que vous avez deſſein de défendre votre cauſe, en tâchant de faire voir l'abſurdité du Syſtême oppoſé; & que je ſoutiens mes principes, en vous montrant qu'il n'y a pas d'Hommes auſſi foux, que vous avez voulu les repréſenter. J'avois d'abord formé la réſolution de ne jamais entrer en diſpute avec vous ſur cette matière. Vous voïez que je n'ai point tenu parole. Mais je n'aime point à paſſer pour incivil; & c'eſt la pure complaiſance, qui d'abord m'a fait entamer cette converſation. Cependant je ne ſuis pas fâché à-préſent de l'avoir eue, puiſque je trouve votre opi-

opinion moins dangereuſe que je ne l'avois cru d'abord. Vous êtes convenu que la Vertu étoit très-réelle, & qu'il reſte encore des perſonnes qui agiſſent par ce principe, & j'étois prévenu que vous niïez ces deux choſes. Ne vous flattez pas pour cela de m'avoir trompé par ces fauſſes couleurs. Je ſai fort bien le Parti auquel vous êtes encore attaché.

CLEO. Je ne me ſuis pas aſſez déguiſé, pour que vous n'aïez pu entrevoir mes véritables ſentimens. Auſſi ſoïez perſuadé que je n'aurois pas pris la peine de discourir ſur ce ſujet avec une perſonne que j'aurois pu tromper par un ſtratagême ſi groſſier. Je ſai que vous êtes un Homme de ſens & de jugement. Voilà pourquoi je ſouhaite de tout mon cœur que vous me permettiez de m'expliquer, & de vous faire voir que la différence qu'il y a entre nos idées, eſt bien moins conſidérable que vous ne vous l'imaginez. Il n'y a qui que ce ſoit auprès de qui je vouluſſe moins paſſer pour un malhonnête homme, qu'auprès de vous: mais la crainte de vous offenſer, m'a empêché jusques-à-préſent de toucher à aucun de ces articles qui vous avoient révolté contre moi. J'attendois que vous m'euſſiez donné la permiſſion de vous développer mon Syſtême. Accordez quelque choſe à notre amitié, & faites-moi la grace de lire la FABLE DES ABEILLES. Le *format* en eſt commode. Vous aimez les

les Livres. J'en ai un exemplaire assez bien relié; permettez, je vous prie, que je vous en fasse présent.

HOR. Je ne suis point bigot, CLEOMENE, mais je suis un Homme d'honneur; & vous savez que je suis même très-rigide sur ce point. Je ne puis souffrir qu'on tourne en ridicule ce principe respectable. Dès-que j'apperçois qu'on lui veut donner la moindre atteinte, mon sang s'échauffe. L'Honneur est sans-contredit le lien le plus fort, & le plus noble, qui unisse la Société. Croïez-moi donc, on ne peut jamais s'en jouer innocemment. Il y a toujours du crime à l'attaquer. C'est une chose si solide, si respectable & si sérieuse, qu'il n'est jamais permis d'en faire un sujet de badinage ou de divertissement. Aussi m'est-il impossible de souffrir sur ce sujet aucune plaisanterie, quelque ingénieuse & spirituelle qu'elle soit. Peut-être est-ce singularité de ma part; &, si vous voulez même, je serai dans l'erreur. Quoiqu'il en soit, tout ce que je puis dire, c'est que je n'entends nullement raillerie là-dessus. Si donc nous voulons rester Amis, ne me parlez jamais de la FABLE DES ABEILLES. Ce que j'en ai ouï dire, me suffit.

CLEO. Dites-moi, je vous en prie, mon cher HORACE, l'Honneur peut-il subsister sans la Justice?

HOR. Qui le dit?

CLEO. N'avez-vous pas avoué que vous m'am'aviez cru pire, que vous ne me trouvez maintenant? Il est injuste de condamner les Hommes, ou leurs Ouvrages, sur des rapports, & sur de simples soupçons, beaucoup moins sur les accusations de leurs Ennemis. Il faut prémièrement s'en être assuré par soi-même.

HOR. Vous avez raison, je vous demande sincèrement pardon. Pour me faire expier l'injustice que je vous ai faite, dites tout ce qu'il vous plaîra, je l'écouterai patiemment, fût-ce même quelque chose de choquant. Je vous prie seulement de parler sérieusement.

CLEO. Je n'ai rien à vous dire de desagréable, beaucoup moins encore de choquant. Tout ce que je souhaite, c'est de vous convaincre que le jugement que je porte sur les Hommes, n'est ni aussi malin, ni aussi destitué de charité que vous l'avez cru; & qu'à le bien prendre, les idées que j'ai du mérite des Choses & des Actions Humaines ne diffèrent pas fort des vôtres.

Considérez seulement ce que nous avons fait jusques-ici. J'ai tâché, dites-vous, de mettre tout ce qui se fait dans le Monde sous le plus beau jour que j'ai pu, afin de tourner en ridicule le Systême de la *Sociabilité*. J'avoue que ç'a été mon but. Réfléchissez à-présent sur votre conduite. Vous avez cherché à faire voir la folie de mes Panégyriques forcés, & à replacer les choses dans le point de vue natu-

rel

rel, ſous lequel tout Homme équitable & éclairé doit les enviſager. Vous avez fort bien fait; mais par-là vous vous êtes écarté du Syſtême que vous avez prétendu ſoutenir: & ſi vous jugez de la même manière de toutes les Actions, vous renverſez le Syſtême de la *Sociabilité*, ou dumoins vous prouvez-là que ce n'eſt autre choſe qu'un beau plan, qu'on ne pourra jamais mettre en pratique. D'abord vous ſoutenez que le général des Hommes eſt en poſſeſſion de ces Vertus: cependant, dès-que nous deſcendons dans le particulier, vous ne trouvez plus perſonne qui ſoit doué de ces Vertus. Je vous ai pris de tous les côtés, & vous m'avez paru tout auſſi peu ſatisfait des Perſonnes du plus haut rang, que de celles du plus bas état. Il vous paroît ridicule de penſer plus avantageuſement des Gens de médiocre condition. N'eſt-ce point-là ſoutenir la bonté d'un deſſein, dans le même tems que vous avouez qu'il n'a jamais exiſté, ou qu'on ne ſauroit jamais l'exécuter? Quelle claſſe de Gens n'avons-nous pas examiné? Où devons-nous chercher ceux que vous croïez agir par ces principes de Vertu?

HOR. N'y a-t-il pas dans tous les Païs des Perſonnes riches & de naiſſance, qui, généreuſes & bienfaiſantes, ne s'apliquent qu'à ce qui eſt grand & noble? Gens qui n'accepteroient pas d'Emploi, quand même on les leur offriroit.

 CLEO.

Cleo. Oui, mais examinez leur conduite; considérez leur manière de vivre; & épluchez leurs actions avec les mêmes dispositions que vous avez examiné celles des Cardinaux, des Jurisconsultes, & des Médecins. Vous verrez alors si leur vertu sera d'un plus grand prix, que celle de la Femme pauvre & industrieuse, dont je vous ai parlé. Il y a, généralement parlant, moins de vrai dans les Panégyriques que dans les Satyres. L'existence nous plaît quand tous nos sens sont satisfaits, quand nous n'avons aucune maladie ni de corps ni d'esprit qui nous inquiète, & que nous ne rencontrons rien de desagréable. C'est dans cette agréable situation que nous sommes le plus portés à prendre les apparences extérieures pour des réalités, à juger des choses plus favorablement qu'elles ne le méritent. Souvenez-vous, Horace, avec quelle vivacité vous faisiez, il y a environ demi-heure, l'éloge des Opéras. Vous paroissiez ravi en extase, dans le tems que vous pensiez aux charmes sans nombre que vous y trouvez. Je n'ai rien à dire contre la délicatesse de cet amusement, ou contre la politesse de ceux qui y assistent. Mais je crains fort que vous ne vous perdiez dans cette aimable idée, quand vous assurez que les Opéras sont les moïens les plus propres pour contracter une *habitude de la Vertu qui soit forte & dura-*

rable †. Croïez-vous qu'en supposant un nombre égal de Personnes, on trouvât plus de Vertu réelle dans celles qui assistent à l'Opéra, que dans celles qui se trouvent à l'Endroit où l'on fait battre des Ours, des Chiens & des Taureaux *?

HOR. Quelle comparaison!

CLEO. Je ne badine pas.

HOR. Le bruit des Chiens, des Taureaux & des Ours, fait sans-doute une harmonie!

CLEO. Il est impossible que vous ne me compreniez pas; & vous savez fort bien que je ne veux point comparer les plaisirs de l'un avec ceux de l'autre. Les desagrémens dont vous vous plaignez, sont les plus supportables de ceux qui se rencontrent dans ces combats. Une oreille délicate ne sauroit, sans être choquée, entendre prononcer les sermens, les imprécations, les fréquens démentis, les paroles sales, les cris forcés & dissonans de cette Populace effrenée. La barbarie qui règne sur la Scène, & les mauvaises odeurs, incommodent toujours les Spectateurs. Mais dans toutes les grandes foules de Peuple ——

HOR. L'odorat souffre beaucoup.

CLEO. L'amusement en général est abomi-

† Dans ce même DIALOGUE, Pag. 19.

* On appelle ce Lieu en Anglois *Bear-garden*, c'est-à-dire le *Jardin aux Ours*. La Populace abonde à ces Spectacles de Combats.

minable, & tous les ſens en ſouffrent, je vous accorde tout cela. Qui pourroit ſoutenir la vue de têtes couvertes de graiſſe, quelquefois même de ſang; les regards furieux, & l'aſpect menaçant, féroce & effroïable des Perſonnes qu'on rencontre dans ces turbulentes Aſſemblées? On ne doit point s'attendre à voir rien de fort amuſant parmi une Multitude groſſière, couverte de haillons & d'ordure, & dont les paſſe-tems ont toujours quelque choſe de choquant.

Mais après tout il ſeroit tout auſſi injuſte de confondre le Vice avec la rudeſſe des mœurs, le manque de vertus avec le défaut de manières, que de confondre la politeſſe ou l'hypocriſie avec la Vertu ou la Religion. Avancer de deſſein prémédité une fauſſeté dans le but de nuire au Prochain, c'eſt un plus grand péché que de donner un démenti à une Perſonne qui ne dit pas la vérité. Il peut arriver qu'une calomnie publiée par un Ennemi ſecret, ſera plus préjudiciable & plus injurieuſe à une Perſonne, que les ſermens & les imprécations les plus horribles dont elle pourroit être accablée par l'Antagoniſte le plus querelleux & le plus brutal.

Dans tout le Monde Chrétien les Perſonnes de qualité ne tombent pas moins dans l'incontinence & dans l'adultère que le Commun Peuple. Mais s'il y a certains vices auxquels le Vulgaire ſoit plus ſujet que les Gens de condition, ceux-ci en ont par contre qui leur ſont particuliers. L'envie, la médiſance, & l'eſprit de vengeance ſont des vices plus communs & plus dangereux dans les Cours que dans les Chaumières. La vanité ſans bornes, & la cruelle ambition ſont inconnues parmi le Pauvre. Rarement il eſt entaché d'avarice, & jamais il ne donne dans l'incrédulité. Il a beaucoup moins d'occaſions de piller le Public, que les Perſonnes qui ſont en crédit. Vous connoiſſez preſque toutes les Perſonnes de diſtinction du Roïaume. Prenez la peine, je vous prie, de réfléchir ſur la conduite de ceux d'entr'eux qui vous viendront les prémiers dans l'eſprit. Au prochain Opéra examinez les vertus de cette brillante Aſſemblée.

Hor. Vous me faites rire. Il y a beaucoup de vrai dans ce que vous dites, & je ſuis perſuadé que *tout ce qui brille n'eſt pas or*. Auriez-vous encore quelque choſe à ajouter?

Cleo. Puiſque vous m'avez permis de parler, & que vous m'écoutez ſi patiemment, je ſaiſirai cette occaſion pour vous expoſer certaines choſes très-importantes, que vous n'avez peut-être jamais enviſagées dans le point de vue, ſous lequel vous ſerez vous-même forcé d'avouer qu'il faut les enviſager.

Hor. Je ſuis fâché d'être obligé de vous quiter, mais j'ai réellement des affaires indiſpenſables que je dois finir ce ſoir. Il s'agit de mon procès. Je ne ſuis déjà reſté que trop long-tems : mais ſi demain vous voulez prendre la peine de venir dîner chez moi, comme il n'y aura perſonne que vous, nous pourrons reprendre notre converſation tout à notre aiſe.

CLEO. De tout mon cœur. Je ne manquerai pas de m'y rendre.

DIALOGUE II.

HORACE, CLEOMENE,

HORACE.

LA conversation que nous eûmes hièr ensemble, a fait beaucoup d'impression sur moi. Vous avez dit plusieurs choses très-amusantes. Il y en a même quelques-unes qui ne s'effaceront pas aisément de ma mémoire. Je ne me souviens pas d'avoir jamais ruminé autant sur aucun sujet, que j'ai fait sur notre entretien de hièr au soir. Il m'a presque occupé tout entier depuis que nous nous sommes séparés.

CLEO. Pour faire cet examen avec fidélité, il faut & plus de peine, & plus d'exactitude qu'on ne se l'imagine ordinairement. Quand je vous demandai hièr dans quels endroits & parmi quelle sorte de gens il falloit chercher ceux qui, selon vous, agissoient par des principes de Vertu, vous en en nommâtes une classe. J'y trouvai effectivement des Personnes d'un caractère très-aimable, mais qui malgré cela avoient leurs défauts & leurs imperfections. Si, laissant ces foiblesses, on choisit les meilleures qualités entre les diverses bonnes qu'on remarque dans plusieurs d'entr'eux, je crois qu'on pourroit en faire un très-beau tableau.

HOR. Si on le finissoit bien à tous égards, ce seroit un grand chef-d'œuvre.

CLEO. Aussi ne l'entreprendrai-je point: mais il ne me semble pas fort difficile d'en tracer un léger craïon, qui surpasseroit même la Nature, & qui seroit un modèle plus accompli qu'aucun de ceux qui existent réellement. J'ai dessein d'essaïer, l'idée même m'y anime par sa beauté. Quels charmes ne trouveroit-on pas dans le portrait d'un Gentilhomme accompli? Combien n'est pas ravissante la figure que fait une Personne de haute naissance, qui possède de grandes richesses, & qui a reçu de la Nature une grande mesure de dons, lors du-moins qu'une Personne si privilégiée connoit le monde, & qu'elle a une belle éducation?

HOR. Je vous proteste que je le pense ainsi; mais je ne sai si vous badinez, ou si vous parlez sérieusement.

CLEO. Combien n'est pas épais le voile sous lequel ce Gentilhomme cache ses plus grandes imperfections! Quoiqu'il fasse

de

de l'argent ſon idole, & que dans le fond du cœur il ſoit très-avare, il veut cependant paroître libéral, & faire briller beaucoup de générosité dans toutes ſes actions extérieures.

HOR. C'eſt en cela que vous vous trompez, & je ne puis vous paſſer ce trait.

CLEO. De quoi s'agit-il?

HOR. Je vois votre but; c'eſt de me donner la *Caricatura* * d'un Seigneur, ſous prétexte de faire ſon portrait au naturel.

CLEO. Vous me faites tort, je n'ai pas un tel deſſein.

HOR. Mais pourquoi la Nature Humaine ne pourroit-elle jamais être bonne? Au lieu de pallier ſes défauts, vous y en ajoutez ſans avoir la moindre apparence de raiſon. Quand des actions paroiſſent bonnes à tous égards, ſur quel fondement les ſoupçonnez-vous mauvaiſes? Par quel moïen avez-vous découvert des imperfections, & des défauts cachés dans

* *Caricatura* eſt un mot qui déſigne une eſpèce de portrait à l'*Italienne*. L'art conſiſte à y donner la reſſemblance des principaux traits d'une Perſonne; au milieu de traits chargés, & de proportions diſloquées, enſorte que les beautés les plus aimables paroiſſent des traits monſtrueux de la Perſonne la plus affreuſe. Ces portraits doivent repréſenter l'objet dépeint de manière qu'on puiſſe le reconnoître, mais cependant en défigurer ſi artiſtement les plus beaux traits, qu'il paroiſſe un Monſtre hideux.

dans les plus profondes ténèbres ? Se peut-il que vous ſachiez qu'une Perſonne eſt avare dans le fond du cœur, & qu'elle fait de l'argent ſon idole, tandis que vous avouez vous-même qu'elle ne laiſſe paroître aucun ſymptôme de cette infame paſſion, & qu'elle fait briller dans toutes ſes actions une éclatante généroſité ? Y a-t-il rien de plus abſurde ?

Cleo. Je n'ai point fait de pareilles ſuppoſitions. Dans tout ce que j'ai dit, je me ſuis uniquement propoſé de faire remarquer que le bon-ſens, & les belles manières peuvent ſeules, & ſans aucune autre qualité, cacher aux yeux du Public toutes les fragilités & toutes les infirmités naturelles, dont on peut ſe ſentir intérieurement coupable. Je vous proteſte que je n'ai point eu d'autre vue. Cependant vos queſtions ſont fort à propos; & puiſque vous les avez propoſées, je vous parlerai à cœur ouvert.

D'abord je vous dirai quel eſt mon but dans la deſcription que je vai faire. Je me propoſe de vous faire voir qu'un Edifice très-ſuperbe peut être élevé ſur un mauvais fondement. Vous me comprendrez mieux dans l'inſtant.

Hor. Mais comment ſavez-vous que le fondement qui ſoutient l'Edifice eſt pourri, puiſqu'il vous eſt entièrement caché ?

Cleo. Aïez patience, & je vous promets

mets de ne rien avancer dont vous ne conveniez vous-même.

Hor. Remplissez exactement cette promesse. Je n'exige pas autre chose de vous. Dites à-présent tout ce que vous voudrez.

Cleo. Le véritable objet de la Vanité, ou de la Vaine Gloire, est l'opinion des autres Hommes. Le plus vaste désir qu'un Homme vain au suprême degré puisse former, c'est que tout le monde s'accorde à l'estimer, à l'applaudir, & à l'admirer, non seulement dans le tems présent, mais encore dans tous les siècles à venir. Cette passion, quoique généralement condamnée, a eu, & a encore aujourd'hui une force incroïable pour opérer les merveilles les plus surprenantes, & les plus opposées aux inclinations & aux circonstances de ceux qui en étoient possédés.

En prémier lieu, il n'y a point de danger si éminent qu'un Homme animé par la Vanité ne méprise & n'affronte. Il n'y a point de mort si terrible, que cette passion ne lui fasse rechercher avec empressement. Il la souffrira même avec joie, s'il est d'une constitution ferme, & d'un tempéramment hardi.

En second lieu, il n'y a point de bons Offices, ni de Devoirs dont *Cicéron* ait parlé; il n'est aucun exemple de Bienveillance, d'Humanité, ou des autres Vertus *Sociales* dont Milord *Shaftbury* ait fait

fait mention, qu'une Perſonne de bon-ſens & de ſavoir ne puiſſe pratiquer, dirigé par le ſeul & unique principe de la Vaine Gloire. Pourvu qu'il la poſſède dans un degré aſſez éminent, elle eſt capable de reprimer, & de faire taire toutes les autres paſſions qui pourroient traverſer ſon deſſein.

HOR. Vous accorderai-je tout ce que vous avancez ?

CLEO. Oui.

HOR. Quand ?

CLEO. Je vous en convaincrai avant que de nous ſéparer.

HOR. Fort bien.

CLEO. Les Perſonnes qui avec un génie médiocre ſe trouvent dans l'abondance, qui ont reçu une éducation artificielle, & qui ne ſont pas ſinguliers dans leurs idées, manquent rarement d'avoir de jolies manières. Plus on a de vanité & plus on fait cas de l'eſtime d'autrui, plus auſſi on s'appliquera à ſe rendre agréable à ceux qu'on fréquente. On cherchera donc à cacher, & à étouffer dans ſon ſein, tout ce que le bon-ſens ne veut pas qui ſoit vu ou connu.

HOR. Je ſuis obligé de vous interrompre, & de vous empêcher de continuer. Qu'eſt-ce encore une fois que tout cela ? ſinon le vieux conte, que tout eſt Vanité, & que tout ce que nous voïons eſt Hypocriſie ; propoſition que vous avancez ſans en alléguer de preuves. Rien n'eſt n'eſt plus mal fondé que ce que vous venez de dire: car à ce compte le plus noble, le plus poli & le mieux élevé de tous les Hommes, ſeroit le plus vain. Ceci eſt ſi oppoſé à l'expérience journalière, que le contraire eſt réellement vrai. Ceux qui ſont le plus ſujets à la Vanité & à l'Inſolence, ſont les Hommes *nouveaux*, les Perſonnes de néant, les Gens du rang le plus commun, qui ſans avoir reçu d'éducation ſe voient élevés de la pouſſière: ils ſont enflés de leur fortune, dès-qu'ils ſe trouvent au-deſſus de la médiocrité, & que d'un état vil & abject ils ſe voient avancés à des Poſtes d'Honneur. Mais il n'y a point de Mortels qui ſoient, généralement parlant, plus polis, plus humains, & plus affables, que les Gens de la plus haute naiſſance, qui poſſédant de grands biens ſavent ce qu'étoient leurs Ancêtres. Perſonne ne poſſède à un plus haut degré ces vertus, que ceux qui ſont d'une illuſtre extraction, & qui accoutumés dès leur enfance à la Grandeur, aux Titres, aux Honneurs, ont reçu une éducation convenable à leur qualité. Je ne crois pas qu'il y ait eu de Nation civiliſée, où l'on n'ait expreſſément appris à la Jeuneſſe des deux Sexes à ſe garder de la Vanité & de la Fierté. Avez-vous jamais vu de Régent, de Gouverneur, ou de Parent, qui n'ait continuellement inculqué à ceux qui étoient commis à leurs ſoins, l'obligation où ils étoient d'être

civils

civils & obligeans ? Que dis-je ! Le terme de *bien élevé* n'emporte-t-il pas nécessairement l'idée d'un Homme modeste & poli?

CLEO. Ne nous échauffons point je vous prie, & parlons avec justesse. La Politesse nous donne mille leçons contre les signes & les symptômes extérieurs de la Vanité; mais elle ne propose aucunes maximes contre la passion elle-même.

HOR. Comment donc?

CLEO. Non, elle n'en donne aucune contre la passion elle-même. Jamais on n'entreprend de la vaincre, il n'en est point question dans l'éducation d'un Gentilhomme. Que dis-je ! N'inculque-t-on pas aux Personnes de naissance, dans toutes les occasions, des sentimens d'Honneur? Ne leur inspire-t-on pas continuellement de l'estime pour eux-mêmes ?

HOR. Cette réflexion mérite & demande du tems pour être examinée. Mais où est le portrait que vous aviez promis de faire d'un Gentilhomme accompli ?

CLEO. Je suis tout prêt. D'abord je parlerai du lieu où il fait son séjour. Quoiqu'il ait en différentes Provinces plusieurs belles Terres, je ne ferai cependant mention que de celle qu'il a choisie pour sa demeure. Cette Campagne porte le nom de sa Famille, & c'est ce nom illustre qui en fait l'honneur. Les Bâtimens en sont spacieux, magnifiques, & très-commodes. Ses vastes Jardins renferferment une variété infinie d'objets charmans. Divisés en plusieurs compartimens, chacun a sa destination. Par-tout l'Art perfectionne la Nature, & y ajoute des beautés nouvelles. Chaque partie en particulier présente un bel ordre & une heureuse invention, on n'a rien négligé pour les rendre superbes & délicieux. Réunis ils composent un tout, qui est placé à son avantage. Si l'on entre dans la Maison, tout y publie la grandeur & le bon goût du Maître. On n'a rien épargné, ni pour la beauté, ni pour la commodité; mais il n'y a rien de prodigué, ou de mal placé. Toute la Vaisselle, tous les Meubles qui y paroissent, sont ce qu'il y a de plus beau & de mieux travaillé. Vous n'y voïez rien qui ne soit à la mode. On n'y trouve que des Peintures faites par les plus fameux Maîtres. Les Raretés qu'il a, sont réellement telles. Il n'amasse point de bagatelles. Tout ce qu'il fait voir mérite effectivement la curiosité des Admirateurs. Les différentes Collections qu'il a, sont également charmantes & extraordinaires, chaque chose dans son genre. Si elles sont considérables, c'est plutôt par leur prix, que par leur nombre. Mais toutes ces Curiosités & ces Richesses ne sont pas rassemblées dans son seul Cabinet. Le Marbre & la Sculpture qu'on voit briller de toutes parts, sont elles-mêmes un trésor. On remarque dans plusieurs endroits quantité d'admirables Dorures,

rures, & d'excellentes Cizelures. L'Argent qu'on a dépensé pour la Grande Sale, & pour la Gallerie, est très-considérable. Un Salon & un Escalier qui se présentent d'abord, peuvent le disputer à ces deux pièces également spacieuses & superbes. L'Architecture en est du meilleur goût, & les Ornemens en sont exquis. Par-tout il règne un mêlange délicat, & une variété étonnante de Décorations les plus riantes. Tant d'éclat joint à la parfaite propreté qui brille partout, occupent & fixent agréablement les yeux lés plus indifférens & les moins attentifs. Le Curieux trouve d'ailleurs tant d'exactitude dans chaque partie des moindres Utensiles, que son cœur rempli d'admiration ne peut plus se contenir. Mais rien ne frappe davantage dans ce chef-d'œuvre de l'Art, que de voir que les Chambres les plus communes ont tout ce qui peut servir au but pour lequel elles sont destinées, & que le moindre passage est parfaitement fini, tandis que les endroits de parade n'ont rien de trop chargé. On n'y trouve aucune partie accablée sous le poids confus des ornemens mal placés.

Hor. Vous me donnez-là une description étudiée, mais je ne la trouve pas moindre pour cela. Je vous prie de continuer.

Cleo. J'avoue que j'y avois pensé auparavant. Finissons cette description. L'Equi-

L'Equipage de ce Seigneur eſt riche & bien choiſi. Dans tout ce qui lui appartient, on ne voit rien qu'on pût changer en mieux. La Raiſon même ne changeroit rien dans l'art & dans la dépenſe qui brillent dans cette Maiſon. A table, il eſt toujours de bonne humeur.

Sans être incommode, il eſt d'une attention continuelle pour ſes Convives. A en juger par ſon extérieur, il paroît franc & ſincère. Il ſemble qu'il faſſe conſiſter tout ſon bonheur à faire plaiſir à ſes Amis. Dans le tems qu'il eſt le plus gai, il ne manque jamais d'égards pour perſonne; il n'abrège point les noms; jamais il ne prend des familiarités indécentes, même avec le moindre de ſes Convives. Toujours attentif, il écoute obligeamment ceux qui lui parlent; & il paroît ne témoigner de mépris que pour les louanges que l'on fait de ſa bonne chère. Jamais il n'interrompt que les diſcours qui ſont à ſa louange. Rarement il tombe d'accord ſur les éloges qu'on fait de ce qui lui appartient, quelque juſtes qu'ils puiſſent être. Hors de chez lui, il ne cherche jamais à rabaiſſer & à critiquer ce qu'on fait pour lui. Jamais il ne relève aucun des défauts que l'on peut commettre en ſa préſence. Au contraire, il donne le tour le plus favorable aux actions qui ont occaſionné du mécontentement & des plaintes. Il arrive rarement que ce Seigneur ſorte d'une maiſon, où il n'ait rien trouvé à louer ; mais jamais ses éloges outrés ne sont contre le bon-sens. Toujours enjoué dans la conversation, sa bonne humeur est aussi solide qu'agréable. Modeste & réservé, il ne prononce point de mots qui aïent la moindre apparence d'obscénité ou d'impiété ; il ne dit jamais de raillerie piquante.

HOR. Fort bien. Le tableau est charmant.

CLEO. Ce Gentilhomme paroît être entièrement dégagé de la Bigotterie & de la Superstition. Il évite avec soin toutes les disputes de Religion ; mais il va constamment à l'Eglise, & s'absente rarement des dévotions domestiques.

HOR. Que ce Gentilhomme est pieux !

CLEO. Je m'attendois dans cet endroit à quelque contradiction de votre part.

HOR. Je conviens de tout cela, poursuivez je vous prie.

CLEO. Comme il est lui-même savant, aussi est-il le Protecteur des Arts & des Sciences. Il se plaît à récompenser l'industrie. Le mérite est l'objet de son estime. Il ne hait que le vice & l'oppression. Quoiqu'il n'y ait point de table mieux pourvue, ni de cave mieux garnie que la sienne, il est tempérant dans le manger, & ne fait jamais d'excès dans le boire. Il a le palais très-fin ; cependant il préfère toujours les mêts sains à ceux qui sont uniquement délicats & agréables au goût.

Quel-

Quelqu'envie qu'il ait de manger d'un mêts, s'il peut vraiſemblablement craindre qu'il nuira à ſa ſanté, il ne ſatisfera jamais ſon appétit.

HOR. Voilà un caractère admirable.

CLEO. Son bon goût ſe remarque encore dans ſes Habits. Il en change ſouvent, mais il préfère dans ſon ajuſtement la propreté à la richeſſe. Les Perſonnes de ſa ſuite ſont magnifiquement habillées, tandis que lui-même eſt vétu fort ſimplement. Rarement il paroît avec des habits chamarrés d'or ou d'argent, excepté dans des occaſions ſolemnelles, & encore ce n'eſt que par égard pour les autres; puiſqu'il ne porte jamais d'habits magnifiques que dans ces circonſtances extraordinaires. Dès le lendemain il les donne à ſon Valet de chambre. Quoiqu'à tous égards il ait tout ce qu'il y a de plus beau en fait d'Equipage, & qu'il puiſſe paſſer pour curieux dans l'Ajuſtement, il ne s'en met nullement en peine, d'autres en prennent le ſoin. S'il n'y a perſonne à qui les habits aillent mieux, il n'y a auſſi perſonne qui paroiſſe y faire moins d'attention.

HOR. Rien n'eſt mieux penſé. Si c'eſt un article néceſſaire d'être bien habillé, il n'eſt pas moins au-deſſous d'une Perſonne de qualité de ſe donner des ſoins marqués à cet égard.

CLEO. C'eſt auſſi pour cela qu'il a un Domeſtique de bon goût, un Homme judicieux qui lui épargne cette peine; une bonne Lingère a soin de ses dentelles & de son linge.

Son langage est poli, mais naturel & intelligible. Il n'est ni bas, ni ampoulé. Ce Seigneur évite avec le même soin les expressions pédantesques & triviales. Toutes ses actions ont de l'agrément sans affectation. Il a plutôt l'air d'un Homme flegmatique que d'un éventé. Ses manières sont nobles. Quoique toujours civil, complaisant, & moins hautain que qui que ce soit, son extérieur a cependant quelque chose de grand & de majestueux. Si son humilité n'a rien de bas, sa grandeur n'a aussi rien de desobligeant.

HOR. On ne peut dépeindre un plus beau caractère.

CLEO. Charitable envers les Pauvres, sa Maison est ouverte aux Etrangers. Tous ses Voisins sont au nombre de ses Amis. Se regardant comme le Père de ses Fermiers, il considère leur intérêt comme inséparable du sien. Personne ne se met plus au-dessus des légères offenses. Personne n'est plus prompt à pardonner toutes les fautes d'inadvertence. Ce qui est très-préjudiciable aux autres Fermiers, devient très-avantageux aux siens. Il restitue au double toutes les pertes, grandes ou petites, qu'on peut avoir souffert à son occasion, quand même ce dommage avoit été fait pour ses divertissemens. D'abord il a soin de se faire informer de ces

ces pertes, ſouvent même il les répare avant qu'on s'en ſoit plaint.

HOR. Oh quelle rare humanité! Imitez cet exemple, vous Chaſſeurs, qui ſans ſcrupule détruiſez le labeur du Païſan.

CLEO. Perſonne n'eſt mieux ſervi que lui, quoiqu'il ne gronde jamais ſes gens. Tout abonde dans ſon ménage. Sa Famille même eſt très-nombreuſe, cependant l'ordre & l'abondance y régnent également. Il veut que ſes ordres ſoient ponctuellement exécutés; mais auſſi, toujours raiſonnable dans ce qu'il ordonne, il ne parle jamais au moindre Laquais, ſans avoir égard à ſa qualité d'Homme. Il prend lui-même connoiſſance de la conduite de ceux de ſes Domeſtiques qui ſe diſtinguent par leur diligence & par leur mérite. Il les loue, ſouvent en leur préſence; mais il abandonne à ſon Maître d'Hôtel le ſoin de cenſurer, ou de congédier ceux qui le méritent.

HOR. Cette conduite eſt digne d'un Homme de qualité.

CLEO. Tous ceux qui vivent avec lui, ſont auſſi bien ſoignés dans la maladie que dans la ſanté. Les gages qu'il donne, ſont le double de ceux que donnent les autres Maîtres. Souvent même il fait des préſens à ceux qui ſont plus attentifs & plus empreſſés à faire leur devoir. Mais il leur défend abſolument de rien recevoir de ſes Amis, ou des

des autres Perſonnes qui viennent chez lui pour quelque ſujet que ce ſoit. On ferme les yeux chez ce Seigneur ſur pluſieurs défauts, & on pardonne pour la prémière fois les groſſes fautes. Mais pour perdre ſa place, il ſuffiroit de recevoir quelque préſent. Il y a même une récompenſe pour celui qui découvre une faute de cette nature.

Hor. Je n'ai rien entendu juſques-ici qui me paroiſſe blâmable que cet ordre.

Cleo. Je m'en étonne. Pourquoi, je vous prie ?

Hor. Prémièrement, il eſt très-difficile d'obliger les Domeſtiques à s'y conformer. En ſecond lieu, quand même on viendroit à bout de le faire exécuter, c'eſt un trop petit objet, à-moins que le même ordre ne fût ſuivi dans toutes les Maiſons ; mais la choſe eſt abſolument impoſſible. J'enviſage donc comme ſingulier & bizarre, le deſſein qu'il a d'introduire cette coutume. Elle pourroit être à-la-vérité du goût des Avares, & de quelques autres Perſonnes, qui ſe garderoient bien de ſuivre le même exemple chez eux ; mais elle ôteroit aux Perſonnes généreuſes une belle occaſion d'exercer leur libéralité & leur humeur bienfaiſante. Enfin, cette maxime une fois admiſe ouvriroit infailliblement la porte des Grandes Maiſons à toutes ſortes de gens.

Cleo. On pourroit trouver des moïens

pour

pour prévenir cet inconvénient : mais il faut avouer d'un autre côté, que si cette pratique avoit lieu, elle seroit d'un très-grand avantage à nombre de Personnes d'esprit & bien élevées, qui, obligées d'économiser, ne peuvent sans s'incommoder partager ainsi leur petit revenu avec les Domestiques des Seigneurs qu'ils fréquentent.

HOR. Ce dont vous venez de parler, est l'unique raison qu'on puisse alléguer en faveur de cet usage, j'avoue même qu'elle est de poids; mais je vous demande pardon, si je vous ai interrompu.

CLEO. Le Seigneur dont je parle, toujours esclave de sa parole, se pique dans toutes ses affaires de suivre les loix d'une équité scrupuleuse. Comme il a des biens immenses, il a aussi de bons Economes qui en prennent soin. Ses comptes sont dans un très-bon ordre, & il veut voir tout par lui-même. Attentif à ne pas faire attendre les Marchands pour le paîement, quoiqu'il ne tienne pas lui-même la caisse, il a l'œil que son Sécretaire paîe avec promtitude. L'unique singularité dont on peut l'accuser, c'est qu'il ne doit jamais rien au Nouvel An.

HOR. J'approuve fort cette exactitude.

CLEO. Son affabilité est accompagnée de discrétion. Il est de facile accès. Les passions ne le troublent jamais, & ne rendent point son abord effraïant. Que dirai-je enfin? Personne ne paroît moins enflé de ſa condition que lui. Malgré les grandes qualités, & le grand nombre d'avantages extérieurs dont il jouït, ſa modeſtie égale ſon bonheur; & au milieu de la pompe & de la diſtinction qui l'accompagnent, il ne ſemble jamais être occupé de ſa grandeur; il paroît même ne faire aucune attention à ce en quoi il excelle.

HOR. Voilà un caractère admirable, qui me plaît infiniment. Mais je vous avouërai naturellement que cette deſcription m'auroit fait beaucoup plus de plaiſir, ſi je n'avois pas ſu quel étoit votre deſſein, & l'uſage que vous vous propoſiez d'en faire: uſage qui eſt, ce me ſemble, barbare. Elever un Edifice ſi beau, ſi charmant, & ſi parfait, à deſſein de le détruire de fond en comble, c'eſt ſe donner bien des mouvemens pour montrer ſon habileté à faire du mal. J'ai remarqué divers endroits où vous avez donné lieu à des échappatoires, & par où vous vous propoſez de ſapper les fondemens de l'Edifice que vous avez bâti. *A en juger par ſon extérieur, il paroît franc & ſincère, & il ne ſemble jamais être occupé de ſa grandeur* *. Ce ſont vos phraſes. Dans tous les endroits où vous avez mis ces mots *paroître*, *ſembler*, je ſuis perſuadé que vous l'avez fait à deſſein, & dans l'intention de vous en ſervir, comme on

* Dans ce même DIALOGUE, Pag. 65, & dans cette même Page-ici.

on fait des portes de derrière pour s'évader. C'est ce que je n'aurois point remarqué, si vous ne m'aviez pas déjà dit quel but vous vous proposiez dans tout ce discours.

CLEO. J'ai pris la précaution dont vous parlez: mais ç'a été afin de prévenir une juste critique, & pour empêcher que vous ne m'accusiez d'inexactitude, ou de porter des jugemens trop précipités, lorsque dans la suite j'aurai démontré que ce Gentilhomme auroit fort bien pu agir par un mauvais principe. Paradoxe dont j'ai d'abord eu dessein de vous convaincre. Mais puisque j'apperçois que cela vous fait de la peine, je ne continuérai point, content si ma description vous a un peu amusé. Du reste je vous permets de croire que je suis dans l'erreur.

HOR. Pourquoi cela ? Je présumois que vous aviez décrit & inventé ce caractère, à dessein de m'instruire.

CLEO. Je ne prétends pas vous instruire. J'avois dessein de vous communiquer mes doutes, & d'en appeller à votre jugement; mais je me suis trompé, & j'apperçois clairement mon erreur. Quand nous quitâmes hièr au soir cette conversation, aujourd'hui même lorsque nous l'avons reprise, je vous ai cru dans d'autres dispositions que celles où je vous vois à-présent. Vous m'avez parlé d'une impression que j'avois faite sur vous. Vous avez dit que vous étiez sérieusement rentré en vous-même, & vous vous êtes servi de quelques autres expressions que j'interprétois mal-à-propos en ma faveur. Je vois bien que je me suis abusé; & présentement vous me paroissez plus prévenu que jamais contre les sentimens que je fais profession d'avoir. Il est donc naturel que j'abandonne mon dessein. Je ne veux point me procurer de plaisir, en triomphant de vos opinions; & je ne connois rien de plus propre à me chagriner, que l'idée seule de vous desobliger. Conduisons-nous en ceci, je vous prie, comme nous agissons en d'autres cas importans. Ne touchons jamais cette corde. Des Amis prudens doivent éviter de s'entretenir sur les sujets où ils savent qu'ils diffèrent essentiellement. Faites-moi la grace, HORACE, d'être persuadé, que s'il étoit en mon pouvoir de vous amuser, ou de vous procurer quelque plaisir, je ne négligerois rien pour y parvenir, mais que je suis absolument incapable de vous faire la moindre peine de propos délibéré. Je vous demande mille pardons de tout ce que j'ai pu vous dire hièr, & aujourd'hui —— N'avez-vous rien ouï dire de *Gibraltar?*

HOR. Ma foiblesse & votre politesse me font également rougir. Vous ne vous êtes point trompé au sujet des idées dont vous parlez. Il est certain que vos raisonnemens ont fait beaucoup d'impression sur moi, & que j'ai réfléchi sur la converſation que nous eûmes hièr. Mais, comme vous dites très-bien, c'eſt une bien grande tâche pour s'en acquiter fidèlement. Je vous prie de dîner avec moi, afin que nous puiſſions encore parler ſur ces matières. Puisque c'eſt moi qui vous ai offenſé, c'eſt donc à moi à vous demander pardon de mon impoliteſſe. Mais vous ſavez quels ſont les principes que j'ai ſuivi juſqu'ici, & qu'il eſt impoſſible de s'en défaire tout d'un coup. J'apperçois ſouvent de grandes difficultés dans le Syſtême que j'ai embraſſé. De tems en tems un raïon de lumière vient me découvrir la vérité. Je ſens de violens combats au dedans de moi. Mais je ſuis ſi accoutumé à attribuer toutes les actions véritablement bonnes à des principes louables, que j'y reviens toujours, dès-que je me laiſſe aller à ma manière ordinaire de penſer. Supportez, je vous prie, ma foibleſſe. Je ſuis amoureux de votre charmant Cavalier; & j'avoue que je ne ſaurois me perſuader qu'une Perſonne ſi univerſellement bonne, & ſi fort desintéreſſée, puiſſe dans toutes les occaſions agir d'une manière ſi extraordinaire, par d'autres principes que ceux de la Vertu & de la Religion. Dans quel endroit du Monde y a-t-il un pareil Seigneur? Si je ſuis dans l'erreur, je me verrai détromper avec plaiſir. Inſtruiſez-moi, je vous prie, & dites tout ce que vous voudrez, je vous promets de retenir

nir ma vivacité. Je vous ſupplie de dire librement tout ce que vous penſez ſur ce ſujet.

Cleo. Vous m'aviez déjà ordonné de dire ce que je voudrois, & quand je vous ai obéi, vous m'avez paru fâché. Mais puisque vous me réitérez les mêmes ordres, j'eſſaïerai encore une fois de les exécuter ——. Il n'importe pas beaucoup de ſavoir s'il y a actuellement dans le Monde, ou s'il y a jamais eu un Homme ſemblable à celui que je viens de décrire. Mais je tomberai aiſément d'accord, qu'il ſe trouvera plus de gens qui pourront ſe repréſenter un tel Homme, qu'il n'y en aura qui croiront qu'un ruiſſeau ſi clair, & ſi beau dans ſon cours, puiſſe venir d'une ſource ſi mauvaiſe & ſi bourbeuſe, je veux dire de la ſoif exceſſive des louanges, & du déſir immodéré d'être généralement applaudi par les Juges les plus éclairés. Il eſt cependant inconteſtable que des richeſſes immenſes, accompagnées de beaucoup d'eſprit, peuvent très-bien produire toutes ces qualités dans une Perſonne qui ne manque pas de talens, & qui a reçu une belle éducation. Il n'eſt pas moins vrai qu'il y a un grand nombre de Perſonnes qui dans le fond ne valent pas mieux que mille autres, qui cependant, par le ſecours des avantages dont je parle, peuvent parvenir à ces bonnes qualités & à ces perfections, pourvu qu'elles aïent

aſſez

aſſez de réſolution & de perſévérance pour rendre toutes leurs inclinations & toutes leurs facultés ſubordonnées à cette ſeule paſſion prédominante. Si l'on ſatisfait cette ſoif exceſſive des louanges, & qu'on flatte ſans relâche ce déſir immodéré d'être généralement applaudi par les Juges les plus éclairés, cette paſſion ſera en état de gouverner, & même de ſoumettre toutes les autres ſans exception, dans les cas les plus difficiles.

Hor. Il faudroit entrer dans une diſpute dont on ne verroit pas ſi-tôt la fin, pour établir la ſimple poſſibilité de ce que vous avancez avec tant de confiance; mais il me ſemble que la probabilité eſt entièrement contre vous. Si un tel Homme a jamais exiſté, il eſt beaucoup plus naturel de croire qu'il a agi par les qualités excellentes, & par les vertus extraordinaires que la Nature lui avoit données, que de s'aller imaginer que ces bonnes qualités doivent leur origine à des motifs vicieux. Si la Vanité produit tout ce que vous avez dit, d'où vient qu'il n'en paroît jamais aucun trait dans leurs actions à l'égard des autres? Suivant votre Syſtême, ce principe de Vanité n'eſt point rare, puiſqu'il y a en *Europe* bien des Perſonnes d'un très-grand eſprit, & très-riches. Pourquoi donc ne voit-on pas pluſieurs modèles ſemblables à celui que vous avez décrit? Pourquoi eſt-il ſi difficile de trouver un ſeul Homme qui poſſède de toutes ces vertus, & toutes ces bonnes qualités, tandis qu'il y en a tant qui ſont remplis du principe qui ſuivant vous les produit?

Cleo. On peut donner pluſieurs raiſons, pourquoi entre tant de Perſonnes très-riches, il y en a ſi peu qui arrivent à ce haut degré de perfection. D'abord il faut obſerver que les Hommes diffèrent entr'eux de tempéramment. Quelques-uns ſont naturellement actifs & remuans; d'autres aiment l'aiſe & le repos. Quelques-uns ſont naturellement hardis; d'autres ont l'eſprit pacifique. Suivant que ces paſſions, ou ces caractères ſont différens, les Hommes agiſſent par des principes différens. En ſecond lieu, il faut conſidérer que ce tempéramment eſt plus ou moins viſible dans les Hommes parvenus à un âge mûr, ſuivant qu'il a été reprimé ou encouragé par l'éducation. Enfin, c'eſt de-là que dépendent les différentes idées que les Hommes ſe forment du Bonheur: idées qui leur font prendre des routes différentes, pour ſatisfaire leur amour pour la Gloire. Ainſi l'un fait conſiſter la ſuprême félicité à gouverner & à régir les autres Hommes. L'autre conſidère la bravoure, & l'intrépidité dans les dangers, comme ce qu'il y a de plus louable. Un troiſième faiſant plus de cas de l'érudition, ne ſouhaite rien tant que de devenir un Auteur célèbre. Quoique tous aiment la Gloire, ils prennent cependant

dant des routes différentes pour y parvenir. Mais si une Personne hait le fracas, & qu'il soit naturellement tranquile & doux, il est très-probable qu'il ne trouvera rien de plus désirable que le caractère d'un aimable Cavalier. Si avec cela il a le bonheur d'être confirmé dans ces heureuses dispositions par l'éducation, il ne négligera rien pour tenir une conduite à peu près semblable au modèle que je vous ai donné. Je dis *à peu près*, parce que je puis m'être trompé dans quelques articles. D'ailleurs j'en ai omis plusieurs, & il pourroit se trouver quelques Personnes qui diroient que j'en ai oublié d'essentiels. Quoiqu'il en soit, je ne doute point que dans le Païs, & dans le Siècle où nous vivons, les qualités mentionnées n'attirassent à une Personne qui les possèderoit, la réputation que j'ai supposé qu'il désiroit.

HOR. Cela est incontestable. Je ne me fais point de scrupule de convenir de ce que vous venez de dire, puisque j'ai déjà avoué que ce caractère admirable me plaîsoit infiniment. Si j'ai relevé ce que vous disiez de la grande piété que possédoit votre Cavalier, c'étoit parce que cette vertu est très-rare parmi le Beau Monde. Je n'avois point dessein de faire une réflexion injurieuse & maligne contre le caractère que vous décriviez. Il y a un seul & unique point en quoi nous différons, encore est-il purement spéculatif, aussi je vous le le paſſe très-volontiers. Depuis que j'ai réfléchi ſur ce que vous m'avez répondu, je ne ſai, mais je puis être dans l'erreur, & même je ne douterois pas un inſtant que je ne me trompaſſe, s'il y avoit réellement dans le Monde un Homme tel que vous l'avez décrit, & qu'il fût d'une opinion contraire à la vôtre. J'aurois un ſi grand reſpect pour cet aimable caractère, que je ſoumettrois ſans héſiter mon jugement à ce Génie ſupérieur. Je crois inſuffiſantes les raiſons que vous donnez de la rareté de ces actions, qui, ſuivant vous, ont pour principe la Vanité, puisque la cauſe en eſt ſi univerſelle. Je ne disconviens pas que les Hommes ne ſe propoſent différens buts, ſuivant la diverſité de leurs inclinations. Mais y aïant tant de Riches qui ont des diſpoſitions à la tranquilité & à l'indolence, & qui de plus ſouhaitent paſſionnément de paſſer pour d'aimables Cavaliers, d'où vient donc qu'entre tant de Perſonnes de haute naiſſance, riches, & bien élevées, qui ont étudié, voïagé, & pris beaucoup de peine pour être des Cavaliers accomplis, il n'y en a cependant pas une à qui on puiſſe appliquer ſans flatterie toutes ces bonnes qualités dont vous avez parlé?

Cleo. Il eſt très-poſſible que pluſieurs Perſonnes butent à ce haut degré de perfection, & que pas une n'y parvienne. Dans quelques-uns la paſſion dominante n'a n'a pas assez de force pour soumettre toutes les autres affections. Quelques autres peuvent être détournés de leur but par l'Amour, ou par l'Avarice. L'Ivrognerie, ou le Jeu, peut en distraire un grand nombre, & les empêcher d'exécuter leur résolution. Quelquefois ils peuvent manquer de force pour remplir leur dessein, ou de fermeté pour persévérer constamment dans le même but. Ils peuvent aussi manquer de goût, ou même ignorer ce qui est estimé par les Personnes judicieuses. Enfin il est possible qu'ils ne soient pas assez bien élevés, pour savoir dissimuler dans toutes les conjonctures. En effet, la pratique de la dissimulation est infiniment plus difficile que la théorie ; & un seul de ces obstacles suffit pour gâter tout, & empêcher qu'on n'amène à sa perfection un chef-d'œuvre de cette nature.

Hor. Je ne m'arrêterai pas à contester ce que vous venez de dire; mais quand je vous accorderois tout cela, vous n'auriez encore rien prouvé. Vous ne donnez pas la moindre raison, pourquoi vous croïez que des motifs vicieux font agir cet Homme, dont les apparences sont si belles, & l'extérieur si brillant. Vous ne voudriez pas le condamner, sans indiquer au-moins la cause qui vous engage à avoir des soupçons sur son compte.

Cleo. Nullement. Aussi n'ai-je rien

avancé, qui puisse me faire accuser d'avoir un mauvais naturel, & de manquer de charité. En effet, je n'ai point dit que je donnerois ce malin tour aux rares talens d'un Gentilhomme qui posséderoit toutes les qualités dont j'ai fait mention. Je n'ai point insinué que j'étois dans la pensée que toutes ses perfections auroient pour unique principe, un amour excessif pour la Gloire. Je veux simplement démontrer la possibilité qu'il y a que toutes ces actions soient faites par une Personne qui n'auroit d'autre but, ni d'autre secours, que ceux que j'ai nommés. Que dis-je! Je crois même qu'un Cavalier si accompli, avec tout son savoir & tous ses talens, peut ignorer le motif qui détermine ses actions, ou du moins n'en être pas bien assuré.

Hor. Ce que vous dites à-présent est beaucoup moins intelligible, qu'aucune des choses que vous aïez dites jusqu'ici. Pourquoi voulez-vous entasser difficultés sur difficultés, sans en résoudre aucune? Je vous prie d'éclaircir avant toutes choses ce dernier paradoxe.

Cleo. Pour exécuter vos ordres, je dois vous rappeller ce qui se fait dans l'Education. Vous savez que les prémiers principes qu'on inspire aux Enfans, leur apprennent à tâcher de règler leurs actions sur les préceptes des autres, plutôt que sur leurs inclinations. En un mot on les accoutume à ne faire que ce qu'on leur com-

commande. Pour en venir à bout, on met en usage & les punitions & les récompenses, on prend toute sorte de biais, & on met en usage un grand nombre de méthodes différentes ; mais entre toutes ces méthodes, il n'y en a aucune de plus efficace, que l'usage qu'on fait de la Honte. Quoique ce soit une passion naturelle, les Enfans n'y seroient pas aussi-tôt sensibles, si l'art ne nous avoit appris à l'exciter, & à la developper chez eux, avant même qu'ils sachent marcher ou parler. Le discernement est foible dans cet âge tendre. Ainsi on peut apprendre aux Enfans à rougir de ce qu'on trouve à propos, aussi-tôt qu'on apperçoit qu'ils sont en quelque manière susceptibles de cette passion. Mais comme la crainte de la Honte seroit fort inutile pour ceux qui n'ont qu'une médiocre vanité, aussi est-il impossible de faire croître le prémier de ces sentimens, sans augmenter le dernier dans la même proportion.

HOR. J'aurois cru que d'augmenter la vanité dans les Enfans, c'étoit le moïen de les rendre plus revêches, & moins dociles.

CLEO. Vous avez bien raison. Aussi la Vanité auroit-elle été un grand obstacle à la Politesse, si l'expérience n'eut appris aux Hommes que cette passion, qu'on ne pouvoit détruire par la force, pouvoit cependant être gouvernée par ſtratagême; & que la meilleure méthode de la diriger, étoit de mettre cette affection en oppoſition avec elle-même. De-là vient qu'on ne blâme point dans un Jeune-Homme à qui on donne une belle éducation, la vanité elle-même, pourvu qu'il acquière l'art de la cacher habilement. Bien loin de croire qu'il ſoit facile de ſe déguiſer ainſi dans les commencemens, je ſuis au contraire perſuadé que la vanité qui nous ſoutient dans ce déguiſement, ne nous empêche point de ſentir pendant aſſez long-tems des deſagrémens conſidérables. Mais la difficulté s'évanouït, à meſure que nous grandiſſons. De manière que ſi une Perſonne s'eſt conduite dès l'enfance avec autant de prudence que je l'ai décrit, s'il a vécu ſuivant les règles les plus rigides qu'une belle Education preſcrit, s'il a gagné l'eſtime de tous ceux qui le connoiſſent, & que ſes manières nobles & polies ſe ſoient changées en habitude, ce déguiſement lui deviendra ſi naturel, qu'il oubliéra peut-être les principes qui le faiſoient agir, & qu'il ignorera, ou qu'il ne ſentira pas le ſecret motif qui donne actuellement, pour ainſi dire, la vie & le mouvement à toutes ſes actions.

Hor. Je ſuis convaincu du grand uſage qu'on peut faire de la Vanité dans le ſens que vous la prenez : mais vous ne m'avez point donné de raiſons ſatisfaiſantes,

tes, pour démontrer qu'un Homme qui a autant de bon-sens, de savoir, & de pénétration que vous en avez supposé à votre Cavalier, qu'un Homme qui se connoit lui-même si parfaitement, pourroit cependant ignorer son propre cœur, & les motifs qui le font agir. Comment se persuader jamais qu'il vit dans cet aveuglement sur son compte? Pour soutenir une opinion si singulière, il faudra dire qu'il manque tout-à-fait de mémoire & de sentiment.

Cleo. Deux raisons me persuadent, que l'ignorance dont je parle est possible. Je vous prie de les considérer attentivement. La prémière est, que dans les choses qui nous regardent nous-mêmes, surtout dans celles qui regardent notre propre mérite & notre excellence, la vanité aveugle l'entendement des Personnes d'esprit & de jugement, aussi bien que celui des autres. Par conséquent nous sommes prêts à recevoir les flatteries les plus grossières, à proportion de la bonne opinion que nous pouvons avoir raisonnablement de nous-mêmes. Tout notre savoir, & toute notre habileté sur d'autres sujets, ne nous met point à couvert des effets de cette passion. Témoin *Alexandre le Grand* †, dont le vaste génie ne

† Une fine politique l'obligea à faire croire qu'il étoit Fils de *Jupiter Hammon*, & à souffrir les honneurs de l'adoration. Justin. *lib.* XI. *cap.*

ne l'a point empêché de mettre sérieusement en doute, s'il étoit un Dieu ou non.

Ma seconde raison n'est pas moins forte. Quand même la personne en question seroit capable de s'examiner elle-même, il est cependant très-probable qu'elle n'auroit jamais voulu entreprendre cette tâche. Il faut convenir que l'examen de soi-même exige la volonté aussi bien que le pouvoir, & nous avons toutes les raisons du monde d'être persuadé que personne n'est plus porté à se dispenser de ce soin, qu'un Homme très-vain qui est orné de si grandes qualités. Dans tous les autres actes du renoncement à soi-même, notre passion favorite est récompensée; au lieu que dans celui-ci elle ne peut y trouver que de la mortification. Cet examen feroit perdre à cet Homme son doux repos; perte dont rien ne sauroit l'indemniser. Mais si les Personnes les plus excellentes & les plus sincères ont le cœur rempli de passion, de corruption & de fraude, comment doivent l'avoir celles dont

XI. Il y a beaucoup d'apparence qu'à force de dire aux autres qu'il étoit une Divinité, & d'entendre ceux qui le flattoient sur ce chapitre, il vint quelquefois à croire qu'il étoit Dieu, ou du-moins à douter s'il ne l'étoit point: car il n'y a guères de pensées de vanité, qu'un bonheur & qu'une puissance extraordinaire, avec les adresses d'une flatterie sans bornes, ne soient capables d'inspirer.

——— *nihil est quod credere de se*
Non possit, cum laudatur Diis aqua potestas.
JUVENAL. *Satyr.* IV. *v.* 70 & 71.

dont la vie est un tissu continuel d'hypocrisies? Concluons donc qu'il n'est point d'occupation plus desagréable pour un Homme dont le plus grand plaisir est de s'admirer intérieurement, que de s'examiner soi-même, & de fouiller scrupuleusement dans les secrets replis de son cœur. Après ce que je viens de dire, je commettrois une impolitesse d'en appeller à votre sentiment, & de vous demander ce qui se passe chez vous. Mais la difficulté de la tâche ——

Hor. Ne poussez pas plus loin la chose, je vous accorde cet article. Voïons quel avantage vous pouvez en retirer. Vous devez prouver que le Cavalier accompli dont vous avez fait la description, agit par un motif vicieux. C'est-là la grande difficulté. Ainsi, bien loin de la dissiper, vous la rendez toujours plus épineuse. Si ce n'est pas-là votre dessein, il m'est impossible de voir à quoi vous visez.

Cleo. Je vous ai dit que ce l'étoit.

Hor. Vous avez donc besoin d'une prodigieuse sagacité pour découvrir des choses si cachées, & qui surpassent de beaucoup la portée des autres Hommes.

Cleo. Je vois que vous êtes surpris de ce que je m'attribue assez de pénétration, pour connoître un Homme artificieux & rusé, mieux qu'il ne se connoit lui même. Vous vous étonnez de ce que j'ôse me flatter d'entrer & de pénétrer dans un

 cœur,

cœur, qui, ſuivant mon propre aveu, eſt pour tous les autres l'abîme le plus profond & le plus obſcur. A parler à la rigueur, la choſe eſt réellement impoſſible, & il n'y a qu'un Homme accoutumé à faire l'entendu, qui puiſſe s'en vanter.

Hor. Il vous eſt permis de vous traiter tout comme vous voulez ; mais pour moi je n'ai rien dit de pareil. J'avoue cependant qu'il me tarde de voir un échantillon de votre capacité ſupérieure. Je me ſouviens fort bien du caractère que vous avez décrit. Il ne laiſſe pas d'approcher fort de la perfection, malgré toutes les précautions que vous avez priſes. Je vous ai dit ci-devant qu'il n'étoit pas permis de former des ſoupçons ſur les choſes qui à tous égards ont une belle apparence. Je me tiens fixé à cette idée, que le Cavalier dont vous avez fait le portrait, eſt d'un caractère bien lié & bien ſoutenu. Ainſi je ne vous permettrai point d'y rien changer. Vous n'altèrerez aucune des bonnes qualités que vous lui avez données, & vous n'y ajouterez rien d'oppoſé, ou d'incompatible à ce que vous lui avez attribué.

Cleo. Auſſi n'eſt-ce point mon deſſein. D'ailleurs je n'en ai nullement beſoin, pour montrer d'une manière à n'en point douter, ſi cette Perſonne agit par un principe de Bonté intérieure, & de Religion, ou ſi c'eſt uniquement par un motif de Vaine Gloire. Il y a pour cela une méthothode infaillible. Je suis en état de faire voir, aux moins clair-voïans, les ténébreuses retraites de ce cœur si caché.

Hor. Quoique je ne prétende point me mettre en parallèle avec vous en fait de raisonnement, j'ai cependant grande envie d'être le défenseur de votre Gentilhomme, contre votre prétendue infaillibilité. Je n'ai jamais eu en main de meilleure cause. Venez, je tâcherai de la défendre, & de vous suivre dans toutes les suppositions que vous pourrez faire. Il me suffit que ces suppositions soient raisonnables, & compatibles avec ce que vous avez dit auparavant.

Cleo. C'est fort bien. Supposons ce qui peut arriver à l'Homme le moins mal-faisant, le plus prudent, & le mieux élevé; supposons, dis-je, que notre aimable Cavalier, se trouvant dans une compagnie, soit d'un sentiment différent de celui d'un autre, qui est son égal en naissance & en qualité, mais qui moins maître de lui-même n'est pas autant sur ses gardes dans sa conduite extérieure. Supposons outre cela que cet Adversaire s'échauffe mal à propos, qu'il paroisse manquer au respect qu'il doit à ce Seigneur, & attaquer son honneur en des termes équivoques. Que doit faire dans ce cas le Cavalier que vous avez pris sous votre protection?

Hor. Il doit d'abord lui demander explication.

Cleo. Si l'autre avoit la tête chaude, & qu'il ne témoignât que du mépris pour celui qui lui demande explication, ou qu'il refusât tout net d'entrer en éclaircissement, il faudra sans-doute qu'il demande satisfaction, alors il s'agira de *ferrailler.*

Hor. Vous allez un peu trop vite en besogne. Puisque ceci est arrivé en compagnie, les Amis, ou les Personnes présentes, interposeront leurs bons offices. Et si les Disputans en viennent aux menaces, les Assistans auront soin que l'Autorité Civile leur donne à tous deux les arrêts. Avant même qu'ils aïent eu le tems de se dire quelque chose de desobligeant, les Amis auront fait tous leurs efforts pour les séparer. Ensuite on aura tâché de les réconcilier, en prenant bien garde de ménager la délicatesse du Point-d'honneur.

Cleo. Je ne vous demande pas la manière dont on s'y prend pour prévenir une querelle. Tout ce que vous dites peut arriver, mais aussi il peut fort bien n'arriver point. Les bons offices des Amis peuvent réussir, souvent aussi ils sont fort inutiles. Je puis faire telle supposition que je voudrai, il suffit qu'elle soit raisonnable & possible, & qu'elle convienne avec le caractère que j'ai dépeint. Ne pourroit-on donc pas placer ces deux Personnes dans de telles circonstances, que vous conseilleriez vous-même à votre

tre bon Ami d'envoïer un cartel à son Adversaire?

Hor. Rien sans-contredit n'est plus possible.

Cleo. C'est assez. Voilà donc un duel, dans lequel, sans rien déterminer, nous dirons que cet aimable Cavalier a agi en très-galant homme.

Hor. Il auroit été déraisonnable de supposer qu'il se fût conduit autrement.

Cleo. Vous voïez à-présent quelle est ma candeur. Mais qui peut, je vous prie, avoir disposé si subitement une Personne affable, & d'un tempéramment doux, à chercher un remède si violent à un mal si léger? Qu'est-ce surtout qui le soutient contre la crainte de la mort? C'est où gît la plus grande difficulté.

Hor. Son courage naturel, & son intrépidité, fondée sur l'innocence de sa vie & sur la droiture de ses mœurs.

Cleo. Mais qu'est-ce qui peut engager un Homme si juste, si prudent, & qui a autant à cœur le bien de la Société que celui-là, à agir de propos délibéré contre les Loix de son Païs, qu'il ne sauroit ignorer?

Hor. La parfaite obéïssance qu'il rend aux Loix de l'Honneur, qui sont supérieures à toutes les autres.

Cleo. Si les Hommes d'honneur agissoient conséquemment, ils devroient tous se faire *Catholiques-Romains*.

Hor. Pourquoi, je vous prie?

Cleo.

CLEO. Parce qu'ils préfèrent la Tradition orale à toutes les Loix écrites. Personne ne sauroit nous dire quand, sous quel Roi, sous quel Empereur, dans quel Païs, ou par quelle Autorité, ces Loix de l'Honneur ont été prémièrement établies. Leur pouvoir est cependant fort étrange.

HOR. Ces Loix sont écrites & gravées dans le cœur de tout Homme d'honneur. Personne ne les nie. Vous en êtes vous-même persuadé. Chacun les sent au dedans de soi.

CLEO. Ecrites, ou gravées dans quelqu'endroit que vous voudrez; elles sont cependant directement contraires aux Loix Divines. Si donc le Gentilhomme dont j'ai fait la description, avoit été aussi sincère dans sa Religion qu'il le paroissoit, il auroit dû être d'un autre sentiment que vous. Les Chrétiens de toutes les Sectes conviennent tous unanimement de la supériorité des Loix Divines au dessus de toutes les autres. Ainsi il est évident que ces dernières doivent dans toutes les occasions être subordonnées aux prémières. Comment, & sous quel prétexte un Chrétien qui a du bon-sens, peut-il se soumettre, & donner son consentement à des Loix qui ordonnent la Vengeance, & qui favorisent le Meurtre? Crimes qui sont expressément défendus par les Préceptes de l'Evangile.

HOR. Je ne suis point Casuiste... Mais vous

vous savez que ce que je dis est vrai, & que les Gens d'honneur se moqueroient d'une Personne qui se formeroit de tels scrupules. Persuadé que le meurtre est un très-grand péché lorsqu'on peut faire autrement, je crois que tout Homme prudent doit l'éviter autant qu'il est en son pouvoir. Celui qui est le prémier Aggresseur, & qui fait l'affront, est infiniment blâmable. Aussi tout Homme qui entreprend un duel par légèreté, ou qui cherche querelle par badinage, mérite assurément d'être pendu. Il faudroit avoir perdu l'esprit, pour s'exposer à un duel pour des bagatelles. Cependant, lorsqu'on y est forcé, toute la sagesse du monde ne pourroit nous en dispenser. C'est-là, comme vous savez, le cas où je me suis trouvé. La répugnance que j'y sentis, ne s'effacera jamais de ma mémoire; mais *nécessité n'a point de loi.*

CLEO. Je vous vis de grand matin, le même jour de votre affaire. Vous paroissiez parfaitement tranquile. Votre cœur sembloit vuide de passion, & vous ne vous embarrassiez point de ce qui en pouvoit arriver.

HOR. Il est ridicule de témoigner quelque inquiétude dans ces occasions; mais je sai bien quelle étoit ma situation. La résistance que je sentis au dedans de moi-même, est inexprimable, c'est quelque chose de terrible. J'aurois alors donné une grande partie de mon bien, pour que

que le sujet qui m'y avoit forcé, ne fût point arrivé. Malgré tout cela, pour un moindre sujet je jouérois encore demain le même rolle.

Cleo. Vous souvient-il sur quoi rouloit principalement votre inquiétude?

Hor. Comment pouvez-vous me le demander? C'est l'affaire la plus importante qui puisse se rencontrer dans la vie. Je n'étois point un enfant. Déjà de retour d'*Italie*, âgé de vingt-neuf ans, j'avois de fort bonnes connoissances, & je n'étois point mal reçu. Un Homme de cet âge qui se porte bien, & qui est dans sa vigueur, riche de sept mille livres sterling de rente, avec la charmante perspective de se voir un jour Pair d'*Angleterre*, a-t-il raison de se plaindre de ce Monde, & de souhaiter d'en sortir? On court grand risque dans un duel. Si l'on a le malheur de tuer son Adversaire, on éprouve pendant toute sa vie des remords, & l'on est dans le mal-aise. Il est impossible de faire ces réflexions, & plusieurs autres encore plus importantes, sans être dans de mortelles transes, quand on se résoud en même tems à courir ces risques.

Cleo. Vous ne dites rien du crime.

Hor. Je ne doute point que l'idée du mal que renferme cette action, n'augmente beaucoup ces craintes. Mais les autres considérations sont assez puissantes par elles-mêmes, pour qu'une Personne de de condition ſoit fort inquiète, quand elle ne feroit que ces ſeules réflexions.

CLEO. Vous avez à-préſent, HORACE, une belle occaſion de ſonder votre cœur, & de vous examiner vous-même. Si vous pouviez vous y réſoudre, je vous promets que vous y feriez de grandes découvertes, & que vous ſeriez bien-tôt convaincu des vérités dont vous ne voulez pas convenir aujourd'hui. La juſtice & la probité dont vous vous piquez, doivent vous engager à ne pas chérir ſi fort des idées qu'on eſt forcé de cacher, & qu'on craint de mettre au jour, & de ſoumettre au jugement de la Raiſon. Souffrez que je vous faſſe quelques queſtions. Mais je vous prie d'y répondre directement, & ſans vous fâcher.

HOR. Je vous le promets.

CLEO. Avez-vous oublié la tempête que vous eſſuïâtes ſur les Côtes de *Gênes*?

HOR. En allant à *Naples*? Je m'en ſouviens fort bien. Je ne puis actuellement y penſer ſans frémir.

CLEO. Fûtes-vous effraïé?

HOR. Je ne l'ai jamais tant été en ma vie. Je déteſte cet Elément, je ne ſaurois ſouffrir la Mer.

CLEO. De quoi eûtes-vous peur?

HOR. Voilà une belle queſtion. Croïez-vous qu'un Jeune-Homme âgé de vingt-ſix ans, placé dans les circonſtances où je me trouvois, eût grande envie de ſer-

vir

vir de pâture aux Poissons? Le Capitaine même dit que nous étions en grand danger.

Cleo. Mais ni lui, ni personne ne témoigna la moitié autant de peur & d'inquiétude que vous.

Hor. Il n'y avoit aussi personne, excepté vous, qui eût la huitième partie autant à perdre que moi. D'ailleurs ces gens étoient accoutumés à la Mer & aux Tempêtes. Pour moi je n'avois jamais été sur Mer auparavant, excepté dans cette belle après-dînée que nous fîmes le trajet de *Douvres* à *Calais*.

Cleo. Le défaut de connoissance & d'expérience peut faire appréhender aux Hommes les périls où il n'y a aucun risque —— Mais les dangers réels, & qui sont reconnus pour tels, mettent à l'épreuve le courage naturel de tous les Hommes, qu'ils y soient accoutumés, ou qu'ils ne le soient pas. Les Mariniers aiment aussi peu à périr que personne.

Hor. Je n'ai pas honte d'avouer que je suis un grand poltron sur Mer. Mais mettez-moi en Terre-Ferme, alors ——

Cleo. Six ou sept mois après vous être battu en duel, je me souviens que vous eûtes la petite vérole. Vous étiez alors dans de terribles alarmes, par la crainte de la mort.

Hor. Ce n'étoit pas sans sujet.

Cleo. Les Médecins disoient que la crainte

crainte où vous étiez, vous ôta le sommeil, augmenta la fièvre, & vous fit autant de mal que la maladie même.

HOR. C'étoit-là un tems bien critique pour moi, je suis charmé qu'il soit passé, ma Sœur en est morte. Avant que d'avoir la petite vérole, j'étois dans des craintes continuelles; & il m'est arrivé plusieurs fois d'être mal à mon aise, pour en avoir seulement entendu parler.

CLEO. Le courage naturel est une armure générale contre la crainte de la mort, sous quelque forme qu'elle se présente, *si fractus illabatur orbis* *. Ce courage soutient l'Homme sur les mers orageuses, & dans une fièvre chaude, tout comme dans le siège d'une Ville, ou dans un duel avec des *Seconds*, pourvu seulement qu'il ait la liberté de penser.

HOR. Quoi? Vous allez me prouver que je n'ai point de courage?

CLEO. Bien loin de-là. Il seroit ridicule de douter de la bravoure d'une personne qui l'a fait voir d'une manière si extraordinaire dans plus d'une occasion. Je doute seulement de l'épithète que vous y avez donnée tantôt, en joignant au mot de *courage* celui de *naturel*; car il y a une très-grande différence entre ce courage-là, & le courage *artificiel*.

HOR. Voilà une chicane où je ne veux point entrer; mais je ne conviens point avec

* HORAT. *Odar. Lib.* 3. *Od.* 3. *Vers.* 7.

avec vous de ce que vous avez dit ci-devant. Un Gentilhomme n'eſt obligé de faire voir ſa bravoure, que dans les cas où ſon honneur eſt intéreſſé. Dès-qu'il ôſe ſe battre pour ſon Roi, pour ſon Ami, pour ſa Maîtreſſe, & dans toutes les occaſions où ſa réputation eſt engagée, nous croirons du reſte ſur ſon compte tout ce qu'il vous plaîra. D'ailleurs il y auroit de l'extravagance à témoigner du courage & de l'intrépidité dans les maladies, dans les afflictions, & dans les autres dangers où l'on reconnoit viſiblement le doigt de Dieu. L'intrépidité dans les châtimens eſt une eſpèce de rebellion, c'eſt faire la guerre au Ciel; crime dont il n'y a que les Athées & les Eſprits Forts qui voulûſſent ſe rendre coupables. Il n'y a qu'eux qui puiſſent ſe glorifier dans leur impénitence, & parler de mourir avec fermeté. Tous les autres Hommes qui ont quelque ſentiment de Religion, ſouhaitent de ſe repentir avant que de quiter ce Monde. Le meilleur même d'entre nous n'a pas toujours vécu, comme il ſouhaiteroit l'avoir fait pour mourir.

Cleo. Je ſuis ravi de vous voir ſi pieux. Mais n'appercevez-vous pas encore combien peu vous êtes d'accord avec vous-même? Comment quelqu'un peut-il déſirer ſincèrement de ſe repentir, dans le tems qu'il ſe plonge volontairement dans un péché mortel, & que ſans

y

y être forcé, ou ſans néceſſité, il va commettre une action qui expoſe ſa vie à un péril, qu'on peut preſque regarder comme plus grand que tout autre.

Hor. Je vous ai déjà avoué plus d'une fois que le duel eſt un péché; & je crois même que c'eſt un péché mortel, quand on n'y eſt pas obligé par néceſſité. Mais ce n'eſt point-là le cas où je me ſuis trouvé, c'eſt pourquoi j'eſpère que Dieu me pardonnera ma faute. La punition eſt réſervée pour ceux qui font un jeu de cette action. Mais quand on ne s'y porte qu'avec une répugnance infinie, & qu'on fait tout ſon poſſible pour l'éviter, on peut, ce me ſemble, dire avec juſtice qu'on y a été forcé, & qu'on a agi par néceſſité. Condamnez tant qu'il vous plaîra les rigides loix de l'Honneur, & la tirannie de la Coutume, quiconque veut cependant vivre dans le Monde, doit & eſt obligé de les ſuivre. N'en feriez-vous pas tout autant?

Cleo. Ne me demandez point ce que je ferois, il s'agit de ce que chacun eſt tenu de faire. Peut-on croire la Bible, & concevoir en même tems un Tiran plus ruſé, plus malin, plus inexorable, plus inhumain & plus terrible que le Démon; ou un malheur plus grand que l'Enfer, & des peines plus affreuſes & plus durables que des tourmens inexprimables & éternels? Vous ne répondez point? Quel mal y a-t-il, direz-vous encore?

Penſez-y mûrement, & dites-moi quelles ſont les terribles choſes que vous redoutez, quelles ſont les craintes qui vous font négliger ces Loix, & mépriſer ce cruel Tiran. Dans quel abîme de malheurs vous allez-vous plonger! Voïons ce qu'il y a de pis à craindre.

HOR. Voudriez-vous paſſer pour un lâche & un poltron?

CLEO. Pourquoi? parce que je n'ôſerois violer toutes les Loix Humaines & Divines?

HOR. A parler à la rigueur, vous avez raiſon, & il n'y a rien à repliquer. Mais qui peut enviſager les choſes ſous ce point de vue?

CLEO. Tous les véritables Chrétiens.

HOR. Où ſont-ils aujourd'hui? Tous les Hommes en général mépriſeroient, & ſe moqueroient d'une perſonne qui auroit ces ſcrupules. J'ai ouï & vu des Eccléſiaſtiques même qui marquoient du mépris pour les Poltrons, malgré tout ce qu'ils pouvoient dire & recommander en chaire. C'eſt une extrémité bien terrible que de ſe voir obligé de fuir entièrement le monde, & de renoncer tout à la fois à la converſation de tous ceux qui en ſont dignes. Voudriez-vous devenir l'entretien de la Ville? Pourriez-vous vous réſoudre à être le ſujet des railleries & des mépris de ceux qui fréquentent les Cabarets, de ceux qui ſe trouvent dans les Coches & dans les Places Publiques? Or ne ſeroit-ce point-là le ſort de tout Homme qui refuſeroit de ſe battre, ou qui ſouffriroit pa-

patiemment un affront? Soïez raisonnable, CLEOMENE, peut-on toujours éviter de se battre? Si on le refusoit dans bien des cas, ne deviendroit-on pas le jouet de tout le monde? Ne seroit-on pas montré au doigt dans les rues? Ne serviroit-on pas d'amusement aux Enfans, & aux Garçons qui portent des flambeaux pour éclairer ceux qui marchent dans une nuit obscure? Ceux qui conduisent les Fiacres, ne s'en feroient-ils pas un sujet de divertissement? Tout cela peut-il se souffrir?

CLEO. Vous qui en tout autre cas regardez l'opinion du Vulgaire avec un si grand dédain, comment se peut-il qu'elle vous cause tant d'inquiétude dans celui-ci?

HOR. Ce sont-là de beaux raisonnemens. Mais vous savez vous-même que la chose ne peut se souffrir. Comment pouvez-vous être si cruel?

CLEO. Et vous, comment pouvez-vous être si lent à découvrir & à reconnoître la passion qui produit si visiblement tous ces effets; & comment est-il possible que vous méconnoissiez la cause si palpable & unique du mal-aise que nous éprouvons à l'idée du mépris?

HOR. Je ne sens aucune passion; & je vous déclare que le motif qui me fait soutenir l'opinion que j'ai avancée, est uniquement un sentiment & un principe d'honneur que j'ai au dedans de moi.

CLEO. Croïez-vous que la plus vile Populace, & que la lie du Peuple possède un peu de ce principe?

HOR. Non sans-doute que je ne le crois pas.

CLEO. Seriez-vous donc dans la pensée que les Enfans de qualité en sont déjà affectés, avant que d'avoir atteint l'âge de deux ans?

HOR. Cela feroit ridicule.

CLEO. Mais si ces deux Ordres de Personnes n'en sont pas affectés, il faut, ou que l'Honneur soit une chose purement accidentelle, qui s'acquiert par l'Education; ou s'il est contenu dans le sang de ceux qui sont nés Nobles, il faut qu'il soit imperceptible jusques à l'âge de discrétion. Deux suppositions qu'on ne sauroit faire au sujet du principe évident, & de la cause palpable dont je parle. D'un côté, nous voïons visiblement que les plus misérables ne peuvent souffrir, ni d'être méprisés, ni d'être tournés en ridicule; & qu'il n'y a point de Gueux, quelque pitoïable que soit son état, qui ne soit offensé du mépris. Nous appercevons d'ailleurs que la Honte agit de si bonne heure sur les Créatures Humaines, qu'en raillant & en se moquant des Enfans, on peut souvent les faire pleurer, avant même qu'ils sachent bien parler ou marcher. Concluons donc que ce principe, quel qu'il soit, est né avec nous, & qu'il appartient à notre nature. En savez-vous le nom propre, véritable & naturel?

HOR

HOR. Je sai que vous lui donnez le nom de *Vanité*. Je ne veux point disputer avec vous, ni sur les principes, ni sur l'origine des choses. Mais je dis que la haute estime que les Personnes d'honneur ont pour elles-mêmes, considérées comme telles, est le fondement de leur mérite. Cette estime est due à la dignité de notre nature, lors du-moins qu'elle est bien cultivée. C'est ce qui le met en état de surmonter toutes les difficultés. En un mot, c'est de cette idée & de ce principe que la Société tire des avantages sans nombre. Le Public profite du désir que les Hommes ont d'être bien dans l'esprit des autres, & de l'amour qu'ils ont pour les Louanges, & même pour la Gloire. Pour s'en convaincre, supposons pour un moment que le contraire eût lieu. Toutes les Personnes incapables de honte, qui méprisent l'infamie, & qui ne s'embarrassent point de ce qu'on pense sur leur compte, n'ont rien qui les retienne. Toujours ils sont prêts à commettre toutes les mauvaises actions où les portera leur intérêt, & quelque appétit brutal, sans aucun égard au jugement des autres Hommes. Il leur suffira d'éviter la mort, les châtimens, & les loix pénales. Ces Gens-là sont appellés avec raison des Personnes qui n'ont aucun principe, puisqu'ils n'ont effectivement aucun motif intérieur qui puisse les aiguillonner à faire des actions belles & vertueuses, & les détourner de de celles qui ſont baſſes & infames.

Cleo. La prémière partie de votre asſertion eſt réellement fondée, quand cette haute eſtime, ce déſir & cet amour pour les Louanges ſont retenus dans les bornes de la Raiſon. Mais vous vous êtes abuſé dans la ſeconde, puiſque ceux que nous appellons effrontés, ont tout autant de vanité, que ceux qui leur ſont ſupérieurs en mérite. Rappellez-vous ce que j'ai dit de l'Education, & de ſon efficace. Ajoutez-y les inclinations, le ſavoir, & les autres circonſtances où ſe rencontrent les Hommes; car ſuivant qu'ils diffèrent à l'égard de ces choſes, les paſſions influent & agiſſent auſſi diverſement ſur eux. On peut aprendre à quelques Perſonnes à rougir de tout ce qu'on voudra. La même paſſion qui fait que l'Homme bien élevé, & le prudent Officier, s'eſtiment & s'admirent ſecrètement pour l'honneur & la fidélité qu'ils font paroître, peut pareillement faire que le Débauché & le Faquin faſſent parade de leurs vices, & ſe glorifient de leur impudence.

Hor. Il m'eſt impoſſible de concevoir comment une Perſonne d'honneur, & celle qui eſt ſans honneur, peuvent agir ſi différemment par le même principe.

Cleo. Ceci n'eſt pas plus étrange que cet effet de l'amour propre, qui engage une Perſonne à ſe donner la mort. Rien n'eſt cependant plus certain. Mais il n'eſt pas moins évident que quelques Perſonnes

nes satisfont leur vanité à être effrontés. La connoissance de la Nature Humaine exige de l'étude & de l'application, aussi bien que de la pénétration & de la sagacité. Toute passion, & tout instinct en général, ont été donnés aux Animaux pour une sage fin. L'Auteur de la Nature a voulu par-là les engager à travailler à leur conservation, à leur bonheur, & à la propagation de leur espèce. Il est de notre devoir d'empêcher que ces qualités naturelles ne nuisent à aucune partie de la Société. Pourquoi donc aurions-nous honte de les avoir? L'instinct de la haute estime que chaque *Individu* a pour soi-même, est une passion très-utile. Je pourrois démontrer que nous serions de misérables créatures si nous ne l'avions pas, quoiqu'elle produise des maux à l'infini quand elle passe de justes bornes.

HOR. Mais elle n'est jamais excessive dans les Personnes bien élevées.

CLEO. Vous voulez dire qu'il ne paroît jamais extérieurement qu'ils en soient affectés à l'excès. Nous ne devons point juger de son degré, ou de sa force, par ce qui est apperçu de cette passion; il vaut mieux que nous en jugions par les effets qu'elle produit. Souvent elle est parvenue au suprême degré, quand elle est la plus déguisée. Rien ne l'augmente davantage, & n'est plus propre à l'exciter, que ce qu'on appelle la Belle Education, & le Commerce continuel du Beau Monde. Un attachement sincère à la Religion Chrétienne est le seul moïen de domter cette passion, ou de la brider en quelque manière.

Hor. Pourquoi insistez-vous tant à montrer que ce principe, cette estime que les Hommes ont pour eux-mêmes, est une passion? Et pourquoi aimez-vous mieux lui donner le nom de *Vanité* que celui d'*Honneur*?

Cleo. Pour de fort bonnes raisons. C'est, *prémièrement*, afin d'ôter toute ambiguïté, que je fixe ce principe dans la Nature Humaine. Il peut arriver que nous nous disputerons sur ceux qui sont, ou qui ne sont pas Gens d'honneur. Le plus ou le moins d'exactitude que ceux qui sont reconnus pour tels apportent à la pratique des règles de ce principe, peut en altérer & en changer extrêmement la nature. Mais une passion qui est née avec nous, est inaltérable; elle fait partie de notre être, soit qu'elle se montre, ou qu'elle reste cachée. Son essence est toujours la même, quel que soit le chemin qu'on nous ait appris à lui faire prendre. L'*Honneur* est le véritable fils de la *Vanité*; mais la même cause ne produit pas toujours le même effet. Le Commun-Peuple, les Enfans, les Sauvages, & plusieurs autres Personnes qui ne sont susceptibles d'aucun sentiment de honte, ont cependant tous de la vanité, comme il est évident par les

symp-

ſymptômes qu'ils en donnent. En *ſecond lieu*, en fixant ce principe dans la Nature Humaine, on peut aiſément expliquer les phénomènes que l'on remarque dans la conduite que tiennent les Perſonnes d'honneur, lorſqu'elles ont quelque diſpute, & qu'elles ont reçu quelqu'affront: conduite dont on ne ſauroit rendre de raiſon par aucun autre Syſtême. *Enfin*, ce qui m'y engage ſurtout, c'eſt la force prodigieuſe, & le pouvoir exorbitant que l'eſtime a de ſoi-même, quand on l'a ſatisfaite & encouragée pendant long-tems. Vous ſouvenez-vous de l'inquiétude que vous cauſa le duel que vous eûtes ſur les bras? Avez-vous oublié quelle fut votre répugnance à vous y réſoudre? Vous n'ignoriez point que c'étoit un crime; vous ſentiez même dans votre cœur toute l'horreur qu'il y avoit à s'en rendre coupable. Quel fut donc le ſecret pouvoir qui ſoumit votre volonté, & qui remporta la victoire ſur la grande répugnance que vous ſentiez contre ce duel? Vous appellez *Honneur*, ce principe ſi puiſſant; vous dites que c'eſt un attachement également fort & indiſpenſable aux règles qu'il preſcrit, qui vous força à vous battre. Mais les Hommes ne ſe font jamais violence à eux-mêmes, que pour réſiſter aux paſſions qui ſont nées avec eux, & qui leur ſont naturelles. L'Honneur eſt quelque choſe d'acquis, dites-vous, & on en apprend les règles. Cependant des choſes purement

ment accidentelles, & qu'on ne remarqueroit que dans certaines Perſonnes, pendant que d'autres en ſeroient deſtituées, ne ſuſciteroient jamais de ſemblables guerres inteſtines, & de ſi violens combats au dedans de nous. Quelle que ſoit la cauſe qui puiſſe ainſi nous diviſer contre nous-mêmes, & partager, pour ainſi dire, la Nature Humaine en deux, elle doit abſolument faire partie de nous-mêmes. Parlons ſans détour. La réſiſtance que vous ſentites, étoit un combat qu'il y avoit entre la crainte de la Honte & celle de la Mort. Si la crainte de la Mort eût été moins forte, votre réſiſtance auroit été moindre. Cependant la Honte gagna la victoire, parce qu'elle étoit la plus forte. Mais ſi vous euſſiez moins craint la Honte que la Mort, vous auriez trouvé quelque moïen pour éviter le combat.

HOR. Voilà une étrange *Diſſection* de la Nature Humaine.

CLEO. Cependant, faute de la ſavoir faire, pluſieurs Perſonnes, ne connoiſſant pas bien le ſujet que nous examinons, ont raiſonné ſur les Duels d'une manière tout-à-fait incongrue. Un Théologien, qui a écrit un Dialogue pour réfuter cette pratique, dit que ceux qui donnent un défi, ou qui l'acceptent, ont de fauſſes idées de l'Honneur, & qu'ils n'en ſuivent pas les véritables règles. C'eſt pourquoi mon Ami a raiſon de le

tour-

tourner en ridicule, quand il dit: *Vous pourriez tout aussi bien nier que les ajustemens que vous voïez porter à tout le monde ne sont point à la mode, que de soutenir qu'il est contraire aux loix du véritable Honneur de demander & de donner satisfaction* †. Si ce Théologien avoit mieux connu la Nature Humaine, il n'auroit pas fait une telle bévue. Car aïant une fois accordé que l'Honneur est un principe juste & bon, sans en rechercher la cause parmi les passions, il lui est impossible d'expliquer les Duels à un Chrétien qui prétend agir par un tel principe. Aussi dans un autre endroit il dit avec la même justesse, que celui qui accepte un Cartel extravague, parce qu'il n'est pas *compos mentis*. Il auroit pu dire avec plus de fondement, qu'il est ensorcellé.

Hor. Pourquoi, je vous prie?

Cleo. Parce que les Personnes qui sont hors du sens, pensant à tort & à travers, agissent & parlent aussi le plus souvent de la même manière. Quand un Homme d'une sobriété reconnue, & qui n'a jamais donné d'indice d'un esprit dérangé, raisonne, se conduit en tout raisonnablement, & qu'il traite même des points fort délicats avec beaucoup d'exactitude, il est impossible de le prendre pour un fou, ou pour un insensé. Mais quand une Personne agit dans une affaire de

† *Tome* I. *Remarque* (R.) *Pag*. 281.

de la plus grande importance d'une manière si diamétralement opposée à ses intérêts, qu'un Enfant peut s'en appercevoir ; quand elle cherche de propos délibéré la desstruction de son propre être ; il faut que ceux qui reconnoissent l'existence des Esprits mal-intentionnés, revétus d'un pouvoir suffisant, croient qu'elle y a été entraînée par quelque enchantement, & qu'elle y a été forcée par l'Ennemi du Genre Humain, plutôt que d'admettre une absurdité palpable. Mais cette supposition même ne suffit pas pour résoudre la difficulté. On est encore obligé d'appeller à son secours l'étrange *Dissection* que vous me reprochez Car quel charme, & quel sortilège y a-t-il dont la force soit telle, qu'une Personne judicieuse, qui est dans son bon sens, prenne un devoir imaginaire pour une nécessité indispensable, & s'imagine qu'il est tenu de violer les obligations les plus claires & les plus réelles? Faisons même abstraction de ce que nous imposent & la Religon & les Loix Humaines, & supposons que la Personne dont nous parlons, soit un *Epicurien* de profession, qui n'a aucune idée sur l'avenir ; quelle est cette Puissance inconnue qui par sa grande force peut forcer une Personne qui est d'un tempéramment doux, qui n'est ni endurcie à la fatigue, ni naturellement courageuse, à abandonner les aises & cette tranquilité qu'il aime tant. Quelle Force supérieure peut

peut l'obliger à aller se battre, & à exposer sa vie de sang froid en apparence, avec cette réflexion consolante, que rien n'est plus capable de le perdre que la victoire qu'il va travailler à remporter sur son ennemi?

Hor. Les Personnes de qualité n'ont guères à craindre ni les Loix, ni le Châtiment.

Cleo. Vous ne pouvez pas dire que cela soit vrai ni en *France*, ni dans les *Sept Provinces*. D'ailleurs les Personnes d'honneur qui sont d'un rang beaucoup plus bas, n'évitent pas plus de se battre en duel, que celles qui sont de plus haute qualité. Combien d'exemples n'avons-nous pas, même parmi nous, de Gens d'un certain rang, qui ont été exilés ou exécutés pour des duels? Un Homme d'honneur ne doit rien craindre. Considérez seulement tous les obstacles que ce principe de l'estime de soi-même doit quelquefois surmonter; alors vous me direz, s'il ne doit pas y avoir quelque chose de plus que magique, pour fasciner un Homme qui a du jugement, qui se porte bien, qui est dans la vigueur & à la fleur de son âge, de manière qu'il soit tenté de se battre. Comment se peut-il arracher des bras d'une tendre & aimable Epouse, renoncer aux plaisirs qu'il goûte avec ses Enfans qui promettent beaucoup, au commerce poli & attraïant de ses Amis, à la pleine & charmante jouissance de tous les Plaisirs moumondains? Et pour faire quoi? Pour aller livrer un combat qu'il ne sauroit jamais justifier, & qui exposera infailliblement le Victorieux, ou à une mort ignominieuse, ou à un exil perpétuel.

Hor. Quand on place les choses sous ce point de vue, j'avoue que ce fait paroît bien étrange. Mais votre Systême l'expliquera-t-il, pouvez-vous l'éclaircir par son moïen?

Cleo. Je puis vous le montrer clair comme le jour, si vous voulez seulement remarquer deux choses, qui découlent nécessairement & manifestement de ce que j'ai déjà démontré. La *prémière*, c'est que la crainte de la Honte est soumise au Caprice, qui, variant comme les Modes & les Coutumes, peut être produit par différens objets, suivant la différence des instructions que nous avons reçues, & des préceptes dont on nous a imbus dans l'enfance. C'est aussi la raison pourquoi cette crainte de la Honte, suivant qu'elle est bien ou mal placée, produit quelquefois de fort bons effets, & qu'elle fait commettre dans d'autres occasions les crimes les plus énormes. La *seconde*, c'est qu'encore que la Honte soit une passion très-réelle, le mal qu'on en craint est cependant absolument imaginaire, & n'existe que dans l'idée chimérique que nous nous formons du jugement des autres Hommes.

Hor. Il y a cependant des maux réels,

&

& considérables, qu'un Homme peut s'attirer, en se comportant mal dans un point où l'Honneur est intéressé. Il peut par sa lâcheté ruïner sa fortune, & perdre toute espérance d'avancement. Un Officier peut être cassé pour avoir souffert patiemment un affront. Personne ne voudra servir avec un lâche. Où voulez-vous qu'il trouve du service?

Cleo. Vous sortez entièrement de la question. Du-moins le cas où vous vous êtes trouvé, ne renfermoit rien de semblable à ce que vous pressez à-présent; car vous n'aviez rien à redouter, disiez-vous, que le jugement des Hommes. D'ailleurs, quand la crainte de la Honte est supérieure à celle de la Mort, elle l'emporte à son tour sur toutes les autres considérations, comme il a été suffisamment prouvé. Mais quand la crainte de la Honte n'a pas assez de force pour étouffer celle de la Mort, tout autre motif est alors inutile, on ne se détermine point à se battre. Toutes les fois que la crainte de la Mort sera plus forte que celle de la Honte, nulle considération ne pourra faire battre un Homme de sang froid, ou l'engager à se conformer à aucune des loix de l'Honneur, dès-que pour les suivre il s'agira d'exposer sa vie. C'est pourquoi toute Personne, qui poussé par la crainte de la Honte envoie ou accepte un cartel, doit d'un côté s'appercevoir que les maux qu'il apréhende, s'il desobéïssoit au Tiran, ne sont qu'une suite de ses réflexions; & de l'autre, que s'il diminuoit quelque chose de la haute estime, & du cas excessif qu'il fait de lui-même, il verroit aussi diminuer sensiblement la crainte qu'il a de la Honte. D'où il suit très-clairement, que la grande cause de cet aveuglement dont nous sommes surpris, & que le puissant Enchanteur que nous cherchons, est la *Vanité*, l'excès de la *Vanité*, le plus haut point de l'*Estime de soi-même*, auquel quelques Personnes peuvent être portées par l'éducation, par l'art, & par les perpétuelles flatteries qu'on prodigue à notre Espèce, & à l'excellence de notre Nature. C'est là le Magicien qui peut détourner toutes les autres passions de leurs objets naturels, & faire rougir les Créatures raisonnables de ce qui est également conforme à ses inclinations & à son devoir: deux choses que le Duelliste avoue avoir négligées de dessein prémédité.

Hor. Quelle machine étonnante, quel composé hétérogène est-ce que l'Homme! Vous m'avez presque déjà vaincu.

Cleo. Je ne cherche point à vaincre. Tout ce que je souhaitte, c'est de vous rendre service en vous détrompant.

Hor. D'où vient que la même Personne, dont on voit les fraïeurs peintes sur le visage dans une maladie, ou dans un orage, ne donne aucun indice de peur dans

dans un duël, & dans toutes les actions militaires? Résolvez aussi, je vous prie, cette difficulté.

CLEO. Je m'en acquiterai de mon mieux. Dans toutes les conjonctures où l'on croit que la réputation est intéressée, la crainte de la Honte se réveille avec efficace dans les Personnes d'honneur; & la Vanité venant incessamment à leur secours, rassemble toutes leurs forces pour les soutenir contre la crainte de la Mort. Tous les prodigieux efforts qu'ils font dans ces occasions, étouffent entièrement cette crainte, ou du-moins ils font qu'il n'en paroît aucun symptôme. Mais dans les autres périls, où ils ne croient point leur honneur engagé, leur vanité reste tranquile. Ainsi, rien ne reprimant la crainte de la Honte, elle paroît telle qu'elle est. Pour vous assurer de la vérité de cette raison que je viens d'alléguer, faites attention à la conduite différente que tiennent les Gens d'honneur, suivant qu'ils se piquent d'être Chrétiens ou Incrédules; (car il y a de ces deux sortes de gens) & vous verrez, du-moins le plus souvent, que vos Esprits Forts, & ceux qui veulent passer pour douter d'un état futur (je parle des Personnes d'honneur) donnent de plus grandes marques de tranquilité & d'intrépidité dans les mêmes dangers où les prétendus Croïans d'entre vous paroissent manquer le plus de courage, & être le plus troublés.

HOR. Pourquoi dites-vous les prétendus Croïans ? A votre compte il n'y a point de Chrétiens parmi les Gens d'honneur.

CLEO. Je ne vois pas comment il peut y avoir parmi eux de véritables Croïans.

HOR. Pourquoi, je vous prie?

CLEO. Pour la même raison qu'un Catholique-Romain ne sauroit être un Sujet sur qui l'on puisse compter dans un Païs Protestant, ou même dans tout autre Païs que celui qui est sous la domination de SA SAINTETE'. Aucun Souverain ne peut se confier entièrement dans la fidélité d'une Personne qui reconnoit sur la Terre une autre Puissance supérieure, à laquelle il rend hommage. Je suis persuadé que vous me comprenez.

HOR. Fort bien.

CLEO. Vous pouvez attacher au même joug le Chevalier & le Prébendier, & les faire seoir ensemble dans le même Siège; mais l'Honneur & la Religion ne purent jamais être associés, *nac in unâ sede morantur*. Il en est de ces choses comme de la Majesté & de l'Amour. Examinez votre conduite, & vous trouverez que ce que vous avez dit du *doigt de Dieu* *, étoit uniquement un subterfuge, une échappatoire. Vous admites alors cette idée, parce que vous en aviez besoin. Vous avez dit hièr dans une

* Dans ce même DIALOGUE, Pag. 98.

une autre occasion, que la *Providence dirigeoit & gouvernoit tout sans exception* †. Vous auriez donc dû appercevoir que *le doigt de Dieu* paroît autant dans un accident ordinaire de la vie, & dans un malheur, que dans un autre qui n'est pas plus extraordinaire. Une rude attaque de maladie est peut-être moins funeste, qu'une légère escarmouche entre deux Partis ennemis ; & une querelle survenue pour une bagatelle entre deux Personnes d'honneur, est souvent plus dangereuse que le plus violent orage. Un Homme de sens, qui se règle sur des principes fixes, ne peut donc pas regarder comme une impiété, de ne témoigner aucune crainte dans une certain péril, & être couvert de confusion, quand il passe pour avoir eu peur dans une autre sorte de danger qui étoit tout aussi grand. Réfléchissez seulement, combien vous êtes peu d'accord avec vous-même. Quelquefois, pour vous justifier de la crainte que vous avez de la Mort, ce qui arrive dans les cas où la vanité est dans le silence, vous devenez religieux dans un moment. La délicatesse de votre conscience pousse même le scrupule si loin, que vous regarderiez la fermeté qu'on feroit paroître dans les châtimens que le Tout-puissant nous infligeroit, comme une décla-

† Dialogue I, *Pag.* 42.

claration impie d'une guerre contre le Ciel. D'autres fois au contraire, quand l'Honneur l'exige, vous avez non seulement l'audace de violer de dessein prémédité les Commandemens de Dieu les plus positifs, mais encore de soutenir que le plus grand malheur qui pût vous arriver, seroit que le monde crût, ou seulement soupçonnât que vous eussiez pu hésiter quelques momens pour commettre ce crime. Peut-on se moquer plus visiblement de la Majesté Divine? Il n'y auroit pas la moitié autant d'impudence à nier l'Existence de Dieu, qu'à tenir une pareille conduite, après avoir reconnu cette Existence. Il n'est point d'Athéisme ——.

HOR. Arrêtez, CLEOMENE, je ne puis résister plus long-tems à la force de la vérité, & j'ai résolu d'être plus attentif sur moi-même à l'avenir. Permettez-moi de devenir votre Disciple.

CLEO. Vous badinez, HORACE; je ne suis pas assez téméraire pour croire que je puisse instruire une Personne de votre savoir; mais, si vous voulez suivre mes avis, rentrez avec soin en vous-même, examinez-vous avec impartialité, & lisez à votre loisir le Livre que je vous ai recommandé.

HOR. Je vous promets de remplir la tâche que vous m'imposez. Je reçois avec plaisir ce présent que vous me faites. Quoique j'eusse d'abord refusé cet Ouvrage, ge, aïez cependant la bonté de me l'envoïer demain matin par un de vos Domestiques.

Cleo. Vous avez tort de faire des complimens avec moi, surtout pour une bagatelle. Faites mieux, Horace. Ordonnez à un de vos Domestiques de me suivre; à présent je m'en vai directement au logis, & je pourrai lui remettre ce Livre sur le champ.

Hor. Je vois votre scrupule; ce sera comme vous le trouverez à propos.

DIALOGUE III.

HORACE, CLEOMENE.

HORACE.

JE vous ſuis fort obligé de votre Livre.

CLEO. Je conſidère, comme une grande faveur, la bonté que vous avez eue de l'accepter.

HOR. Je ne croïois pas, je l'avoue, que perſonne eût jamais pu me perſuader d'en faire la lecture. Mais la manière dont vous vous y êtes pris avec moi, étoit des plus engageantes. Rien n'étoit plus propre à me convaincre, que l'exemple des Duëls dont vous vous êtes ſervi. L'argument tiré *à majori ad minus* m'a tellement frappé, qu'il étoit ſeul capable de me faire ouvrir les yeux. Oui, une paſſion qui peut ſurmonter la crainte de la Mort, eſt capable d'aveugler l'Homme, & de lui faire voir les choſes presque toutes différentes de ce qu'elles ſont.

CLEO. Il eſt impoſſible de s'imaginer combien de formes étranges, diverſes, inex-

inexplicables & contradictoires, peut prendre une passion que nous n'ôsons assouvir qu'en secret. Jamais nous n'en goûtons mieux les douceurs, que quand nous sommes pleinement persuadés que personne ne croit que nous en soïons affectés. Aussi n'y a-t-il aucune Qualité aimable, aucune Vertu *Sociale*, je n'en excepte même ni la Bienveillance, ni la Douceur, ni l'Humanité, que la passion ne puisse contrefaire. En un mot, il n'est point de bonnes ou de mauvaises actions dont le Corps ou l'Esprit Humain soient capables, qu'elle ne puisse produire & exécuter. D'un autre côté, on ne sauroit disconvenir qu'elle ne préoccupe & n'aveugle ceux en qui elle se rencontre dans un certain degré. Où est, je vous prie, la force d'esprit, le jugement, & la pénétration d'un Génie distingué qui se pique de Religion, s'il est obligé de convenir qu'il a été plus effraïé des craintes chimériques & d'un mal imaginaire, que des Gens également foibles & vains pouvoient lui causer, qu'il n'a été touché de la crainte réelle d'être exposé aux châtimens assurés d'un Dieu tout-sage & tout-puissant, qu'il a hautement offensé?

HOR. Mais, avec vôtre permission, votre Ami ne fait point de réflexions aussi pieuses: il parle réellement en faveur des Duëls, & en prêche l'usage.

Cleo. Quoi ? Eſt-ce qu'il défend la cauſe des Duëls, parce qu'il dit qu'on devroit faire contre cette coutume les loix les plus ſévères, & punir ſans exception tous ceux qui enverroient ou qui accepteroient des cartels ?

Hor. Il ſemble effectivement que par-là il veuille détourner les Hommes de ſe battre ; mais en même tems il fait voir la néceſſité de conſerver cette coutume, pour polir & civiliſer la Société en général.

Cleo. Ne voïez-vous pas qu'il parle ironiquement ?

Hor. Non ſans-doute que je ne le vois pas. Il montre viſiblement les avantages que l'on retire des Duëls ; & pour les autoriſer, il emploie d'auſſi bonnes raiſons qu'il eſt poſſible d'en trouver, en montrant combien la Converſation & le Commerce en ſouffriroient, ſi on aboliſſoit cette pratique.

Cleo. Croïez-vous que l'on traite ſérieuſement un ſujet, quand on le finit comme mon Ami a fait ?

Hor. Je ne me ſouviens point de cette clôture.

Cleo. Voici le Livre, je vai chercher ce paſſage —— Liſez-le, je vous prie.

Hor. *D'ailleurs ne ſeroit-il pas étrange qu'une Société ſe plaignît de la perte d'une demi-douzaine d'Hommes, lorſque leur mort procure à ſes Membres des biens d'un auſſi grand prix, que le ſont la Politeſſe, les dou-*

douceurs de la Converſation, & le bonheur des Aſſemblées en général; tandis que l'on verroit cette même Société expoſer ſi volontiers, & quelquefois ſacrifier pluſieurs milliers d'Hommes, ſans ſavoir bien ſurement ſi un ſacrifice ſi conſidérable lui ſera avantageux †? Il ſemble à la vérité que ces paroles ſoient mêlées de raillerie; mais il parle fort ſérieuſement dans ce qui précéde.

CLEO. J'avoue qu'il aſſure très-ſérieuſement que la coutume & la mode des Duëls contribuent à la Politeſſe, aux Belles Manières, aux douceurs de la Converſation, & aux agrémens du Commerce. Mais c'eſt cette même politeſſe, ces mêmes douceurs, & ces mêmes agrémens qu'il tourne en ridicule, & qu'il condamne dans tout ſon LIVRE.

HOR. Qui ſait comment il faut s'y prendre avec un Auteur, qui recommande fort ſérieuſement une choſe dans une page, & qui tourne cette même choſe en ridicule dans la page ſuivante.

CLEO. Mon Ami eſt perſuadé d'un côté, que c'eſt dans la Religion Chrétienne ſeule qu'on doit chercher des règles fixes & invariables de conduite; & de l'autre, qu'il eſt bien peu de Perſonnes qui l'embraſſent ſincèrement. Examinez ſon Ouvrage ſous ce point de vue, & vous trouverez qu'il eſt toujours d'accord avec lui-même. Si quelquefois il ne vous paroît pas

† Voïez *Tome* I. *Page* 282. &c.

pas tel du prémier coup d'œil, considérez-le de plus près; & après un mûr examen vous trouverez qu'il cherche, & qu'il tend uniquement à dévoiler le contraste qu'il y a entre la conduite des Hommes, & les principes dont ils se piquent.

HOR. Cependant il semble qu'il n'a rien moins à cœur que la Religion.

CLEO. Cela est vrai: mais s'il avoit écrit dans un autre goût, son Ouvrage n'auroit jamais été lu par les Personnes auxquelles il le destinoit; je veux parler des Déistes modernes, & du Beau Monde; car c'est eux qui devoient en tirer parti. Il montre aux Déistes, l'origine & l'insuffisance de la Vertu, aussi bien que le peu de sincérité qu'ils font paroître en la pratiquant. Le Beau Monde peut y apprendre la folie que renferment le Vice, le Plaisir, & la Vanité des Grandeurs Mondaines. On y développe l'hypocrisie de tous ces Théologiens, qui, prétendant prêcher l'Evangile, accordent & prennent des licences incompatibles, & directement contraires aux préceptes du Christianisme.

HOR. Ce n'est point-là le jugement que le Public porte de ce Livre. La plupart de ceux qui en parlent, croient qu'il est destiné à *encourager le Vice & à corrompre la Nation* †.

CLEO.

† Voïez *Tome* II, *Page* 229.

Cleo. Y avez-vous trouvé quelque chose de semblable ?

Hor. Si je ne veux point trahir ma conscience, je dois avouer que je n'y ai rien lu de pareil. Cet Ouvrage censure, & tourne en ridicule le Vice ; mais il fait des railleries contre la Guerre & le Courage Martial, aussi bien que contre l'Honneur & autres choses semblables.

Cleo. Je vous demande pardon ; les choses de la Religion n'y sont tournées en ridicule dans aucun endroit.

Hor. Mais si c'est un bon Livre, pourquoi y a-t-il tant d'Ecclésiastiques qui le critiquent, & qui le condamnent ?

Cleo. Par la raison que je vous ai dite. Mon Ami a dévoilé leur conduite. Cependant il s'y est pris de manière que personne ne sauroit l'accuser d'avoir donné dans l'exaggération, ou de les avoir calomniés. Nous ne sommes jamais plus piqués, que quand les plaintes qu'on fait contre nous, sont d'une nature que nous ne pouvons y répondre. Si donc ces Messieurs ont diffamé cet Ouvrage, c'est qu'ils étoient en colère, & que l'intérêt les empêche de dire la véritable cause qui les a irrités. Je vous ferois la description d'un cas tout semblable, si vous pouviez obtenir sur vous de m'écouter tranquilement ; mais c'est une faveur que je ne saurois presque espérer, parce que vous êtes un des plus grands Admirateurs de l'Opéra.

Hor.

HOR. Pourquoi vous feriez-vous de la peine de me parler à cœur ouvert?

CLEO. J'ai une si forte aversion pour les Eunuques, que jamais personne n'a encore pu la surmonter. En vain j'ai trouvé parmi eux de très-bons Chanteurs, & des Gens qui jouoient fort bien leur rôle. Dès-que j'entens une voix féminine, je cherche d'abord une jupe. Il m'est absolument impossible de soutenir la vue de ces Animaux, qu'on peut dire n'être d'aucun sexe. Supposons qu'un Homme d'esprit, qui auroit pour ces gens-là le même dégoût que moi, voulût tourner en ridicule le luxe abominable qui enseigne à mutiler les Mâles, pour servir au divertissement de ceux qui causent des dépérissemens dans leur espèce, afin de satisfaire à leur mollesse.

Dans ce dessein, nous dirons que commençant par l'opération elle-même, il la décriroit en des termes qui choqueroient la pudeur le moins qu'il seroit possible. Il feroit voir en même tems les bornes étroites de l'Entendement Humain, & le peu de secours que nous pouvons tirer de l'Anatomie, de la Philosophie, ou de quelque partie des Mathématiques, pour découvrir & expliquer *à priori*, comment cette amputation peut produire sur la voix un effet aussi surprenant; & il démontreroit combien nous sommes assurés *à posteriori*, de la grande influence que cette mutilation a non seulement sur le *larinx*, sur

ſur les glandes & les muſcles du gozier, mais encore ſur la *trachée-artère*, ſur les poûmons, ſur la maſſe entière du ſang, & par conſéquent ſur toutes les parties fluïdes & fibreuſes du Corps. Il pourroit pareillement aſſurer, que ni l'uſage du Miel, ni les préparations de Sucre, de Raiſins ſecs, de *Sperma Ceti*, ou de Cervelle de Cachelot; ni les Emulſions, les Tablettes, ou autres Médecines, ſoit réfrigérantes ſoit balſamiques; ni la Saignée, ni la Tempérance, ni le Choix des Alimens; ni l'Abſtinence des Femmes, du Vin, & de tout ce qui échauffe, ou qui eſt acre & ſpiritueux, ne contribuent autant à conſerver, adoucir, & fortifier la voix, que cette opération. Il pourroit même affirmer que c'eſt-là le ſeul moïen de ſe procurer ces avantages.

S'il vouloit couvrir & cacher ſon but principal, en amuſant ſes Lecteurs, il n'auroit qu'à parler des autres uſages que l'on ſe propoſe quelquefois, en coupant les parties qu'on ne nomme pas. Il diroit qu'il y a eu des Perſonnes ſur qui on a fait cette cruelle exécution, pour les punir de quelques crimes analogues qu'ils avoient commis; tandis que d'autres ſe ſont déterminés d'eux-mêmes à la ſouffrir, afin de conſerver leur ſanté & de prolonger leur vie. Il allègueroit le témoignage de *Céſar*, pour prouver que les *Romains* envisageoient cette amputation comme plus cruelle que la mort, *morte*

gra-

gravius. On s'en est quelquefois servi pour se venger. Il auroit ainsi occasion de parler de l'état pitoïable où fut réduit le pauvre *Abelard* *. D'autres fois on s'est fait volontairement Eunuque, par précaution. Il pourroit rapporter l'Histoire de *Combabus* & de *Stratonice* †. Pour illus-

* PIERRE ABELARD, un des plus fameux Docteurs du XII Siècle, nâquit au Village de *Palais*, à quatre lieues de *Nantes* en *Bretagne*. Dans le tems qu'il étoit à *Paris*, il conçut de l'affection pour HELOÏSE, Nièce d'un Chanoine nommé FULBERT. Pour parvenir à ses fins, il se mit en pension chez l'Oncle de cette Belle, qui fut charmé de le recevoir chez lui, à condition qu'il donneroit des leçons à sa Nièce, dont il vouloit faire une Savante; mais ils ne s'occupèrent pas tellement d'études, qu'HELOÏSE n'eût un Fils de ce commerce. L'Oncle, pour couvrir la honte de sa Famille, les obligea à se marier. Seulement on convint que le mariage seroit tenu secret. FULBERT ne tint pas sa promesse, & prit plaisir à publier cette union. Mais HELOÏSE, par un excès de passion fort singulier, fut si obstinée à refuser de reconnoître ABELARD pour son Mari, qu'elle se vit souvent maltraitée par son Oncle. L'Epoux, pour arrêter ces mauvaises manières, l'envoïa dans le Monastère d'*Argenteuil*, où elle prit l'habit de Religieuse, au Voile près. Les Parens d'HELOÏSE, s'imaginant qu'il leur jouoit-là un second tour de perfidie, furent si irrités, qu'ils envoïèrent chez lui des gens, qui entrèrent de nuit dans sa chambre, & lui coupèrent les mêmes parties avec lesquelles il avoit deshonoré la Famille du Chanoine.

† COMBABUS, jeune Seigneur à la Cour du Roi de *Syrie*, fut choisi par ce Monarque pour accompagner la Reine STRATONICE dans un voïage qu'elle faisoit pour bâtir un Temple à JUNON. COMBABUS, qui étoit un très-beau garçon, fit tout ce qu'il put pour être dispensé de cet emploi; mais n'aïant pu l'obtenir, il se coupa les parties, & les mit bien embau-

lustrer tout cela, il le sèmeroit de lambeaux tirés de *Martial*, de *Juvenal*, & d'autres Poëtes. S'il ajoutoit encore à sa Dissertation ce que des Auteurs spirituels ont dit de plus amusant sur cette matière, il l'embelliroit admirablement. Comme la Satyre seroit son but principal, blâmant l'affection que nous avons pour ces *Castrati*, il feroit sentir le ridicule d'un Siècle & d'un Païs où l'on donne moins d'appointemens à un *Anglois* d'illustre famille & d'un courage éprouvé, à un Officier-Général qui durant toute l'année défend

mées dans une boëte, qu'il cacheta. A son départ il remit la boëte au Roi en présence de beaucoup de monde, & le pria de la garder très-soigneusement. Le Monarque le lui promit. Ils partent, & il lui arriva dans ce voïage ce qu'il avoit prévu. La Reine, eperdûment amoureuse de ce Jeune Homme, lui découvrit sa passion. Pour se tirer d'embarras, il fut obligé de lui déclarer l'état où il se trouvoit, & cela de manière qu'elle ne pût point le révoquer en doute. Cependant elle continua toujours à l'aimer, & vouloit être perpétuellement avec lui. Le Monarque, averti de leur conduite, rappela COMBABUS. Il fut d'abord mis en prison, & accusé par le Roi d'adultère, de perfidie, & d'impiété. Il se trouva même des témoins qui déposèrent qu'ils l'avoient vu prendre des familiarités un peu trop grandes avec la Reine. Il ne répondit rien jusqu'à ce qu'il se vit mener au supplice. Alors il dit qu'il ne mouroit point pour avoir souillé le lit du Roi, mais parce que le Roi ne vouloit pas ouvrir la boëte qu'il lui avoit remise en partant. Là-dessus le Roi ordonna qu'on apportât cette boëte. On la décacheta, & on y trouva ses pièces justificatives. Le Monarque fâché de ce procédé punit les Délateurs, & combla d'honneurs & de biens celui qui les avoit si bien mérité par les sages précautions qu'il avoit prises.

fend sa Patrie au péril de sa vie, que l'on n'en donne quelquefois à un *Italien** d'obscure & de basse extraction, qu'on peut à peine mettre au rang des Hommes, dont toute l'occupation est de chanter seulement pendant l'hiver, sans qu'il coure aucun risque. Il se moqueroit des caresses que font à ces sortes de gens les Personnes de la prémière qualité, qui prostituent ainsi leur familiarité aux plus vils des Mortels, & qui accordent à des Objets qui redevables de leur existence à un Chirurgien ne font pas même partie de la Création, des honneurs & des attentions uniquement dues à leurs Egaux. Animaux si méprisables, qu'ils peuvent sans ingratitude vomir des imprécations contre celui qui les a fait ce qu'ils sont.

S'il intituloit ce Livre, L'EUNUQUE SEUL EST HOMME, sur ce Titre seul, sans que j'eusse besoin de voir l'Ouvrage, je comprendrois d'abord que les Eunuques sont aujourd'hui considérés, qu'ils sont à la mode, & que le Public les estime. Considérant ensuite que l'Eunuque n'est pas réellement Homme, je m'attendrois à

* Le fameux FARINELLI avoit quinze cens *pièces* d'appointemens. On ne comprend pas dans cette somme, ce qu'il tiroit le jour de son Bénéfice, qui lui valut deux mille guinées, la prémière année qu'il fut en *Angleterre*. Depuis qu'il est allé en *Espagne*, où il a été obligé de rester, l'Opéra a si mal réussi, qu'il a fallu le discontinuer, & il n'est pas encore rétabli.

à trouver dans cet Ouvrage des railleries contre les *Castrati*, ou une satyre contre ceux qui les mettent à un plus haut prix qu'ils ne valent. Mais si Messieurs de l'Académie de Musique *, peu contens des libertés que se donneroit cet Auteur dans ses critiques, étoient choqués qu'un sot Ecrivain se mêlât de leurs affaires, & censurât si justement leur divertissement; si dans leur fureur ils le dépeignoient comme un Scélérat, & que, sans s'arrêter à justifier leur plaisir, & à parler des Eunuques, dont ils ne pourroient aisément défendre la cause, ils le représentassent dans le Monde comme un Homme qui enseigne publiquement *l'Amputation*, & qui en presse vivement la nécessité; si, en tirant de son Ouvrage des traits équivoques & détachés, ils s'efforçoient d'exposer à la haine publique celui qui a blâmé leur conduite; seroit-il alors difficile de comprendre comment ces discours pourroient attirer un violent orage contre l'Auteur, & engager les *Grands Jurés* à dénoncer son Livre?

Hor. L'exemple que vous avez apporté, est très-bien choisi. Dans les deux cas l'accusation est également mal-fondée, & les plaintes très-injustes. Mais est-il aussi vrai que le Luxe peut rendre une Nation florissante, & que les Vices des Par-

* Les Directeurs de l'Opéra.

Particuliers ſont avantageux au Public; qu'il eſt vrai que la *Mutilation* conſerve & fortifie la voix?

Cleo. Avec les reſtrictions que mon Ami propoſe, je ſuis perſuadé que la choſe eſt ainſi, & qu'à cet égard les cas ſont encore exactement les mêmes. Rien n'eſt plus efficace pour conſerver, améliorer & fortifier une belle voix, que cette opération faite dans la jeuneſſe. La qûeſtion n'eſt pas de ſavoir ſi le fait eſt réel, mais s'il eſt permis de s'y réſoudre; ſi une charmante voix dédommage de la perte qu'on fait; ſi une Perſonne doit préférer la ſatisfaction qu'il y a de pouvoir bien chanter, & les avantages qu'on retire de ce talent, aux douceurs du mariage, & à la joie de ſe voir de la poſtérité. Il s'agit d'opter; car la jouïſſance des prémiers plaiſirs détruit la poſſibilité des ſeconds. Mon Ami démontre auſſi en prémier lieu, que le Bonheur de la Nation, qui fait l'objet des déſirs empreſſés du Public, & après lequel chacun ſoupire, conſiſte dans l'Opulence, dans le Pouvoir, dans la Gloire, & dans la Grandeur Mondaine; à vivre chez ſoi dans l'abondance, & dans la ſplendeur; à être craint, recherché, & eſtimé au dehors. Il prouve en ſecond lieu qu'on ne ſauroit parvenir à cette félicité ſans l'Avarice, la Prodigalité, la Vanité, l'Envie, l'Ambition, & les autres vices ſemblables. Dès-qu'on a démontré mathémathiquement cette dernière propoſition,

tion, la queſtion n'eſt pas ſi l'Opulence, le Pouvoir, & l'Abondance &c. ſont propres à procurer le bonheur d'une Nation; mais ſeulement ſi l'on doit rechercher cette félicité à ce prix, & s'il eſt permis de ſouhaitter des choſes dont on ne ſauroit jouïr, ſans que le gros de la Nation ſoit corrompu. C'eſt cette opinion qu'il expoſe à l'examen des Chrétiens, & de tous ceux qui font profeſſion d'avoir renoncé au Monde, à ſa pompe, & à ſa vanité.

HOR. Comment paroît-il que l'Auteur s'adreſſe à ces Perſonnes?

CLEO. D'où cela paroît? De ce qu'il a écrit en *Anglois*, & qu'il a publié ſon Livre à *Londres*. L'avez-vous lu d'un bout à l'autre?

HOR. Je l'ai lu deux fois. Il contient pluſieurs choſes que j'approuve, mais tout ne m'y plaît pas.

CLEO. Quelles Objections avez-vous donc à faire contre cet Ouvrage?

HOR. Il a diminué le plaiſir que je goûtois dans la lecture d'un beaucoup meilleur Livre. Milord *Schaftsbury* eſt mon Auteur favori. Je puis trouver des délices dans l'Enthouſiaſme; mais ſes charmes ceſſent, dès-qu'on me demande ce que j'y trouve de ſi excellent. Puiſque nous ſommes de ſi étranges Creatures, ne devons-nous pas tâcher d'augmenter les plaiſirs d'imagination?

CLEO. J'avois cru que déterminé à vous

mieux connoître, vous aviez sondé votre cœur avec soin & sans partialité.

HOR. C'est une cruelle chose que cet examen. Depuis la dernière fois que je vous ai vu, je l'ai essaïé à trois reprises, jusques-là que la peine qu'il m'en a coûté, m'a mis tout en sueur. Incommodité qui m'a forcé d'abandonner ce dessein.

CLEO. Vous devez essaïer encore une fois, & vous accoutumer insensiblement à penser d'une manière abstraite. Pour cet effet le Livre dont je vous ai parlé, vous sera d'un grand secours.

HOR. Oui, pour confondre mes idées, & pour m'embrouiller. L'Auteur y tourne par-tout en ridicule la Politesse & les Belles Manières.

CLEO. Excusez-moi, Monsieur; il nous dit seulement quelle en est la nature.

HOR. On y apprend que toutes les Belles Manières consistent à savoir flatter la vanité des autres Hommes, & à cacher la nôtre. N'est-ce pas-là une proposition affreuse?

CLEO. Mais n'est-elle pas réelle?

HOR. La lecture de ce passage m'a si étrangement révolté, que sur le champ j'ai fermé le Livre, pour examiner par plus de cinquante exemples tant de Politesse que de Grossièreté, si effectivement l'expérience confirmoit ce paradoxe; & je confesse que dans tous les cas que j'ai examinés, je ne l'ai trouvé que trop bien fondé.

CLEO.

Cleo. Vous ne trouverez jamais autrement, quand même vous continuériez vos recherches jusques au jour du Jugement.

Hor. Mais cela n'est-il pas piquant? Je donnerois volontiers cent *guinées*, que je n'eusse jamais vu ce Livre. Je ne puis souffrir de voir si bien ma nudité.

Cleo. Avant vous, je n'avois jamais vu d'Homme d'honneur qui avouât si ingénûment l'aversion qu'il avoit pour la vérité.

Hor. Vous direz de moi tout ce qu'il vous plaîra. Ce que je dis est de fait. Mais puisque je suis allé si loin, il faut que je continue. Il y a cinquante choses dont j'ai besoin d'être instruit.

Cleo. Parlez librement, je vous prie. Si je puis vous être de quelque utilité, je regarderai cet avantage comme un grand honneur. Les sentimens de l'Auteur me sont d'ailleurs fort bien connus.

Hor. J'ai vingt questions à vous faire sur la Vanité, & je ne sai par quelle commencer. Voici une autre chose que je ne comprends pas, c'est que la Vertu ne puisse subsister sans le renoncement à soi-même.

Cleo. C'a été l'opinion de tous les Anciens. Milord *Shaftsbury* est le prémier qui ait soutenu le contraire.

Hor. Mais n'y a-t-il pas dans le Monde

de des Perſonnes qui ſont bonnes par choix?

Cleo. Sans-doute ; mais alors leur choix eſt dirigé par la Raiſon & par l'Expérience, & non par la Nature, je veux dire la ſimple Nature. Mais il y a une ambiguïté dans le mot *bon*, que je voudrois éviter. Tenons-nous à celui de *vertueux* : alors j'affirme qu'aucune action n'eſt vertueuſe, ſi elle ne renferme, & ne montre quelque conquête, quelque victoire grande ou petite ſur la ſimple Nature : autrement l'épithète eſt impropre.

Hor. Mais ſi à l'aide d'une bonne éducation on remporte cette victoire dans la jeuneſſe, ne pourroit-on pas être dans la ſuite vertueux par choix & avec plaiſir?

Cleo. Oui, ſi on obtenoit réellement cette victoire. Mais comment s'en aſſurer? Quelle raiſon aurons-nous de croire qu'on l'ait effectivement remportée? N'eſt-il pas certain qu'au lieu de chercher, dès notre enfance, à dompter nos paſſions & nos appétits, on nous apprend tous les jours à les cacher, & que même nous faiſons tous nos efforts pour les dérober aux yeux des autres? D'ailleurs nous ſentons au dedans de nous que les paſſions ſubſiſtent toujours, quels que ſoient les changemens qui ſont arrivés à nos mœurs & à notre état.

Le

Le Syſtême, qui ſuppoſe que la Vertu n'exige pas le renoncement à ſoi-même, donne un vaſte champ à l'Hypocriſie, comme mon Ami l'a fort bien remarqué. On y trouvera, dans toutes les rencontres de la vie, des moïens & des occaſions très-propres pour contrefaire l'Amour de la Société, & l'Attachement pour le Bien Public. Il s'en faut beaucoup que la Doctrine oppoſée ne fourniſſe les mêmes occaſions, en enſeignant qu'il n'y a point de Vertu ſans renoncement à ſoi-même, & que par conſéquent il n'y a point de mérite dans une action, ſi pour l'exécuter on n'a pas dompté des paſſions. Demandons à ceux qui par une longue expérience ſont verſés dans les Affaires Humaines, s'ils ont trouvé que le général des Hommes jugeaſſent aſſez impartialement d'eux-mêmes pour ne ſe point eſtimer au-delà de leur juſte valeur. Qu'on leur demande, s'ils les ont trouvés aſſez ſincères dans l'aveu des fautes cachées, & des ſecrets manquemens dont il n'étoit pas poſſible de les convaincre; enſorte que l'on puiſſe s'aſſurer qu'ils ne les palliéront, & qu'ils ne les niéront jamais. Où trouvera-t-on un Homme, qui n'ait dans certaines occaſions celé ſes fautes, & qui ne ſe ſoit jamais revêtu de fauſſes apparences, ou qui n'ait même proteſté qu'il agiſſoit par les principes de la Vertu *Sociale*, & par affection pour ſes ſemblables, dans le tems qu'il ſavoit en ſon cœur que presque tous ſes ſoins tendoient à ſe ſatisfaire lui-même. Les plus parfaits d'entre nous reçoivent quelquefois des applaudiſſemens, ſans deſabuſer ceux qui les leur donnent, quoiqu'ils ſoient intérieurement perſuadés que les actions qui leur ont attiré ces louanges, ſont dues à une puiſſante paſſion, à une fragilité de notre Nature, qui nous a été ſouvent nuiſible, & que nous avons ſouhaitté mille fois de vaincre, ſans que nous aïons jamais pu y réuſſir. Les mêmes motifs peuvent produire des actions bien différentes, ſuivant que les Perſonnes diffèrent dans leur tempéramment, & dans les circonſtances où elles ſe rencontrent. Ceux qui ſont à leur aiſe peuvent paroître vertueux par le même tour d'eſprit, qui dénotteroit de la foibleſſe s'ils étoient pauvres. Pour connoître le Monde, il faut en examiner les diverſes parties. Je le ſai, HORACE; ce qui ſe paſſe parmi ceux qui ſont de baſſe extraction ne vous plaît pas : mais ſi nous ne faiſons jamais de recherches que ſur les Gens de qualité, & que nous ne portions jamais nos vues ailleurs, il nous ſera impoſſible d'avoir une connoiſſance exacte de tout ce qui appartient à notre Nature. Il ſe trouve parmi les Perſonnes de médiocre condition des gens aſſez bien élevés, qui réuſſiſſent différemment, lors même qu'ils ont à peu près les mêmes vertus & les mêmes vices, & qu'ils ſont également doués des qua-

qualités requises pour la Vocation à laquelle ils ont été destinés. Ces différens succès viennent nécessairement de la diversité de leur tempéramment.

Examinons deux Personnes élevées pour les mêmes affaires. L'un & l'autre n'ont de ressource que dans leurs talens. Ils se trouvent dans les mêmes circonstances par rapport aux choses de ce Monde. Les mêmes avantages & les mêmes desavantages se présentent à ces deux Personnes. Je suppose qu'il n'y ait entr'eux de différence que dans leur tempéramment, ensorte que l'un soit actif & l'autre indolent.

Ce dernier n'amassera jamais des richesses, quand même il auroit une Profession lucrative, & qu'il l'entendroit à fond. Le hazard, ou quelque évènement extraordinaire peut, il est vrai, occasionner de grands changemens dans cette Personne; mais sans cela il ne s'élèvera jamais au dessus de la médiocrité. Si la Vanité ne l'affecte pas d'une manière surprenante, il restera toujours pauvre, rien ne peut le tirer de ce misérable état qu'un peu de Vanité. Comme j'ai supposé que c'étoit un Homme de sens, il suivra ponctuellement les loix de la Probité, sans que la moindre avarice puisse jamais l'en détourner.

Dans un Homme vif, actif, intriguant, & qui aime le fracas, nous découvrirons des symptômes bien différens, quoique placé

placé dans les mêmes circonſtances que celui dont je viens de parler. Une petite doſe d'Avarice lui fera pourſuivre ſon deſſein avec ardeur & avec aſſiduïté. De petits ſcrupules ne l'arrêteront point. Lorsque la ſincérité ne lui ſervira de rien, il emploïéra l'artifice. Le plus grand uſage qu'il fera de ſon bon-ſens pour parvenir à ſes fins, ſera de revêtir, autant qu'il lui ſera poſſible, l'apparence d'un Honnête Homme, quand ſon intérêt exigera qu'il s'écarte des règles de l'exacte probité. Pour théſauriſer, ou même pour gagner ſa vie par le moïen des Arts & des Siences, il ne ſuffit pas de les entendre. Tout Homme, obligé à ſe procurer le néceſſaire, doit encore tâcher de ſe faire connoître, & de ſe pouſſer dans le Monde auſſi loin que la Bienſéance le permet, ſans ſe vanter mal-à-propos, & ſans nuire à autrui.

C'eſt ici où l'Indolent manque à lui-même. Cependant il reconnoîtra rarement qu'il eſt deſtitué d'une qualité abſolument néceſſaire pour être mis en poſſeſſion de ces avantages. On l'entendra ſouvent blâmer le Public qui ne l'emploie point, & qui n'encourage pas ſon mérite, que perſonne ne connoit, parce que lui-même a pris plaiſir à le cacher. En vain vous voudrez le convaincre de ſon erreur: ce ſera inutilement que vous chercherez à lui faire ſentir qu'il a négligé les moïens les plus propres à ſe procurer de

l'ocl'occupation: toujours il cherchera à pallier ses foiblesses, & même à les faire envisager comme des vertus. Il attribuéra à sa modestie, & à son éloignement pour l'impudence & pour l'ostentation, une indolence qui est entièrement due à son tempéramment trop mou, & à l'amour excessif qu'il a pour l'aise & pour la tranquilité.

Celui qui est d'un tempéramment opposé, ne se repose pas uniquement de ses succès sur son mérite. Non content de le faire paroître dans tout son éclat, il s'efforce encore à le grossir dans l'idée des autres Hommes, & à leur faire croire qu'il est plus habile qu'il ne l'est effectivement. Sachant que l'on regarde comme un insensé celui qui se préconise lui-même, & qui fait son propre panégirique, il met tout en œuvre pour se procurer des Connoissances & des Amis qui veuillent bien le louer dans les termes les plus magnifiques. Il sacrifie à son ambition toutes les autres passions; les contretems les plus inopinés ne le déconcertent point; il est fait aux refus; les grossièretés qu'il essuie de ceux à qui il demande quelque chose, ne l'ébranlent jamais. L'intérêt lui fait prendre toutes sortes de formes. C'est un vrai Prothée, il sait se priver du nécessaire & du repos: S'il le faut, il feindra d'être tempérant, chaste, compâtissant, & pieux, sans qu'il ait même un grain de Vertu ou de Religion.

gion. Ses efforts pour avancer ſa fortune, *per fas & nefas*, par les voies juſtes & injuſtes, ne ſe ralentiſſent jamais; ſes déſirs n'ont point de bornes. Seulement, lorsqu'il eſt obligé d'agir ouvertement, il ne craint que la cenſure du Public.

Il y a du plaiſir à voir comment, dans les deux Perſonnes dont je parle, le tempéramment pliéra, & dirigera leurs diverſes paſſions Bien loin, par exemple, que la Vanité produiſe les mêmes effets ſur l'un & ſur l'autre, elle en produira de tout oppoſés.

L'Homme actif & intriguant aime la parure, l'ajuſtement, les amuſemens, les équipages, les bâtimens, & toutes les choſes dont jouïſſent les Perſonnes qui ſont au deſſus de lui.

La Vanité rend au contraire l'Indolent hargneux, &, ſi je l'ôſe dire, presque bourru. Pour peu qu'il ait l'eſprit porté à la ſatyre, la douceur qu'il pourroit avoir d'ailleurs, ne l'empêchera point de tomber dans ce vice. Quel eſt l'effet naturel de l'Amour-propre dans chaque Individu? perſonne ne l'ignore. Cette paſſion s'occupe à flatter l'inclination favorite, & à pallier de ſon mieux les actions & l'état de celui qui en eſt affecté. L'Indolent donc, ne trouvant rien d'agréable au dehors, tourne toute ſon attention ſur lui-même; & examinant avec beaucoup d'indulgence ce qu'il poſſède, il admire ſon ſavoir, naturel ou acquis. Le ſentiment

ment de ſon habileté, lui fait goûter les plaiſirs les plus ſenſibles. Delà il en vient aiſément à mépriſer tous ceux qui n'ont pas les mêmes bonnes qualités dont il ſe croit orné. Il fait ſurtout paroître du mépris pour les Gens puiſſans & opulens; car il ne leur porte jamais ni beaucoup de haine, ni beaucoup d'envie, parce que ſon tempéramment en ſeroit dérangé. Regardant comme impoſſible tout ce qui eſt difficile, il n'eſpère point de pouvoir améliorer ſa condition. Comme, ſuivant la ſuppoſition, il n'a aucun bien de patrimoine, & que par ſon travail il n'a gagné que ce qu'il lui faut précíſément pour s'entretenir dans un état de médiocrité, ſon bon-ſens, ſi du-moins il veut jouïr de l'apparence du bonheur, doit l'obliger prémièrement à être frugal, & en ſecond lieu à témoigner du mépris pour les richeſſes: car s'il négligeoit ces deux choſes, il ſe verroit réduit à la triſte néceſſité de faire banqueroute, & à montrer ainſi, comme dit le Proverbe, le défaut de la cuiraſſe.

Hor. Je ſuis charmé de vos remarques, & de la profonde connoiſſance que vous avez du Genre Humain. Mais dites-moi, je vous prie, ſi la Frugalité dont vous parlez à-préſent, n'eſt pas une Vertu?

Cleo. Je ne le crois pas.

Hor. Quand on n'a que peu de revenu, la Frugalité eſt fondée ſur la Raiſon; & en

& en ce cas elle paroît une espèce de renoncement à soi-même, sans laquelle un Homme indolent, qui par tempérament méprise l'argent, ne sauroit être frugal. Aussi toutes les Personnes de ce caractère, qui, regardant les richesses avec indifférence, sont réduites à la mendicité, comme cela arrive souvent, tombent ordinairement dans ce fâcheux état; parce qu'ils manquent du renoncement à soi-même, & qu'ils sont conduits par le mépris naturel qu'ils ont pour l'argent.

Cleo. Je vous ai dit ci-devant, que si un Homme indolent prenoit la route que son tempéramment lui montre, il resteroit pauvre, & que rien ne pourroit le tirer de cet état misérable qu'une petite dose de Vanité. La crainte de tomber dans le mépris pourroit à-la-vérité faire une assez forte impression sur l'esprit d'une telle Personne, pour l'exciter à travailler autant qu'il faudroit, afin d'éviter l'opprobre; mais cette passion le poussera difficilement à faire quelque chose de plus. C'est pour cela qu'il prendra le parti d'être frugal, convaincu que cette frugalité contribuéra, & lui aidera à jouïr de son *Summum Bonum*, du repos, objet chéri de son tempéramment, porté à la mollesse & à la nonchalance.

L'Homme naturellement actif, qui n'auroit pas plus de vanité que le prémier, se résoudroit plutôt à tout, que de se soumettre à la même frugalité. Pour qu'il qu'il s'y déterminât, il faudroit qu'il y fût forcé par son avarice. La Frugalité n'est point une vertu, tant qu'elle a pour principe une passion. D'ailleurs il arrive très-rarement, que le mépris qu'on témoigne pour les richesses, soit sincère. J'ai connu des Personnes riches, qui, à cause de leur Famille, ou par d'autres vues raisonnables, étoient plus ménagers & plus ténaces qu'ils ne l'auroient été, s'ils avoient eu de plus grands biens. Mais je n'ai jamais vu d'Homme frugal, qui ne fût avare, ou dans la nécessité. Enfin il y a un nombre infini de Gens dépensiers, prodigues, & extravagans au suprême degré, qui ne semblent faire aucun cas de l'argent, tandis qu'ils en ont assez pour le jetter par les fenêtres, mais qui sont absolument incapables de supporter la pauvreté. Lorsqu'ils sont ruïnés, on découvre dans tout leur extérieur les inquiétudes, le chagrin, & la mortification que leur cause l'état misérable où ils sont réduits. Convenons donc que le mépris des richesses, dont plusieurs se sont piqués dans tous les siècles, est plus rare qu'on ne se l'imagine communément. Il est très-extraordinaire de voir un Homme riche qui, avec une santé ferme, jouït de toute la force du corps & de l'esprit; un Homme, en un mot, qui n'a aucune raison de se plaindre du Monde ou de la Fortune, mépriser réellement ces deux objets de l'adoration des Mortels, & se ré-

résoudre à une indigence volontaire par un louable dessein. Je n'en connois qu'un dans toute l'Antiquité, à qui l'on puisse donner cette louange avec vérité.

HOR. Quel est ce Personnage, je vous prie ?

CLEO. *Anaxagoras* de *Clazomène* dans l'*Ionie*. C'étoit une Personne très-riche, de noble extraction, & admiré pour sa grande capacité. Il partagea ses biens entre ses Parens, & refusa de se mêler du gouvernement des Affaires Publiques, quoiqu'on le lui offrît. L'unique raison qu'il eut de tenir une conduite si desintéressée, fut d'avoir plus de tems à emploïer dans la contemplation des Ouvrages de la Nature, & à l'étude de la Philosophie †.

HOR. Il me semble qu'il est plus difficile d'être vertueux, lorsqu'on manque de bien, que lorsqu'on est riche. Il y a de

† Cet illustre Disciple d'*Anaximenès* est né environ la LXX. Olympiade. *Diogène Laërce* nous apprend des choses admirables de ce Philosophe. Comme il ne vouloit point entrer dans l'administration du Gouvernement, on lui demanda s'il ne se soucioit donc point de son païs. Oui, dit-il, en levant les mains au Ciel, *j'ai un soin extrême de ma patrie.* Une autrefois on lui demanda, *Pourquoi êtes-vous né?* & il répondit, *Pour contempler le Soleil, la Lune & le Ciel.* Entre les grandes découvertes qu'il fit, il fut le prémier qui supposa qu'une Intelligence produisit le mouvement de la Matière, & débrouilla le Cahos. A cause de cette hypothèse, ce grand Philosophe fut surnommé Nûs, c'est-à-dire l'Esprit ou l'Entendement.

de l'extravagance à vouloir être pauvre, quand on peut faire autrement. Si jamais je vois un Homme préférer l'état de pauvreté à celui d'opulence, quand il peut légitimement avoir du bien, je dirai hardiment qu'il est insensé.

CLEO. Mais vous ne l'envisageriez pas de cette manière, si vous voïiez *qu'il vendît son bien pour le donner aux Pauvres.* Vous savez où cette obligation nous est imposée.

HOR. On n'exige rien de semblable de nous.

CLEO. Peut-être que je me trompe. Mais que dites-vous du renoncement au Monde, & de la promesse solemnelle que vous en avez faite?

HOR. Cette promesse, prise à la lettre, renferme une chose impossible, puisque le renoncement dans ce sens n'est pratiquable qu'après la mort. Cela étant, je suis persuadé que renoncer au Monde ne signifie autre chose, que ne point se conformer à la partie vicieuse & corrompue du Monde.

CLEO. Je ne me suis point attendu que vous donneriez à ce Devoir un sens plus sublime, quoiqu'il soit certain que les richesses & le crédit sont de grands piéges, & de puissans obstacles pour toutes les Vertus Chrétiennes. Mais le général des Hommes qui ont quelque chose à perdre, sont de votre sentiment. A l'exception des Saints & des Insensés, tous ceux qui font profeſſion de mépriſer les richeſſes & de les diffamer, ſont pour l'ordinaire des gens pauvres & indolens. Mais qui pourroit les blâmer? Ils cherchent à ſe juſtifier, & l'on ne ſauroit condamner qui que ce ſoit, d'empêcher qu'on ne ſe moque de lui. Car il faut avouer que de toutes les duretés auxquelles la pauvreté expoſe, la plus inſupportable eſt les railleries, & le mépris qu'elle attire ſur ceux qui y ſont tombés.

Nil habet infelix paupertas durius in ſe,
Quàm quod ridiculos homines facit *.

La ſatisfaction que goûtent ceux qui excellent en des choſes qu'on eſtime, ou qui les poſſèdent ſeulement dans un moindre degré, eſt toujours mêlée d'une doze de mépris pour ceux qui en ſont privés. Il n'y a qu'un mêlange de compaſſion & de ſavoir-vivre, qui empêche que ces Hommes privilégiés ne manifeſtent ces diſpoſitions. Si quelqu'un n'en veut pas convenir, il n'a qu'à les examiner avec attention. Il verra qu'on peut appliquer au bonheur ce que *Senèque* dit de ſon contraire, Perſonne n'eſt miſérable que par comparaiſon, *Nemo eſt miſer niſi comparatus.* On ne peut donc douter que tous les Gens de ſens & bien élevés ne

* JUVENAL. *Sat.* III.

ne tâchent d'éviter le ridicule, & de se garantir du mépris dont je parle.

Considérez à-présent la conduite que tiennent les deux Personnes que j'ai supposées avoir des tempérammens si opposés. Faites attention aux différentes routes qu'ils prennent pour éloigner d'eux le mépris, chacun suivant ses inclinations. L'Homme actif, comme vous voïez, remue ciel & terre pour obtenir ce qu'il faut avoir, *quod oportet habere.* Mais l'Homme indolent ne sauroit se résoudre à prendre tant de peines, & à se donner de si grands mouvemens. Son idole le tient pieds & poings liés. Que fera-t-il donc? La nonchalance, la plus facile de toutes les ressources, & l'unique qui lui reste, l'engagera à blâmer le Monde, & à chercher des raisons pour rabaisser les objets qui servent à fonder l'estime que les autres ont d'eux-mêmes.

HOR. Je vois à-présent très-clairement, comment la vanité & le bon-sens doivent obliger l'Indolent pauvre à être frugal, à affecter d'être content, & à se plaîre dans l'état de médiocrité où il est placé; puisque s'il refusoit de suivre les règles de la frugalité, il se verroit bientôt réduit à l'indigence & à la misère. Voudroit-il montrer quelque attachement pour les richesses, ou pour le faste & la belle dépense? Mais il ne lui resteroit aucun moïen pour couvrir ou pallier sa pauvreté, qu'il craint de laisser paroître. D'abord on lui demandera pourquoi il ne fait pas plus belle figure, bientôt on lui fera sentir qu'il néglige les occasions de briller.

Cleo. Concluons de cet exemple, que les Hommes ne portent pas écrites sur le front, les véritables raisons qui les font déclamer contre certaines choses.

Hor. Mais après tout, ce tempérammment mou & tranquile, cette indolence dont vous parlez, n'est-ce pas ce que nous appellons *paresse* en bon François?

Cleo. Nullement: cette molle indolence ne renferme ni fainéantise, ni aversion pour la peine. L'Indolent peut être diligent, sans que pour cela il soit industrieux. S'il se présente des occupations, même qui soient au dessous de lui, il les entreprendra. Il travaillera avec patience & avec assiduïté dans un Grenier, ou dans tout autre endroit éloigné des yeux du Public. Mais il est incapable de solliciter & de tourmenter les autres pour lui donner de l'ouvrage. Il ne sauroit se résoudre à se faire païer d'un Fripon & d'un Fourbe, qui est d'un accès difficile & mauvais païeur.

Supposons que cet Indolent soit Homme de Lettres, il aura beaucoup de peine à gagner sa vie. Rarement il pourra se défaire avantageusement de ses Ouvrages. Il aimeroit mieux les donner, à bas prix, à un Libraire peu connu qui veut s'en charger, que de s'exposer aux imper-

impertinentes manières des Libraires hupés, qui prétendroient marchander ses Ecrits.

Le hazard pourra bien lui procurer une Personne de qualité qui le prendra en affection, mais il ne se fera jamais de Patron par son adresse. Et quand il en auroit un, sa condition n'en sera pas beaucoup améliorée; puisqu'il ne tireroit de ce Protecteur, que ce que sa libéralité & sa générosité naturelle voudroit bien lui donner, sans se le faire demander. Incapable de solliciter & d'importuner un Grand pour en obtenir des faveurs, il ne témoigne d'autre reconnoissance pour les bienfaits qu'on lui accorde, que celle qui lui est dictée par les mouvemens que son cœur approuve.

L'Homme intriguant & actif étudie aucontraire tous les moïens qui peuvent lui concilier l'affection des autres. On remarque chez lui de l'empressement à se faire des Patrons. Il ne néglige aucun des moïens que sa pénétration peut lui fournir pour s'en procurer. Pendant qu'ils lui sont utiles, il affecte d'avoir pour eux des mouvemens d'une gratitude, qui, à en juger par les apparences, ne doit finir qu'avec la vie. Mais son unique but dans cette reconnoissance intéressée, c'est d'obtenir de nouvelles graces. Sa complaisance peut être très-grande, très-marquée, & sa flatterie ingénieuse, sans que son cœur en soit touché: il n'a ni le tems, ni le pouvoir d'aimer ses Bienfaiteurs. Un ancien Protecteur sera sacrifié au dernier qu'il se fera, s'il croit tirer meilleur parti de ce nouvel Ami. Il ne fait aucun cas de la fortune, de la grandeur, ou du crédit d'un Patron, qu'autant qu'il peut faire servir ces qualités à s'élever lui-même, ou à se maintenir dans le rang où il s'est placé.

De tout ce que je viens de dire, il est aisé à celui qui connoit tant soit peu les affaires du Monde, de comprendre, *prémièrement*, que l'Homme actif & entreprenant doit, en suivant son caractère, rencontrer dans la vie infiniment plus d'empêchemens & d'obstacles que l'Indolent. Sans-doute qu'il sera exposé à une multitude de tentations, qui pourront le détourner du droit chemin de la Vertu; tandis que l'Indolent trouvera à-peine, dans la conduite simple & unie qu'il aime, une occasion tant soit peu épineuse. Malgré toute son adresse & sa prudence consommée, le prémier sera obligé de commettre quelquefois des actions propres à le faire passer avec justice auprès de certaines Personnes pour un Fripon; ensorte qu'il n'y a qu'un heureux hazard, aidé de toute son hypocrisie, qui puisse lui conserver quelque réputation jusqu'à la fin d'une longue carrière.

Il remarquera, *en second lieu*, que l'Indolent peut s'abandonner à son panchant, & être aussi sensuel que les circonstances

où

où il se trouve le lui permettront, sans presque scandaliser personne. A-peine ses Voisins s'appercevront-ils de l'amour criminel qu'il a pour l'aise & le repos. Le cas infini qu'il fait de la tranquilité d'esprit, lui donne tant d'éloignement pour tout ce qui pourroit le troubler, qu'il ne sauroit être dominé par aucune des passions tumultueuses. S'il a quelque passion, elle ne peut l'émouvoir dans un degré considérable. De tout cela il est évident qu'un Homme de ce tempérammment peut très-bien, sans beaucoup d'art ni de peines, acquérir, malgré sa corruption intérieure, plusieurs aimables qualités qui auront toutes les apparences des Vertus *Sociales*, pendant qu'il ne lui arrivera rien d'extraordinaire. Quant au mépris du Monde, l'Indolent refusera peut-être de faire sa cour, & de ramper devant un fier Favori, qui le recevra avec hauteur; mais il courra avec joie chez un riche Seigneur, où il est assuré d'être reçu avec politesse & avec amitié. Il prendra part sans répugnance à tous les plaisirs délicats de la vie qu'on lui offrira, sans en excepter même les plus dispendieux. Voulez-vous le mettre à une plus forte épreuve? comblez-le d'honneurs & de richesses. Le changement de fortune pourra fort bien le porter au Vice, qui étoit ci-devant endormi dans son cœur, en le rendant ou avare, ou prodigue. Mais quand même me cela n'arriveroit point, il ne laisseroit pas de se conformer d'abord au Monde poli. Peut-être sera-t-il bon Maître, Père indulgent, Voisin serviable, Homme libéral envers les Personnes de mérite qu'il trouvera de son goût, Défenseur de la Vertu, & vrai Patriote; mais du reste il jouïra de tous les plaisirs qu'il pourra se procurer. Il ne reprimera aucune passion qu'il peut assouvir, sans perdre beaucoup de sa tranquilité. Au milieu de l'abondance & du luxe il se fera souvent un plaisir de badiner sur la frugalité, sur le mépris des richesses & de la grandeur, qu'il affectoit dans sa pauvreté. On le verra avouer ingénûment la futilité des raisons qu'il emploïoit pour mettre la médiocrité en estime, & rabaisser l'élevation.

Hor. Je suis très-persuadé que l'opinion de ceux qui disent que la Vertu exige le renoncement à soi-même est mieux fondée, & qu'elle donne beaucoup moins lieu à l'hypocrisie que le Systême opposé.

Cleo. Quiconque suit ses inclinations naturelles, ne portera jamais à un si haut degré la bonté, la bénéficence, ou l'humanité; parce qu'il ne condamne chez soi d'autres vices, que ceux qui sont contraires à son témpéramment & à sa nature. Au lieu que ceux qui agissent par un principe de Vertu, prennent toujours la Raison pour guide, & combattent, sans exception, toutes les passions qui les em-

empêchent de remplir leurs devoirs. Ainsi un Homme indolent ne niéra jamais ce qu'il doit légitimement : mais si la somme est considérable, il ne se donnera pas la peine qu'il peut & qu'il doit prendre, entant que pauvre , pour acquiter cette dette, ou du-moins pour satisfaire son Créancier. Afin de l'obliger à cela, il faudra solliciter souvent son paiement , ou même menacer de poursuivre en Justice ce Débiteur nonchalant. Ce ne sera pas un Chicaneur, qui puisse se plaîre à faire de la peine à ses Connoissances; mais il ne servira jamais ni ses Amis, ni sa Patrie aux dépens de son repos. On ne le verra point opprimer le Pauvre, ni commettre des actions infames, pour travailler à s'enrichir; mais aussi il ne se donnera jamais les mouvemens, & ne prendra point les peines qu'une autre Personne , placée dans les mêmes circonstances , auroit prises pour soutenir une Famille nombreuse , établir ses Enfans, avancer ses Parens, & ceux avec qui il a quelque liaison. Son foible naturel le rendra incapable de faire mille choses pour le bien de la Société, qu'il auroit pu faire, & qu'il auroit fait, si, avec le même génie & les mêmes occasions, il eût été doué d'un autre tempéramment.

HOR. Vos observations sont fort curieuses; & autant que j'en puis juger par ce que j'en ai vu moi-même, elles sont très-justes & très-naturelles.

CLEO.

Cleo. Chacun ſait qu'il n'y a point de Vertu, qu'on contrefaſſe auſſi ſouvent que la Charité. Cependant le général des Hommes a ſi peu d'égard pour la Vérité, que quelque groſſière & viſible que ſoit la fourberie de ceux qui affectent cette qualité, on ne manque jamais de regarder de mauvais œil, même de haïr les Perſonnes ſenſées qui ôſent découvrir la manière dont ces prétendus Charitables nous trompent, ou qui ſeulement les ſoupçonnent d'hypocriſie.

Il peut arriver que la Fortune aveugle favoriſe tellement un petit Boutiquier, qu'il amaſſe de grands biens, en faiſant un négoce préjudiciable à ſa Patrie, & en opprimant le Pauvre dans toutes les occaſions. Ce Marchand, à force d'accumuler & de léſiner, peut un jour ſe voir maître de grandes richeſſes, & d'un revenu extraordinaire pour une perſonne de ſon métier. Suppoſons à-préſent que cet Homme, parvenu à la vieilleſſe, emploie la plus grande partie de ſes biens immenſes à bâtir, ou à renter un Hôpital. Inſtruit, comme je le ſerois, du caractère & des mœurs de ce perſonnage, je n'aurois pas trop bonne opinion de ſa charité, quand même je le verrois ſe deſſaiſir de ſon argent durant ſa vie. Sa vertu me ſeroit encore plus ſuſpecte, ſi dans ſon teſtament il laiſſoit ſans récompenſe pluſieurs Perſonnes qui lui auroient rendu des ſervices eſſentiels,

&

& qu'il ne léguât rien à d'autres, dont il sauroit en conscience de mourir le débiteur. Persuadé de la vérité de tout ce que je viens de rapporter, quel nom, je vous prie, donneriez-vous à cette donation, quelque considérable qu'elle fût?

HOR. Lorsque quelqu'un fait une action qui est susceptible de divers sens, je crois qu'il est de notre devoir de l'interpréter de la maniere la plus favorable.

CLEO. J'admets de tout mon cœur cette maxime. Mais quel rapport a-t-elle avec la question présente? N'est-il pas évident que, même en mettant son esprit à la torture, on ne sauroit en conscience donner un tour favorable à cette action? Je ne parlerai point de la chose elle-même. Examinons seulement le principe d'où elle découle, le motif intérieur qui a déterminé ce Marchand à agir ainsi; car c'est-là ce qui constitue proprement l'action dans un *Agent libre*. Donnez-lui alors tel nom qu'il vous plaîra, portez-en le jugement le plus charitable qu'il vous sera possible; que pourrez-vous en dire?

HOR. Je ne prétens pas déterminer les différens motifs qui peuvent l'avoir fait agir. Mais je soutiens qu'il a trouvé un admirable moïen pour être extrêmement utile à sa Patrie, & à toute la Postérité. Cette noble Fondation servira pour toujours à soulager, & à consoler une multititude de Miſérables. La libéralité qu'il a faite, n'eſt pas ſeulement conſidérable, elle eſt encore bien imaginée, & même très-néceſſaire. Dans les Siècles à venir des milliers de Pauvres béniront ſa mémoire pour le ſecours qu'ils en recevront, dans le tems qu'ils ſe verront malheureuſement abandonnés de tout le monde.

CLEO. Tout ce que vous dites-là, eſt très-vrai; vous pourriez même en dire davantage, ſans que je m'aviſaſſe de vous rien conteſter, pourvu cependant que vos louanges ſe terminent à la Fondation elle-même, & aux avantages conſidérables que le Public peut en retirer. Mais quiconque aſſureroit que l'action de ce Marchand part d'un bon principe, qu'elle vient de l'amour qu'il a pour le Bien Public, d'un ſentiment de générosité, d'humanité, & de bienveillance pour ſon eſpèce, de quelque qualité ou de quelque vertu en un mot dont le Donateur eſt manifeſtement privé, avanceroit, à mon avis, la plus grande des abſurdités dont une Créature intelligente puiſſe être capable. Je ſoutiens même que pour dire une pareille choſe, il faut renoncer de propos délibéré au bon-ſens, ou joindre à une ignorance extrême une folie peu commune.

HOR. Je ſuis perſuadé qu'on enviſage comme vertueuſes pluſieurs actions, qui dans le fond ne le ſont point; & que les mêmes paſſions influent différemment ſur les

les Hommes, suivant leur tempéramment & leur tour d'esprit. Les Passions, j'en conviens, sont nées avec nous, & appartiennent à notre nature. J'avouérai même qu'elles sont renfermées dans notre cœur, ou du-moins qu'il y en a les principes, avant même que nous les appercevions. Mais puisqu'elles sont toutes également dans chaque Individu, d'où vient que la Vanité est plus forte dans les uns que dans les autres? Car de ce que vous venez de dire, il suit clairement que les Passions affectent une Personne plus que l'autre, & qu'il se trouve des gens qui ont actuellement plus de vanité que d'autres. Vous ne résoudriez pas la difficulté, en attribuant cette différence à l'éducation artificielle, qui apprend à cacher cette passion avec dextérité; puisque vous avez supposé la même différence parmi ceux qui, mal élevés, montrent leur vanité publiquement.

Cleo. On peut dire avec raison que tous les Hommes possèdent actuellement, ou virtuellement en eux-mêmes, ce qui appartient à notre Nature. Ainsi les qualités qui ne sont pas nées avec nous, ne sauroient, ni en elles-mêmes, ni en leur cause, être appellées naturelles. Mais comme les Hommes diffèrent entr'eux, & par rapport au visage, & par rapport à la taille, il en est de-même à l'égard des autres choses qui ne tombent pas sous les sens. Ces différences viennent également de la diverse structure & con-

configuration intérieure des parties, soit fluïdes, soit solides. Il y a des Vices de tempéramment. Les uns sont particuliers aux Mélancoliques, & aux Phlegmatiques. D'autres se trouvent dans les Sanguins, & dans les Bilieux. Quelques Personnes sont naturellement plus hardies, tandis que d'autres sont plus timides qu'on ne l'est ordinairement. Je crois qu'à parler en général, il en est de l'Homme, comme de ce que mon Ami a observé sur les autres Créatures. Il a remarqué que ce sont les meilleures en leur espèce, c'est-à-dire celles qui étant intérieurement les mieux formées ont les qualités naturelles les plus excellentes, qui ont aussi le plus de panchant à la Vanité. Cependant je suis convaincu que la différence qu'il y a entre les Hommes dans les degrés de leur vanité, dépend plus des circonstances où ils se rencontrent, & de l'éducation qu'ils ont reçue, que de la diversité qu'il peut y avoir dans leur configuration *originelle*. Les Hommes donnent de nouvelles forces à leurs passions, lorsque, bien loin de les reprimer, ils leur obéïssent: au lieu que les Personnes qui tiennent en bride leurs appétits, & qui ont été obligées de se borner aux choses nécessaires de la vie, sont pour l'ordinaire les moins susceptibles de vanité. D'où il suit clairement, que ceux auxquels on n'a pas souffert cette passion, ou qui n'ont pas eu occa-

sion

ſion de s'y livrer, en ont une moindre doſe. Mais quelle que ſoit la vanité dont le cœur de l'Homme puiſſe être rempli, plus il a de pénétration, de bon-ſens & d'expérience, plus il s'appercevra aiſément de l'averſion que tout le monde a pour ceux qui laiſſent paroître leur vanité. Auſſi les Perſonnes qui ont de belles manières, excellent-elles à cacher cette paſſion. Les Gens d'une médiocre naiſſance, qui n'ont que peu d'éducation, & qui aïant été tenus dans une grande ſujettion, n'ont pas eu beaucoup d'occaſions de manifeſter leur vanité, ajoutent à cette paſſion naturelle une ſorte de vengeance, qui la rend ſouvent très-dangereuſe lorſqu'ils parviennent, ſurtout s'ils acquièrent de l'autorité dans des lieux où éloignés de Supérieurs & d'Egaux, ils n'ont perſonne qui les oblige à celer cette odieuſe paſſion.

Hor. Croïez-vous que la Nature ait donné plus de vanité aux Femmes qu'aux Hommes?

Cleo. Je n'en crois rien; mais elles en ont beaucoup plus reçu par l'éducation qu'on leur a donnée.

Hor. Je n'en vois pas la raiſon: car parmi les Perſonnes de diſtinction, on fait tout autant briller les Fils, ſurtout l'aîné, que les Filles; & dès le berceau on leur donne d'auſſi belles choſes aux uns qu'aux autres. D'où il ſuit que les Garçons & les Filles doivent être également vains.

Cleo. Mais dans les Maisons où l'on donne une égale éducation aux Garçons & aux Filles, celles-ci reçoivent toujours infiniment plus d'encens que ceux-là. D'ailleurs on commence à flatter les Dames de beaucoup meilleure heure que nous.

Hor. Mais pourquoi encourageroit-on plus la vanité dans les Femmes que dans les Hommes?

Cleo. Par la même raison qu'on l'encourage davantage dans les Soldats que dans les autres Personnes. C'est pour augmenter la crainte qu'elles ont de la Honte: crainte qui les rend attentives à conserver chèrement leur honneur.

Hor. Mais est-il nécessaire, pour retenir les deux Sexes dans leurs devoirs respectifs, que les Dames aïent plus de vanité que les Cavaliers?

Cleo. Oui, parce que le Beau Sexe court plus de risque de s'écarter de son devoir. Une Fille porte dans son sein une passion, qui peut l'affecter dès l'âge de douze ou de treize ans, peut-être même plutôt. De plus, elle doit résister à toutes les tentations que les Hommes lui susciteront pour ravir son honneur, elle a toute l'artillerie de notre Sexe à craindre. Un Séducteur, dont l'adresse extraordinaire est accompagnée de charmes irrésistibles, peut lui faire la cour, pour obtenir d'elle une chose, que la Nature la presse & la sollicite d'accorder. Ce rusé Personnage sait encore augmenter

ter la force de toutes ces redoutables attaques, en y joignant des promesses très-fortes, & des présens considérables. Tout ceci peut se passer dans l'obscurité, & dans un tête-à-tête, où il n'y a personne qui puisse l'empêcher de succomber à ces tentations. Les Hommes au contraire n'ont presque pas occasion de faire usage de leur courage, avant qu'ils aïent seize à dix-sept ans. Les cas mêmes où ils peuvent donner des preuves de leur valeur à cet âge, sont très-rares. Avant que d'être mis à cette épreuve, ils ont déjà fréquenté les Gens d'honneur, qui les ont merveilleusement confirmé dans leur vanité. Leur survient-il une querelle, il sont obligés de consulter leurs Amis. Ce sont tout autant de témoins de leur conduite, qui les retiennent dans leurs devoirs, & qui les contraignent en quelque manière à suivre ponctuellement les loix de l'Honneur. Toutes ces différentes choses contribuent à augmenter la crainte qu'ils doivent avoir pour la Honte; & si une fois ils en sont venus au point de rendre cette crainte supérieure à celle de la Mort, ils ont atteint le degré de perfection auquel ils aspiroient. Dès-lors ils ne sauroient goûter aucun plaisir, s'ils venoient à violer les règles de l'Honneur; & aucun rusé Séducteur ne pourroit leur offrir d'équivalent qui les engageât à être des lâches. Cette Vanité, qui est la cause de l'Honneur dans les Hommes, regarde uniquement leur courage; enforte que s'ils peuvent venir à bout de paffer pour braves, & pour des gens qui fuivent les loix de l'Honneur reçues par les Perfonnes courageufes, ils peuvent alors fatisfaire tous leurs appétits, & fe glorifier même de leur incontinence, fans crainte de reproches.

Il en eft de même de la Vanité qui produit l'Honneur dans les Femmes. Cette paffion n'a d'autre objet que leur chafteté. Il fuffit qu'elles confervent ce précieux joïau en entier, pour fe mettre à couvert de la Honte. On excufe dans le Beau Sexe la molleffe & la délicateffe; & quelque ridicule que foit la crainte que les Femmes ont pour le danger, elles peuvent l'avouer, & même en faire gloire. Mais fi ces mêmes Femmes, qui font d'une conftitution fi délicate, & qu'on élève ordinairement avec tant de molleffe, ont le malheur de fuccomber en fecret, à quels dangers ne s'expofent-elles pas; quelles douleurs ne fouffrent-elles pas; quels crimes même ne commettent-elles pas, pour cacher aux yeux du Public cette foibleffe, pour laquelle on leur a appris à avoir tant de honte?

HOR. Effectivement nous entendons rarement dire que les Femmes qui ont perdu toute honte, telles que font les Proftituées, faffent mourir leurs enfans. Ce n'eft pas la Religion qui les retient, puifqu'elles font les Créatures les plus fcélérarates qu'il y ait au Monde. Ce fait a été remarqué dans la FABLE DES ABEILLES *, & le méritoit bien assûrément.

CLEO. Cet exemple prouve évidemment que la même passion peut produire dans la même Personne, quelquefois beaucoup de bien, & d'autres fois beaucoup de mal, suivant que l'amour-propre & les circonstances où elle se rencontre l'exigeront. Par-là on voit aussi que la crainte de la Honte peut faire que des Hommes paroissent quelquefois très-vertueux, tandis qu'elle les oblige en d'autres cas à commettre les crimes les plus énormes.

Quiconque voudra bien examiner le caractère des Personnes entièrement dévouées au service de l'Honneur, & considérer les obligations qu'il impose à l'un & à l'autre Sexe, n'aura pas de peine à s'appercevoir que cette Idole n'est fondée sur aucun principe d'une Vertu réelle, ou d'une véritable Religion. *Prémièrement*, les Adorateurs de l'Honneur sont des Personnes adonnées à la Volupté, esclaves de la Mode & de la Coutume. Ils aiment la Pompe & le Luxe, ils jouïssent du Monde autant qu'il leur est possible. *En second lieu*, le Monde même, je prends ce terme dans le sens qu'on y attache communément, est si changeant, & il y a une si prodigieuse différence dans la signification qu'on lui donne, suivant qu'on l'ap-

* *Tome I. Remarque (C.) Pag. 58.*

l'applique ou à un Homme, ou à une Femme, qu'il pourra arriver que ni l'un ni l'autre n'agiſſe contre ſon honneur, quand même tous les deux commettroient des fautes, & qu'ils ſe vanteroient publiquement d'actions, dont tout autre auroit une extrême honte.

Hor. Je ſuis fâché de ne pouvoir vous accuſer d'injuſtice dans l'obſervation que vous venez de faire. Mais il eſt fort étrange que les moïens les plus propres qu'on a emploïés pour engager les Hommes à cacher ſoigneuſement leur vanité, ſervent en même tems à encourager cette paſſion, & que dans la Belle Education on travaille à l'augmenter par l'Art.

Cleo. Rien n'eſt cependant plus vrai. Si les Hommes n'avoient pas appris à ſe ſervir de la paſſion contr'elle-même, & qu'on ne fût pas convenu d'en changer les ſymptômes propres & naturels, pour leur en ſubſtituer d'artificiels & d'étrangers, il n'y auroit aucune force humaine qui pût les obliger à ſe ſoumettre à cette gêne, que les Perſonnes d'honneur de l'un & de l'autre Sexe doivent ſouffrir pour ſatisfaire leur vanité, ſans qu'il en paroiſſe rien aux yeux pénétrans des autres.

Hor. Lorsque vous parlez *de ſe ſervir de la paſſion contr'elle-même*, je ſai que vous entendez la vanité ſecrète que l'on met à en cacher les ſignes extérieurs. Mais je ne ne comprens pas bien ce que vous voulez dire par *en changer les symptômes.*

Cleo. Quand un Homme rempli d'orgueil laisse un libre cours à cette passion, les marques qu'il en donne dans tout son extérieur, par sa contenance, par son air & par sa conduite, sont aussi sensibles que celles qu'on remarque dans un Cheval qui se cabre, ou dans un Coq-d'Inde qui fait la roue. Tout le monde abhorre ces indices extérieurs de la Vanité; parce que chacun sent qu'il a dans le cœur le même principe qui les produit dans les autres. C'est par la même raison que l'Homme, doué du don de la parole, ne sauroit, sans choquer ceux qui l'écoutent, se servir d'expressions qui sont évidemment suggérées par cette passion. Aussi, lors même que la Politesse étoit encore dans son enfance, on s'est unanimement accordé à condamner très-rigoureusement ces symptômes dans toutes les Sociétés; & on a appris aux Hommes à leur en substituer d'autres aussi sensibles que les prémiers, mais moins choquans, & plus utiles à ceux qui conversent avec nous.

Hor. Quels sont ces indices?

Cleo. Des Habits riches, & tous les autres Ornemens que les Hommes ont inventé pour se parer; la Propreté que l'on remarque sur leurs personnes, la Soumission qu'ils exigent de leurs Domestiques, les Equipages somptueux, les Ameublemens, les Bâtimens, les Titres d'honneur, & toutes les autres choses qu'ils peuvent acquérir pour se faire estimer des autres, sans laisser paroître aucun des symptômes défendus. En assouvissant leur vanité de cette manière, il leur est permis d'avoir des vapeurs, & d'être fantasques. Quand même les autres seroient persuadés qu'ils se portent trèsbien, ils ne laisseroient pas pour cela de les regarder comme des gens de bonsens.

HOR. Mais que gagne-t-on au change, si la Vanité se fait également appercevoir, & que ces derniers symptômes soient aussi sensibles que les prémiers?

CLEO. L'avantage qu'on en retire, est très-grand. Lorsque quelqu'un témoigne d'une manière trop marquée sa vanité par des regards & par des gestes, tous les Hommes, sauvages ou civilisés, s'en apperçoivent. Si l'on découvre cette passion par ses expressions, elle est également remarquée par tous ceux qui entendent la langue dont on se sert pour s'exprimer. Ces marques & ces signes sont connus, & regardés par tout du même œil. Personne ne les déploie, qu'afin qu'on les voie & qu'on les entende. Ajoutez à cela que presque toujours ceux qui manifestent ces symptômes, veulent par-là offenser les autres. Il ne faut donc pas être étonné, si chacun en est choqué.

Il

Il n'en eſt pas de même des autres indices. On peut nier qu'ils partent d'un principe de Vanité. On peut alléguer bien des raiſons pour montrer qu'ils viennent d'une autre cauſe. Je ſai qu'elles ſont illuſoires; mais la Politeſſe nous apprend à ne les jamais réfuter, & à faire ſemblant de les croire réelles & fondées. Dans les prétextes mêmes dont ces Perſonnes veulent bien ſe ſervir en faveur de leurs manières, ils témoignent une certaine condescendance qui nous ſatisfait, & qui nous fait plaiſir. Mais ceux qui ſont abſolument deſtitués des occaſions & des moïens de déploïer leur vanité par ces ſymptômes reçus, ne doivent en laiſſer paroître le moindre ſigne, pas même par mégarde; parce qu'elle eſt infiniment dangereuſe chez eux. En effet, parmi ces Perſonnes elle dégénère aiſément en envie & en malice. A la moindre occaſion la vanité ſort des bornes requiſes, & ſe fait trop remarquer. Souvent elle produit la cruauté; & jamais la Populace & les Gens de néant ne commettent de crimes, où il n'entre beaucoup de cette paſſion. Enfin, plus les Perſonnes ont occaſion de manifeſter & de ſatisfaire leur vanité par les moïens autoriſés, ou ſuivant l'uſage reçu, plus auſſi il leur eſt aiſé de ſe mettre à couvert des reproches qu'on pourroit leur faire ſur cette paſſion, & de paroître même aux yeux des autres tout-à-fait exempts de cette foiblesse.

Hor. Je vois fort bien que la Vertu, pour être sincère, doit engager l'Homme à dompter la Nature corrompue, & que même la Religion Chrétienne exige un renoncement à soi-même plus parfait que tout ce que vous pouvez dire. Pour se rendre agréable à l'Être Suprême qui fait tout, il est évident que rien n'est plus nécessaire que la sincérité & la pureté du cœur. Mais faisons abstraction des choses sacrées, & de l'état à venir. Dans ce cas-là ne croïez-vous pas que cette complaisance que nous avons pour nos semblables, & ce tour favorable que nous donnons à leurs actions, soient très-utiles au Genre Humain ? N'êtes-vous pas persuadé que les Belles Manières & la Politesse contribuent plus que toute autre chose à rendre les Hommes heureux, & à leur faire passer la vie agréablement ?

Cleo. Si l'on fait abstraction de tout ce qui devroit faire notre principale occupation, & de tout ce qui devroit le plus nous intéresser; si l'on n'estime point cette félicité, & cette paix de l'ame qui procède uniquement d'une bonne conscience; il est certain que dans une grande Nation, & parmi un Peuple opulent, dont les prémiers souhaits paroissent être l'aise & le luxe, les Gens de distinction ne pourroient pas, sans la Politesse & les Belles

Belles Manières, jouïr autant des plaiſirs & des agrémens de ce Monde, qu'ils en jouïſſent actuellement. Il n'eſt pas moins évident que perſonne n'a plus beſoin de cet Arts que les Voluptueux capables de diſcernement, qui joignant la prudence mondaine à la ſenſualité, s'attachent principalement à rafiner ſur les plaiſirs.

Hor. Lorsque j'eus l'honneur de m'entretenir avec vous chez moi, vous me dites qu'on ne ſavoit, ni dans quel tems, ni dans quel païs, ni ſous quel Roi, ni ſous quel Empereur les loix de l'Honneur avoient été établies. Voudriez-vous donc avoir la bonté de me dire quand, ou comment les Belles Manières & la Politeſſe ſe ſont introduites dans le Monde? Quel Moraliſte, ou quel Politique a appris aux Hommes à tirer vanité de ſavoir cacher cette même paſſion?

Cleo. L'induſtrie infatigable de l'Homme pour ſuppléer à ſes beſoins, & ſes conſtans efforts pour améliorer ſa condition ſur la Terre, ont produit & amené à la perfection pluſieurs Arts & Siences très-utiles. Il eſt impoſſible de rapporter leurs commencemens à une époque fixe, & de leur aſſigner d'autres cauſes que la ſagacité du Genre Humain en général, & les travaux conſécutifs de pluſieurs ſiècles. Toujours les Hommes ſe ſont occupés à chercher & à inventer des moïens pour ſatisfaire leurs différens appétits, & à tirer de leurs infirmités le meilleur parti ti possible. D'où avons-nous eu les prémiers rudimens de l'Architecture? Comment la Sculpture & la Peinture sont-elles parvenues au point où on les a porté depuis plusieurs centaines d'années? Enfin, qui a appris aux diverses Nations les Langues que parlent les différens Peuples du Monde? Lorsque je me propose de rechercher l'origine de quelque Maxime, ou de quelque Invention Politique, faite pour l'utilité de la Société en général, je ne me casse point la tête pour découvrir & le tems & le lieu où l'on en a d'abord parlé. Je ne m'embarrasse point non plus de ce que les autres en ont écrit, ou dit; mais je vai directement à la source, & je la cherche dans la Nature même, dans la fragilité ou dans le défaut de l'Homme. C'est-là que je trouve les infirmités auxquelles on s'est proposé de rémédier, ou de subvenir par cette Invention. S'il arrive que ce que je cherche soit couvert d'un épais nuage, j'emploie alors les conjectures pour parvenir à mon but.

HOR. Prouvez-vous, ou prétendez-vous établir quelque chose par le moïen de ces conjectures?

CLEO. Non assurément. Je ne donne pour incontestables que les idées que je fonde sur des observations claires, que tout le monde peut faire à l'égard de l'Homme, & des Phénomènes qui paroissent ici-bas.

HOR. Ce n'est pas d'aujourd'hui que vous méditez sur ce sujet. Voudriez-vous me communiquer quelques-unes de vos conjectures ?

CLEO. Je vous en ferai part avec bien du plaisir.

HOR. Seulement je vous prie de me permettre de vous interrompre de tems en tems, lorsque les choses que vous avancerez, ne me paroîtront pas claires. Ce que j'en ferai, ne sera que pour recevoir de votre part quelques éclaircissemens.

CLEO. Je le veux bien, vous m'obligerez même en agissant ainsi. On ne sauroit disconvenir que l'*Amour de soi-même* n'ait été donné à tous les Animaux, du-moins aux plus parfaits, afin de servir à leur propre conservation. Mais comme il n'est aucune Créature qui puisse aimer ce qui lui déplaît, il est nécessaire outre cela que chacune s'estime réellement soi-même, ou son propre individu, plus que tout autre. Je crois même que si cette *Estime de soi-même* ne subsistoit pas toujours, l'amour que toutes les Créatures ont pour elles-mêmes, ne varieroit pas autant que nous le remarquons. Pardonnez-moi cette nouvelle opinion.

HOR. Quelle raison avez-vous de supposer que cette *Estime de préférence* que les Créatures ont pour elles-mêmes, soit distincte de l'*Amour de soi-même*; puisque l'un renferme visiblement l'autre ?

CLEO.

CLEO. Je tâcherai de m'expliquer plus clairement. C'est, suivant moi, pour engager plus efficacement les Créatures à travailler à leur propre conservation, que la Nature leur a donné un instinct, qui porte chaque Individu à s'estimer au-delà de ce qu'il vaut réellement. Ce cas que nous faisons de nous-mêmes, c'est-à-dire que l'Homme fait de lui-même, paroît être accompagné d'une certaine défiance, produite par le sentiment intérieur, ou du-moins par l'appréhension où il est, qu'il ne se mette peut-être à un trop haut prix. Défiance qui nous fait rechercher avec beaucoup d'empressement l'approbation, l'estime & le suffrage des autres; parce que cette approbation nous confirme, & nous fortifie dans la bonne opinion que nous avons de nous-mêmes.

On peut alléguer plusieurs raisons pour expliquer ce qui fait que dans tous les Animaux qui ont le même degré de perfection, on ne remarque pas également cette *Estime de soi-même*, permettez-moi de lui donner ce nom. Quelques-uns sont privés des ornemens requis dont j'ai parlé tout-à-l'heure, & par conséquent ils n'ont pas les moïens nécessaires pour faire paroître cette estime de préférence qu'ils ont pour leur cher individu. D'autres sont trop stupides, & trop indifférens. On doit pareillement considérer que les Créatures qui, menant une vie uniforme, se rencontrent toujours dans

les

les mêmes circonstances, manquent d'occasions, & ne sont point exposées à la tentation de montrer l'estime particulière qu'elles font d'elles-mêmes. Les différens caractères dont les Créatures sont douées, varient aussi les signes extérieurs dont elles se servent pour manifester cette bonne opinion. C'est ainsi que plus elles ont de feu & de vivacité, plus les marques qu'elles donnent de cette *Estime d'elles-mêmes* sont sensibles. On peut enfin remarquer qu'entre les Animaux dont la nature est semblable, plus ils ont d'esprit, & de perfections qui appartiennent à leur espèce, plus aussi ils sont portés à dévoiler les idées avantageuses qu'ils ont d'eux-mêmes. Cette observation se voit sensiblement dans la plupart des Oiseaux, surtout dans ceux qui peuvent étaler une superbe parure. On découvre cela d'une manière encore plus sensible dans le Cheval, que dans aucune autre Créature destituée de raison. Et entre les Chevaux, ceux qui sont les plus sains, les plus légers à la course, les plus forts & les plus vigoureux, donnent aussi des témoignages plus marqués de l'estime qu'ils font d'eux-mêmes. Témoignages qui deviendront encore plus sensibles, si ces superbes Bêtes sont richement enharnachées, si on a soin de les tenir propres, de les caparaçonner, & qu'elles soient en présence du Palfrenier qui les pance soigneusement, & qui les considère comme ses précieux joïaux.

joïaux. Il n'est pas hors de vraisemblance que cette grande estime que les Créatures ont pour leur propre individu, ne soit le principe sur lequel est fondé l'amour qu'elles ont pour leur espèce. Les Vaches & les Brebis, trop lâches & trop foibles pour laisser paroître aucun indice de cette estime, vont cependant en troupe pour paître, chacune avec son semblable; parce qu'il n'y a point d'autres Animaux qui leur ressemblent davantage. Ces Bêtes paroissent ainsi connoître que leur intérêt n'est point différent, & qu'elles ont les mêmes ennemis à craindre. On a souvent vu les Vaches se réunir pour se défendre contre les Loups. Chacun aime son semblable; & j'ôse dire que la Frésaie * préfère sa musique à celle du Rossignol.

Hor. Il paroît que vous êtes en quelque manière du sentiment de Montaigne, qui rapporte après Xenophanes; *Que si les Animaux se forgent des Dieux, comme il est vraisemblable, ils les forgent certainement de même qu'eux* †. Mais ce que vous appellez *Estime de soi-même*, est évidemment la Vanité.

Cleo. Je le crois comme vous, ou dumoins je suis persuadé que cette passion est la cause de l'*Estime de soi-même.* Outre cela, je suis dans l'idée que plusieurs Créatures donnent des signes de cette approbation,

* Espèce de Chat-huant, ou de Chouette.
† Liv. II. Chap. 12.

bation, ſans que nous nous en appercevions, parce que nous n'avons pas aſſez de pénétration pour les démêler. Quand un Chat ſe nettoie la face, & qu'un Chien ſe lèche jusqu'à ce qu'il ſoit propre, ces Animaux s'ajuſtent de leur mieux, & chacun à ſa manière. Un Sauvage dans l'état de Nature, qui, ſe nourriſſant de noix & de glands, ne connoit aucun ornement extérieur, ſeroit beaucoup moins tenté, & auroit infiniment moins d'occaſions de manifeſter cette *Eſtime de ſoi-même*, que s'il étoit civiliſé. Cependant, ſi cent Hommes de cette eſpèce, tous également libres, ſe rencontroient enſemble, je ſuis perſuadé qu'encore qu'ils euſſent de quoi appaiſer leur faim, ils donneroient en moins de demi-heure des traits de cette eſtime dont je parle, par l'envie de prîmer que chacun d'eux feroit paroître. Les prémiers qui en laiſſeroient échapper des marques, ſeroient ceux qui auroient le plus de forces de corps ou d'esprit, ou de tous les deux en même tems. Si, comme je l'ai ſuppoſé, ils n'étoient point civiliſés, cela occaſionneroit infailliblement parmi eux des diſputes, & ils en viendroient aux mains avant que de pouvoir convenir de quoi que ce ſoit, à-moins qu'un d'entr'eux ne ſe trouvât exceller viſiblement par-deſſus tous les autres. Remarquez, s'il vous plaît, que, ſuivant ma ſuppoſition, ce ſont tous des *Hommes*, & qu'ils ont *de quoi appaiser leur faim*; parce que s'il avoient eu parmi eux des Femmes, ou qu'ils eussent manqué de nourriture, ils auroient pu se quereller pour d'autres sujets que celui dont j'ai fait mention.

HOR. Voilà ce qui s'appelle penser abstraitement. Mais croïez-vous que deux ou trois-cens Sauvages, tant Hommes que Femmes, qui tous auroient environ vingt ans, sans jamais avoir été soumis à aucune autorité, pussent former une Société, & composer un Corps, si, sans s'être jamais connus auparavant, ils venoient à se rencontrer par hazard?

CLEO. Je ne crois pas qu'ils fussent plus capables de composer une Société, que des Chevaux. Les Sociétés ne se sont point formées de cette manière. Il se peut que plusieurs Familles de Sauvages s'unissent, & que pour leur bien commun les Chefs conviennent de quelque forme de Gouvernement. Mais il n'est pas moins certain, que quand même la subordination seroit assez bien établie entr'eux, & que chaque Homme auroit autant de Femmes qu'il en souhaitteroit, on ne laisseroit cependant pas, dans cet Etat que je suppose non civilisé, de priser davantage la Force & la Valeur, que l'Esprit. Je veux dire que les Hommes du-moins feroient plus de cas des deux prémières qualités que de la dernière; car pour les Femmes, elles s'estimeroient toujours à cause des choses que

les

les Hommes admireroient le plus en elles. D'où il arriveroit que la Beauté feroit le fondement de l'estime que ces Femmes auroient pour elles-mêmes; & par conséquent cet avantage ne manqueroit pas d'être la pomme de discorde, qui exciteroit parmi elles de l'envie & de la jalousie. Ainsi les Laides & les Difformes, toutes celles en un mot qui seroient les moins favorisées de la Nature, seroient les prémières qui auroient recours à l'art. & aux ornemens étrangers. Les autres appercevant que par ces soins elles se rendroient plus agréables aux Hommes, toutes suivroient bientôt cet exemple; & dans peu de tems elles tâcheroient de se surpasser les unes les autres, autant que les circonstances où elles se rencontreroient, le leur permettroit. Il se pourroit même faire qu'une Femme dont le visage seroit orné d'un nez, portât envie à sa Voisine, qui en auroit un beaucoup plus vilain, seulement parce qu'il y pendroit un anneau.

Hor. Il me semble que vous parlez avec bien du plaisir de la conduite des Sauvages. Quel rapport a-t-elle, je vous prie, avec la Politesse?

Cleo. On doit chercher les principes de cet art dans l'*Amour-propre*, & l'*Estime de soi-même*, dont j'ai fait mention. Pour s'en convaincre, on n'a qu'à considérer qu'une Créature, douée d'entendement, de la faculté de parler, & de celle de rire, doit faire pour sa propre conservation, si elle est conduite par ces deux guides. D'abord l'*Amour-propre* doit l'engager à faire tout son possible, pour se procurer les choses dont elle aura besoin pour sa subsistance, pour se défendre contre les injures de l'Air, & pour se mettre en sureté elle & sa *progéniture*. L'*estime* qu'elle aura d'*elle-même* lui fera rechercher toutes les occasions où elle pourra faire voir par ses gestes, par ses regards, & par ses discours, combien le cas qu'elle fait d'elle-même est supérieur à l'estime qu'elle a pour les autres. Un Sauvage souhaittera que tous ceux qui l'approchent, conviennent avec lui de la supériorité de son mérite; & même il se mettra en colère, autant que sa timidité le lui permettra, contre toutes les personnes qui n'en tomberont pas d'accord. Il estimeroit & aimeroit infiniment tous ceux qu'il croiroit avoir une haute opinion de sa personne, surtout ceux qui, ou par leurs paroles, ou par leurs gestes, le lui témoigneroient en sa présence. Lorsqu'il s'appercevroit visiblement de l'infériorité des autres par rapport à lui, il riroit & badineroit sur leurs infirmités, autant que sa compassion naturelle pourroit le lui permettre; il insulteroit même à leur misère, s'il les voïoit d'humeur à le souffrir.

HOR. Cette *Estime de soi-même* a été donnée, dites-vous, aux Créatures, pour les

les porter à travailler à leur propre conservation. Cependant je croirois plutôt qu'elle leur est nuisible ; puisque, comme vous le dites, elle leur donne de la haine les uns pour les autres. Quel avantage, je vous prie, les Hommes peuvent-ils en retirer, soit dans un Etat sauvage, soit dans un Etat civilisé? Pourriez-vous rapporter quelques cas où elle ait fait du bien?

Cleo. Je suis surpris de vous entendre former une pareille question. N'ai-je pas démontré que l'on pouvoit feindre plusieurs vertus dans la vue d'être applaudi? N'ai-je pas fait voir que la seule Vanité suffisoit pour engager une Personne de sens, qui n'étoit pas mal partagée du côté de la Fortune, à acquérir de bonnes qualités? J'espère que tout cela n'est pas encore effacé de votre mémoire.

Hor. Je vous demande pardon; mais ce que vous avez dit, regarde uniquement l'Homme considéré comme Membre de la Société; & vous l'avez supposé parfaitement bien élevé. Mais quelle utilité peut-il retirer de l'*Estime de soi-même*, si on le considère comme une Créature qui vit seule & isolée? Je vois clairement que l'*Amour-propre* doit le porter à travailler à se procurer la nourriture, & à se mettre en sureté. D'où il suit qu'il aimera passionnément tout ce qu'il croira tendre à sa propre conservation. Mais à

 quoi

quoi lui ſert dans ce cas-là l'*Eſtime de ſoi-même?*

Cleo. Si je vous diſois que le plaiſir & la ſatisfaction que l'Homme goûte intérieurement à aſſouvir cette paſſion, eſt un cordial qui ſert à affermir ſa ſanté, vous vous moqueriez de moi, parce que vous croiriez que j'exaggère.

Hor. Peut-être que je n'aurois point cette idée; mais je vous répondrois, en vous mettant devant les yeux les tourmens ſans nombre, & les chagrins affreux que les Hommes ſouffrent à cauſe de cette paſſion, lorſqu'il leur ſurvient quelque diſgrace, quelque refus, ou qu'il leur arrive quelque infortune. *L'eſtime* qu'ils ont d'*eux-mêmes* augmente ſi fort leur ſenſibilité, qu'il y a des millions de perſonnes couchées dans le tombeau, qui auroient vécu plus longtems, s'ils avoient eu moins de vanité.

Cleo. Je ne disconviens point de ce que vous dites. Mais vous ne prouvez pas que cette paſſion n'ait pas été donnée aux Créatures, pour les porter à travailler à leur propre conſervation. Tout ce qu'on peut conclure de votre réflexion, c'eſt que le bonheur des Mortels ici bas eſt ſujet au changement, & que leur condition eſt très-miſérable. Il n'eſt rien entre les choſes créées, qui produiſe toujours & conſtamment du bien. La Pluïe & la Lumière du Soleil, qui ſont la cauſe de tous les plaiſirs terreſtres, ont produit

duit des maux ſans nombre. Tous les Animaux de proie, ainſi que des milliers d'autres, cherchent leur nourriture au riſque de leur vie. La plus grande partie de ces Créatures périſſent, en tâchant de ſe procurer leur ſubſiſtance. L'Abondance n'eſt pas moins fatale aux uns, que l'Indigence l'eſt aux autres. Voïons ce qui ſe paſſe parmi notre Eſpèce.

Chez toutes les Nations opulentes n'y a-t-il pas eu un grand nombre de Perſonnes, qui, à l'abri de tout autre danger, ſe ſont elles-mêmes détruites par les excès où elles ont donné à l'égard du manger & du boire? Peut-on cependant douter que la Faim & la Soif n'aïent été données aux Créatures pour leur faire demander, ou même rechercher avec inquiétude, les choſes dont elles ne ſauroient ſe paſſer pour ſubſiſter?

HOR Je ne vois pas encore quelle utilité il revient de cette *Eſtime de ſoi-même*, à l'Homme conſidéré comme une Créature *ſeule & iſolée*. Vous ne me dites rien qui doive me faire croire que la Nature nous ait donné cette paſſion, pour aider à notre propre conſervation. Ce que vous avez allégué, eſt obſcur. Pourriez-vous nommer quelqu'avantage que chaque Individu retire de ce principe intérieur, mais un avantage qui ſoit ſi clair qu'on ne puiſſe le révoquer en doute?

CLEO. Depuis que cette paſſion a été proſcrite, chacun la déguiſe. Elle ne paroît plus telle qu'elle eſt. On la voit prendre mille formes différentes. Souvent nous en ſommes affectés, ſans en avoir le moindre ſoupçon. Mais il ſemble que c'eſt ce principe qui nous donne continuellement de l'amour pour la vie, lors même que nous n'avons pas ſujet de l'aimer. Dans le tems que nous ſommes contens de nous-mêmes, c'eſt l'eſtime que nous faiſons de notre individu, qui cauſe en nous, quoiqu'imperceptiblement, la ſatisfaction dont nous jouïſſons. Cette paſſion eſt ſi néceſſaire au bien-être de ceux qui ſont accoutumés à la ſatisfaire, que ſans elle ils ne ſauroient jouïr d'aucun plaiſir. Ils ont pour ce principe une ſi profonde vénération, qu'ils ſeroient ſourds aux plus vives ſollicitations de la Nature, & qu'ils s'oppoſeroient aux plus violens appétits, ſi pour les aſſouvir il falloit renoncer à cette paſſion. Dans la proſpérité elle double notre bonheur, & elle nous ſoutient dans les revers de la Fortune. C'eſt la mère de nos eſpérances, le fondement & la fin de nos plus agréables imaginations. Elle eſt notre plus ſûr refuge contre le deſeſpoir. Dans quelque ſituation que nous nous rencontrions, il ſuffit, pour prendre ſoin de nous-mêmes, que nous nous eſtimions à quelques égards, ſoit par rapport au préſent, ſoit par rapport à l'avenir. Jamais qui que ce ſoit ne pourra ſe réſoudre à ſe donner la mort, s'il lui reſte encore la moin-

moindre bonne opinion de lui-même & de son état. Mais dès-que cette passion est éteinte, toutes nos espérances s'évanouïssent, & nous ne pouvons souhaitter que de rentrer dans le néant. Notre existence nous devient alors si insupportable, que notre *amour-propre* nous pousse à la détruire, & à chercher un azile entre les bras de la mort.

HOR. Vous voulez parler de la *haine* que l'on conçoit contre *soi-même*; mais vous avez dit vous-même qu'une Créature ne peut aimer ce qu'elle n'estime pas.

CLEO. Si vous envisagez la chose sous un autre point de vue, vous avez raison. Mais cela prouve seulement que l'Homme est un composé de contradictions, comme je l'ai déjà souvent insinué. C'est un fait incontestable, qu'une Personne qui par choix se fait mourir elle-même, n'en vient à cette extrémité, qu'afin d'éviter quelque malheur qui paroît plus terrible à ses yeux, que la mort même qu'elle se donne. Quelque absurdes que puissent donc être les raisonnemens de cet Homme, on voit visiblement, dans tous les *Suïcides*, une intention de se procurer un bien à soi-même.

HOR. Vos observations, je dois l'avouer, sont amusantes, vos raisonnemens me plaîsent beaucoup. Je vois même, dans tout ce que vous dites, une apparence de probabilité qui me fait plaisir.

 Mais

Mais à bien peser tous vos beaux discours, on n'y découvre pas seulement une demi-preuve de la conjecture que vous avez formée.

Cleo. Je vous ai déjà dit ci-devant que je ne faisois aucun fond sur tout cela, & que je n'en tirois aucune conséquence. Mais quel que soit le but de la Nature, en inspirant aux Créatures raisonnables cette estime pour elles-mêmes, qu'elle l'ait donnée aux autres Animaux ou non, il est certain que chaque Individu de notre Espèce s'estime davantage, qu'il n'estime toute autre Créature.

Hor. A parler généralement, la chose est possible; mais je puis vous assurer, par ma propre expérience, que cela n'est pas universellement vrai. Pour moi, j'ai souvent souhaitté d'être le Comte *Théodati*, que vous avez connu à *Rome*.

Cleo. C'étoit effectivement un très-bel Homme, & un Cavalier accompli. Voilà sans-doute pourquoi vous avez souhaitté d'être un autre lui-même. C'est-là tout ce que vous pouvez dire. *Célie* a le visage très-bien fait, des yeux charmans, & de belles dents; mais ses cheveux sont rouges, & elle a la taille mal faite. C'est aussi pour cela qu'elle souhaitteroit d'avoir les cheveux de *Cloé*, & la taille de *Bellinde*. Cependant elle voudroit encore rester *Célie*.

Hor. Non, non, je souhaitterois être

cette

cette même perſonne, ce véritable *Théodati.*

Cleo. La choſe eſt impoſſible.

Hor. Quoi ? il eſt impoſſible de former un ſouhait ?

Cleo. Sans-doute, le ſouhait eſt impoſſible. Il faudroit, pour pouvoir le former ſérieuſement, ſouhaitter en même tems d'être anéanti. C'eſt à *nous-mêmes*, & pour *nous-mêmes* que nous ſouhaittons le bien & l'avantage que nous ſouhaittons. Nous ne ſouhaittons donc point qu'il arrive aucun changement eſſentiel dans ce *nous-mêmes*, dont nous voulons ſimplement améliorer l'état. Pour que notre ſouhait ſoit accompli, il faut au préalable que ce *nous-mêmes*, que cette partie de *nous* qui ſouhaitte, & en faveur de laquelle nous formons des ſouhaits, ſubſiſte toujours. En effet, ôtez ce ſentiment que vous avez de *vous-même* au moment que vous faites le ſouhait, & alors dites-moi, je vous prie, quelle eſt cette partie de *vous-même* qui voudroit poſſéder l'objet que vous déſirez, & être améliorée par le changement que vous demandez.

Hor. Il me ſemble que vous avez raiſon. Quiconque ſouhaitte de jouïr de quelque choſe, ſuppoſe par-là même qu'il veut que quelque partie de lui-même ſubſiſte. Ce qui ne pourroit être, s'il devenoit eſſentiellement & à tous égards un autre.

Cleo. Fort bien. La Perſonne même qui

qui ſouhaitte, devroit être réellement détruite, pour que le changement pût ſe faire dans ſon entier.

HOR. Mais quand viendrons-nous à l'origine de la Politeſſe ?

CLEO. Nous y ſommes à-préſent, & nous n'avons pas beſoin de la chercher ailleurs que dans cette *Eſtime de ſoi-même* dont chaque Individu eſt en poſſeſſion, comme je l'ai démontré. Conſidérez ſeulement ces deux choſes.

Il ſuit prémièrement de la nature de cette paſſion, que, dans le commerce de la vie, tous les Hommes qui manqueroient abſolument d'éducation, ſeroient des objets odieux les uns aux autres, ſi du-moins ils n'avoient aucun Supérieur, ni aucun intérêt à ménager. Suppoſons en effet qu'il y eût deux Perſonnes égales en tout, dont l'un s'eſtimât plus de la moitié qu'il ne priſe l'autre, tandis que celui-ci ſe mettroit ſimplement de niveau avec le prémier, il arriveroit néceſſairement qu'ils ne ſeroient point contens l'un de l'autre, s'ils venoient à ſe communiquer leurs penſées réciproques. Mais ſi l'on ſuppoſoit que chacun d'eux s'eſtimât plus de la moitié qu'il ne priſe l'autre, & qu'ils ſe fiſſent connoître leurs ſentimens, le différend deviendroit encore plus conſidérable, ils ne pourroient même ſe ſupporter réciproquement. A chaque moment il arriveroit des diſputes de cette nature parmi les perſonnes qui manque-

roient

roient des principes de la Politesse; parce que, sans un mêlange d'art & de peines, on ne pourroit étouffer les symptômes extérieurs de cette bonne opinion de soi-même.

La seconde chose que vous devez observer, c'est l'effet que cet inconvénient, qui naît nécessairement de *l'Estime de soi-même*, devroit probablement produire sur des Créatures douées de beaucoup d'entendement, & qui, passionnées au suprême degré pour leurs aises, emploient toute leur industrie à se les procurer. Pesez, dis-je, seulement ces deux choses comme il faut; & vous trouverez que les maux & les embarras qu'occasionneroit *l'Estime de soi-même*, doivent nécessairement produire à la longue ce que nous appellons les *Belles Manières*. On tenteroit, avant que d'en venir-là, divers moïens pour rémédier à ces deux inconvéniens: mais comme ils seroient inutiles, on seroit obligé d'avoir enfin recours à la *Politesse*.

HOR. Je crois vous comprendre. Si dans l'état de simple Nature tous les Hommes, remplis comme ils sont de cette haute opinion qu'ils ont d'eux-mêmes, la laissoient paroître dans tout son jour, & par ses symptômes les plus naturels que vous avez décrit, ils seroient offensés de cette vanité que leurs semblables montreroient à découvert. Bientôt ces Créatures raisonnables tâcheroient de de faire cesser des manières si révoltantes. Une telle conduite leur feroit de la peine. Cela engageroit du-moins quelques personnes à réfléchir sur la cause de cet inconvénient. Peu à peu chacun viendroit à penser que sa vanité, montrée dans tout son jour, doit autant offenser les autres, qu'ils sont eux-mêmes choqués de l'appercevoir dans leurs semblables.

Cleo. Telle est certainement la raison philosophique des changemens qui sont arrivés dans la conduite des Hommes, à mesure qu'ils se sont civilisés. Mais tout cela s'est fait sans réflexion. C'est par des degrés lents, & presque imperceptibles, que les Hommes viennent enfin à recevoir des choses de cette nature.

Hor. Comment cela se peut-il; puisqu'il en coute des peines, & que l'on remarque sensiblement un *renoncement à soi-même* dans la gêne & dans la contrainte qu'ils s'imposent ainsi à eux-mêmes, en suivant les règles de la Politesse?

Cleo. Dans les soins que les Hommes prennent pour leur propre conservation, on découvre les efforts continuels qu'ils font en même tems pour se procurer leurs aises. C'est ainsi qu'ils apprennent insensiblement à éviter les maux qui pourroient leur arriver dans chaque occurrence.

Les Créatures Humaines une fois soumises à un Gouvernement, & accoutumées

mées à conformer leur vie à la teneur des Loix, apprendront par le commerce qu'elles auront les unes avec les autres, par leur propre expérience, & par celle des autres, mille ressources, mille expédiens, & mille stratagêmes utiles, dont elles seroient fort embarrassées de rendre raison. Elles ne connoissent point les passions intérieures qui gouvernent leur volonté, & qui dirigent leur conduite dans ces occasions.

Hor. Prétendez-vous donc que les Hommes soient de pures Machines, comme *Descartes* l'a supposé des Brutes?

Cleo. Ce n'est point-là mon dessein: mais je crois que l'Instinct apprend aux Hommes à se servir de leurs membres, tout comme il l'apprend aux Brutes. Les Enfans mêmes, sans aucune teinture ni de Géométrie, ni d'Arithmétique, peuvent venir à bout d'exécuter certaines actions, qui paroissent exiger une grande habileté dans les Méçaniques, & un génie extrêmement inventif.

Hor. Quelles actions avez-vous pu remarquer dans les Enfans, qui paroissent exiger tant d'habileté?

Cleo. Les postures avantageuses qu'ils prennent pour résister à des Corps pesans, pour tirer, pour pousser, ou pour mouvoir de quelque autre manière un poids; leur adresse & leur dextérité à lancer certains traits, & leur industrie étonnante à faire des sauts.

Hor.

Hor. Où est, je vous prie, dans tout cela l'adresse surprenante dont vous parlez ?

Cleo. Vous savez que lorsqu'on veut faire un grand saut, on prend son escousse avant que d'abandonner terre. Il est certain que c'est-là le moïen de sauter bien plus loin, & avec beaucoup plus de force qu'on ne l'auroit fait sans cela. La raison en est claire. Deux Moteurs différens agissent en même tems pour donner de l'agilité au Corps. D'abord on acquiert du mouvement, en courant depuis la distance qu'on a prise ; & à cette force on ajoute un nouveau mouvement, qui survient à l'instant de l'élancement. Au lieu que si on vouloit sauter sans prendre son escousse, le Corps ne recevroit d'autre mouvement, que celui qui lui seroit imprimé par la force des muscles qui agissent dans cette occasion. Regardez sauter des milliers de Garçons ou d'Hommes, & vous verrez toujours qu'ils font usage de ce stratagême ; cependant vous n'en trouverez aucun qui s'en serve par connoissance de cause. Appliquez ceci, je vous prie, à la Politesse. Des millions de Personnes apprennent & pratiquent les *Belles Manières*, quoiqu'ils n'aïent jamais réfléchi sur l'origine de la *Civilité*, & qu'ils ne connoissent pas même le bien qui en revient réellement à la Société. Un Homme rusé & adroit, qui connoit le Monde, aura l'adresse de tenir

tenir cachée dans le fond de ſon cœur, la bonne opinion qu'il a de lui-même. Ce moïen lui réuſſira. Bientôt perſonne ne laiſſera plus paroître aucun ſymptôme de cette paſſion, lorſqu'il aura des faveurs à demander, ou qu'il aura beſoin de ſecours.

Hor. Que les Créatures raiſonnables tiennent une telle conduite ſans y penſer, ou ſans le ſavoir, c'eſt quelque choſe d'inconcevable. Autres ſont les mouvemens du Corps, & autre eſt la manière d'exercer l'Entendement. J'avoue que ſans beaucoup de réflexions, on peut s'accoutumer à prendre des attitudes agréables, à avoir bonne grace, un air aiſé, & un bel extérieur. Mais les *Belles Manières* ſont des choſes qui doivent ſe faire remarquer par-tout, ſoit en parlant, ſoit en écrivant, & diriger les actions qu'on fait en préſence des autres.

Cleo. Pour les perſonnes qui n'ont jamais tourné leur eſprit de ce côté-là, il eſt certain qu'il eſt preſque inconcevable, comment de certains Arts peuvent être amenés au point de perfection où ils ſont aujourd'hui. Mais, par le moïen de l'induſtrie humaine, de l'application, d'un travail continué, d'une expérience de pluſieurs ſiècles, des Artiſans, d'un très-petit génie d'ailleurs, rafinent ſur les Métiers les plus difficiles & les plus compoſés. Quelle noble, quelle ſuperbe, quelle le brillante Machine n'eſt pas un Vaiſſeau de Guerre du prémier rang, lorsque bien funé, & bien armé, il fait route? Ne ſurpaſſe-t-il pas, & par rapport au volume, & par rapport au poids, tous les autres Mobiles inventés par les Hommes? Il n'en eſt point dont la compoſition demande & ſuppoſe un plus grand nombre d'inventions, plus différentes & plus ſurprenantes. Dans cette Nation il y a un très-grand nombre d'Ouvriers qui, aïant tous les matériaux néceſſaires, ſeroient en état en moins de ſix mois de conſtruire, d'équiper un Vaiſſeau de Guerre du prémier rang, & de le mettre en état de voguer. Cependant il eſt certain que cette tâche ſeroit impraticable, ſi on ne la diviſoit & ſubdiviſoit entre un grand nombre d'Ouvriers différens. Et pour exécuter chacun des Ouvrages particuliers, il ſuffit ſeulement d'avoir des gens d'une capacité ordinaire.

HOR. Quelle conſéquence prétendez-vous tirer de tout cela?

CLEO. C'eſt que nous attribuons ſouvent à l'excellence du génie de l'Homme, & à ſa profonde pénétration, ce qui eſt réellement dû à la longueur du tems, & à l'expérience de pluſieurs Générations, qui, par rapport à l'eſprit inventif & à la ſagacité naturelle, diffèrent fort peu les unes des autres. Pour ſavoir combien il en a couté avant que de perfectionner la conſtruction des Navires,

vires, comme elle l'eſt aujourd'hui, nous n'avons qu'à conſidérer ces deux choſes. La prémière, c'eſt que cet Art a été extrêmement perfectionné depuis cinquante ans, & même depuis un eſpace de tems plus court. En ſecond lieu, il y a dix-huit-cèns ans que les Habitans de cette Ile ont conſtruit des Navires, & qu'ils en ont fait uſage, ſans qu'il y ait eu d'interruption depuis ce tems-là jusqu'à nos jours.

Hor. Toutes ces choſes ſont une forte preuve des progrès lents que cet Art a faits pour parvenir au point où il eſt à-préſent.

Cleo. Le Chevalier *Reneau* a compoſé un Livre, où il explique le Mécaniſme de la Navigation, & rend mathématiquement raiſon de tout ce qui concerne la conſtruction & la conduite des Navires. Je ſuis perſuadé que ni ceux qui ont été les prémiers Inventeurs de cet Art, ni ceux qui en ont perfectionné quelque partie, n'ont pas plus penſé à ces raiſons, que n'y ſonge aujourd'hui l'Homme le plus groſſier & le plus idiot, quand il s'engage pour Matelot. Le tems & la pratique lui apprendront tout cela, bon gré malgré qu'il en ait. Il y a des milliers de Gens de Marine, qui, enlevés de force, ont cependant connu en moins de trois ans tous les cordages & toutes les poulies d'un Vaiſſeau; & qui, ſans la moindre teinture des Mathématiques, ont beaucoup mieux appris à les manier, & à s'en servir, que le plus savant Mathématicien ne l'auroit pu apprendre dans son cabinet, quand même il auroit étudié ces matières pendant toute sa vie.

Le Livre, dont j'ai fait mention, entr'autres curiosités, démontre quel angle le Gouvernail doit faire la quille, pour qu'il ait le plus d'influence sur un Vaisseau *. Cette Proposition a son mérite; mais tout ce qu'elle contient d'utile, est connu pratiquement, & exécuté machinalement par un Garçon de quinze ans, qui auroit servi seulement une année à bord d'un *Heu* †. Voïant que la poupe répond toujours au mouvement du timon, il fait uniquement attention au timon qu'il tient dans la main, sans réfléchir le moins du monde au gouvernail même; ensorte qu'au bout d'un an ou deux tout au plus, il entendra la Navigation, & sera si accoutumé à gouverner son Vaisseau, qu'il le dirigera comme il conduit son propre Corps; c'est-à-dire par instinct, quand même il seroit à moitié endormi, ou qu'il penseroit à toute autre chose.

HOR. Je tombe d'accord de ce que vous

* Voïez Mr. RENEAU sur la Méchanique du Gouvernail. HIST. DE L'ACAD ROY. DES SC. Tom. III.

† Un HEU est une sorte de Bâtiment de Mer. C'est une espèce de Vaisseau Marchand, qui, tirant peu d'eau, est propre pour naviger sur les grandes Rivières.

vous venez d'avancer. Je reconnois que les Personnes qui les prémières ont inventé, ou qui dans la suite ont perfectionné & la Construction des Navires, & la Navigation, n'ont jamais pensé à ces raisons dont parle Mr. *Reneau*. D'où il suit, qu'il est impossible qu'elles aïent été les motifs qui les ont déterminés *à priori*, à exécuter avec connoissance, & par principes, les différentes choses qu'ils ont inventées ou perfectionnées. Voilà, si je ne me trompe, ce que vous vous proposiez de prouver.

CLEO. La chose est comme vous le dites. Je crois réellement que ceux qui les prémiers ont fait leurs coups d'essai dans la *Politesse*, & dans la *Navigation*, ignoroient la véritable cause, & le fondement naturel de ces deux Arts. Quoiqu'aujourd'hui on les ait portés à un haut point de perfection, je suis même persuadé que ceux qui sont les plus experts dans l'un ou dans l'autre de ces Arts, & qui y font tous les jours de nouvelles découvertes, n'en connoissent pas mieux les raisons fondamentales, que leurs Prédécesseurs ne les ont connues. Je crois cependant que les raisons qu'allègue Mr. *Reneau*, sont très-justes, & aussi bonnes que celles que vous emploïez; c'est-à-dire, je crois que la manière dont vous expliquez l'origine de la *Politesse*, est aussi solide que celle qu'indique Mr. *Reneau* pour gouverner les Vaisseaux. Il est fort rare de voir ceux qui inventent les Arts, ou qui les perfectionnent, tâcher d'en découvrir les fondemens. Cette étude est le partage ordinaire de ceux qui, également paresseux & indolens, aiment la solitude, haïssent le tracas des affaires, & se délectent dans la spéculation. L'invention, & la perfection des choses, sont dûes à des gens actifs, entreprenans & laborieux, qui mettent la main à l'œuvre, qui font des expériences, & qui s'y attachent tout entiers.

Hor. Cependant on croit communément que les Personnes qui s'appliquent à la spéculation, sont les plus propres à inventer & à faire des découvertes.

Cleo. C'est-là une erreur. L'Art de faire le Savon, & celui de teindre en Cramoisi, ainsi que les autres Arts & Secrets de la Nature, ont été amenés de bien peu de chose à un haut point de perfection. Mais à qui sont principalement dûs ces progrès? Qui étoient ceux qu'on sait y avoir contribué? Ce sont pour la plupart des Personnes qui élevés dans ces Arts, les ont pratiqué long-tems, & y sont devenus expérimentés. Les Auteurs de ces découvertes n'ont point été des Gens habiles, ou dans la Chimie, ou dans quelqu'autre partie de la Philosophie. Quelques-uns de ces Arts, surtout ceux de teindre en Cramoisi & en Ecarlate, supposent & demandent une multitude de choses surprenantes. Par le moïen de di-

divers ingrédiens mêlés ensemble, du feu, & de la fermentation, on peut exécuter plusieurs opérations, dont le Naturaliste le plus pénétrant n'a pu jusqu'ici, par aucun Systême, expliquer les véritables causes. Preuve certaine que ces découvertes n'ont point été faites en raisonnant *à priori*.

Appliquons ces réflexions au cas que j'examine. Dès-que le général des Hommes commencent à cacher la haute estime qu'ils ont pour eux-mêmes, ils doivent devenir par-là-même plus supportables les uns aux autres. Si une fois on a éprouvé cette méthode, on doit nécessairement faire tous les jours de nouveaux progrès dans le déguisement de la Vanité; jusqu'à ce que certaines Personnes deviennent assez impudentes, non seulement pour nier qu'ils aïent cette haute estime qu'ils ont réellement pour eux-mêmes, mais encore pour prétendre faire plus de cas des autres que d'eux-mêmes. Cette dissimulation les portera à avoir de la complaisance à l'excès. Bientôt la flatterie, comme un torrent, se répandra dans tous les cœurs. Dès-qu'ils seront parvenus à prononcer ces mensonges sans rougir, ils en sentiront tout l'avantage, & ils apprendront cette manière d'agir à leurs Enfans. La Honte est une passion si générale, & toutes les Créatures Humaines en donnent de si bonne heure des indices, qu'il est impossible de trouver sous les Cieux une Nation assez stupide pour ne pas remarquer cette passion, & pour ne pas s'en servir dans cette occasion, où elle vient si à propos. Il est aisé de faire concourir au même but la crédulité des Enfans, dont on peut tirer quantité de fort bons usages. Les Parens communiquent leurs lumières à leurs Descendans; ceux-ci joignent à ce qu'ils ont appris durant leur jeunesse, l'expérience qu'ils ont acquise pendant leur vie : d'où il arrive que la Génération suivante doit être mieux instruite que la précédente. C'est ainsi que dans l'espace de deux ou trois siècles, les *Belles Manières* doivent être portées à un haut point de perfection.

HOR. Parvenues à un aussi haut point, il n'est pas difficile de concevoir le reste. Car je suppose que l'on fait des progrès dans les *Belles Manières*, comme on en fait dans tous les autres Arts, & dans toutes les autres Siences. Mais pour commencer par les Sauvages, je ne crois pas qu'ils avançassent beaucoup en Politesse les trois prémiers siècles. Les *Romains*, qui paroissoient infiniment mieux disposés pour cet Art, ont fleuri plus de six cens ans; ils étoient même presque les Maîtres du Monde, avant qu'on pût dire qu'ils fussent un Peuple poli. Ce qui me surprend le plus en tout cela, & dont je suis à présent très-convaincu; c'est que la Vanité est sans-doute la base de tout ce

Mé-

Mécanisme. Une autre chose qui me frappe, c'est que vous aïez commencé à parler d'une Nation où la Politesse se soit introduite, avant que d'avoir eu aucune notion de Vertu ou de Religion. Je ne crois pas que rien de semblable soit jamais arrivé dans le Monde.

Cleo. Je vous demande pardon, Horace; je n'ai insinué nulle part que ce Peuple n'eût aucune de ces notions; je me suis tû à cet égard, parce que je n'avois point de raison qui dût m'engager à en faire mention. Prémièrement, vous m'avez demandé mon sentiment sur l'usage de la Politesse dans ce Monde, indépendamment de toute considération sur un état à venir. En second lieu, l'Art des Belles Manières n'a aucun rapport avec la Vertu ou la Religion, quoiqu'il contredise rarement ces deux principes. C'est une Sience qui, fondée sur un principe fixe qu'on trouve dans notre Nature, est toujours la même, quel que soit le Siècle ou le Climat où on la pratique.

Hor. Comment peut-on dire qu'une chose qui n'a aucun rapport avec la Vertu & la Religion, & qui par conséquent les exclut, contredise rarement ces deux principes.

Cleo. Cela paroît, je l'avoue, un paradoxe; mais la chose n'en est pas moins réelle. Les Belles Manières apprennent aux Hommes à dire du bien de toutes les Vertus; mais dans chaque Siècle, & dans chaque Païs, elles exigent seulement qu'on paroisse au dehors posséder celles qui sont à la mode. Par rapport aux Choses Sacrées, on s'est toujours contenté d'une conformité apparente dans le Culte Extérieur. Toutes les Religions de l'Univers ne sont-elles pas également compatibles avec la Politesse? Il suffit que la Religion soit Nationale. Or, je vous prie, quelle opinion devons-nous attribuer à un Maître qui regarde toutes les opinions comme également probables? Par-tout les règles de la Politesse ont le même but, & ne sont autre chose que les différentes méthodes usitées pour se rendre agréable aux autres, mais de manière qu'il n'en coute que le moins qu'il est possible. C'est par un tel artifice que nous nous aidons les uns les autres à jouïr de la vie, & à rafiner sur les plaisirs. Le bonheur en effet dont chaque Individu jouït dans toutes les bonnes choses qu'il peut obtenir, est beaucoup plus grand qu'il ne l'auroit été sans cela. Lorsque je parle de Bonheur, je prens ce terme dans le sens que le Voluptueux y attache.

Jettons les yeux sur l'ancienne *Grèce*, sur l'Empire *Romain*, ou sur ces puissantes Nations *Orientales*, qui avoient déjà fleuri avant ces deux Peuples; & nous trouverons que le Luxe & la Politesse ont toujours été des Compagnes fidèles & insépaſéparables, enſorte que l'on n'a jamais joui de l'une ſans poſſéder l'autre. Les déſirs les plus empreſſés du Beau Monde ont de tout tems eu pour objet la jouïſſance de ces avantages. Le principal ſoin, & le plus grand empreſſement des Gens de qualité, ſi du-moins on juge d'eux par leurs actions, a conſtamment regardé le bonheur de ce Monde ; tandis que le ſort qui les attendoit après la mort, a toujours paru aux yeux des plus Clair-voïans le moindre de leurs ſoucis.

Hor. Je vous remercie de vos inſtructions. Vous m'avez ſatisfait ſur pluſieurs queſtions que je m'étois propoſé de vous faire. Mais vous avez dit bien des choſes, qui méritent d'être ſoigneuſement peſées. Dès-que j'aurai fait cet examen, je vous priérai de reprendre cette converſation. Je commence déjà à croire que la plupart des Livres qui traitent de la *Connoiſſance de nous-mêmes*, ſont ou fort défectueux, ou extrêmement trompeurs.

Cleo. Je vous aſſure que ceux qui voudront connoître réellement la Nature Humaine, trouveront qu'elle eſt le ſeul Livre fidèle & exact qui puiſſe nous en donner de juſtes idées. Je ſuis bien perſuadé que je ne vous ai rien dit que vous n'euſſiez découvert vous-même, ſi vous y aviez réfléchi attentivement. Mais je ne goûterai jamais de plus grand plaiſir, que lorſque je pourrai contribuer à vous amuſer.

DIA.

DIALOGUE IV.

HORACE, CLEOMENE.

CLEOMENE.

JE ſuis votre Serviteur.

HOR. Que dites-vous, CLEOMENE? n'en agis-je pas à-préſent ſans cérémonies?

CLEO. Je vous ai bien de l'obligation.

HOR. Lorsqu'on m'a dit où vous étiez, je n'ai point voulu que perſonne m'annonçât, de crainte que vous ne fuſſiez venu me recevoir. J'ai mieux aimé venir directement chez vous.

CLEO. Voilà qui eſt agir en Ami.

HOR. A cela vous pouvez connoître les progrès que j'ai faits. En peu de tems vous m'avez appris à me défaire de toute la *politeſſe*, & de toutes les *belles manières* que je pouvois avoir.

CLEO. Vous me faites-là un cxellent Maître.

HOR. Je vous demande pardon, je ſai bien ce que je veux dire. Ce cabinet

où

où vous passez le temps à méditer, me paroît bien joli & bien agréable.

Cleo. Il me plaît beaucoup, parce que le Soleil n'y donne jamais.

Hor. C'est une fort jolie chambre.

Cleo. Voulons nous y rester? C'est la chambre de la maison où l'on soit le plus au frais.

Hor. Avec plaisir.

Cleo. J'espérois de vous voir plutôt. Vous avez demeuré bien long-tems à faire vos réflexions.

Hor. Précisément huit jours.

Cleo. Avez-vous examiné cette nouvelle proposition, dont j'ai parlé?

Hor. Oui, & je ne la crois point hors de vraisemblance. Je suis convaincu qu'il n'y a point d'Idées innées, & que les Hommes viennent dans le Monde sans posséder aucune connoissance. D'où il me paroît évident que chaque Art, & chaque Sience, doit avoir commencé dans la tête de quelqu'un, quoiqu'on puisse en avoir oublié l'Inventeur. Depuis que je vous ai vu, j'ai réfléchi vingt fois sur l'Origine des *Belles Manières*, & sur cette plaisante scène qu'auroit une Personne qui entendroit assez bien le Monde, lorsqu'il verroit les Membres d'une Nation grossière, faire ces prémiers essais pour cacher leur vanité les uns aux autres.

Cleo. Vous voïez ainsi que c'est la nouveauté des choses qui nous détermine; soit que nous prenions de l'éloignement pour

pour ces objets, ſoit que nous leur donnions notre approbation. Dès-qu'elles ſont devenues familières, nous les regardons avec indifférence : en vain elles nous ont choqués auparavant, la coutume leur ôte tout ce qu'elles avoient à nos yeux de révoltant. Il y a huit jours que vous auriez donné dix *guinées*, pour ne pas connoître une vérité qui vous amuſe aujourd'hui.

HOR. Je commence à croire que ce qu'il y a dans le monde de plus abſurde, ne nous paroîtroit point tel, ſi nous y avions été accoutumés dès la tendre enfance.

CLEO. Il ſuffit d'avoir reçu dans la première jeuneſſe une éducation médiocre, pour être ſi bien accoutumés à incliner le corps, à tirer le chapeau, & à exécuter d'autres préceptes de Politeſſe, que, parvenus à l'adoleſcence, il nous ſemble presque que ces manières ne ſont point acquiſes. A-peine pourrons-nous nous perſuader que le commerce que nous avons avec les autres, ſoit un Art & une Sience. Il eſt mille choſes, mille attitudes, mille mouvemens, qu'on regarde comme faciles & naturels, qui, avant que de pouvoir les exécuter, ont cauſé des peines infinies, & à nous-mêmes, & aux autres. J'en dis de même de l'action de parler & d'écrire : cependant il eſt certain que ce ſont-là des effets de l'Art. Combien ne connois-je pas de Lourdauts, qui tiennent des

des ſoins d'un Maître -à-danſer la faculté de faire uſage de leurs jambes.

HOR. Recueilli en moi-même, il ſe préſenta hièr matin à mon eſprit une de vos expreſſions qui me fit ſourire. Lorsque vous la dites, je n'y fis pas d'abord beaucoup d'attention. En parlant des rudimens de la Politeſſe par rapport à une Nation qui à cet égard ſeroit encore dans l'enfance, vous dites qu'après avoir une fois commencé à cacher leur vanité, ils feroient tous les jours de nouveaux progrès dans cet Art; *juſqu'à ce que certaines Perſonnes devinſſent aſſez impudentes, non ſeulement pour nier cette haute eſtime qu'ils avoient pour eux-mêmes, mais encore pour prétendre faire plus de cas des autres que d'eux mêmes* †.

CLEO. Il eſt certain que ce doit avoir été-là l'avant-coureur de la Flatterie.

HOR. Puisque vous parlez de la Flatterie & de l'Impudence, que penſez-vous de celui qui le prémier a dit en face à ſon égal, qu'il étoit *ſon très-humble Serviteur*?

CLEO. Si jamais ce compliment a été nouveau, comme on n'en ſauroit effectivement douter, je ſuis beaucoup plus ſurpris de la ſimplicité de l'Homme vain qui l'a reçu, que je ne le ſuis de l'impudence du Faquin qui s'en eſt ſervi pour la prémière fois.

HOR.

† DIALOGUE III. Pag. 199.

Hor. Qu'il ait été nouveau, personne n'en peut disconvenir. Mais dites-moi, je vous prie, quelle de ces deux coutumes croïez-vous la plus ancienne, celle de tirer le chapeau, ou celle de dire *je suis votre très humble Serviteur?*

Cleo. Toutes les deux sont & *Gothiques*, & modernes.

Hor. Je crois que celle de tirer le chapeau s'est introduite la prémière, par la raison que la tête couverte est l'emblême de la Liberté.

Cleo. Pour moi, je ne suis point de ce sentiment. On n'auroit point compris le but que se proposoit celui qui le prémier tira son chapeau, si la coutume de dire *je suis votre Serviteur* n'avoit pas déjà été en usage. D'ailleurs un Homme, pour marquer son respect, n'auroit-il pas pu tout aussi bien se déchausser, que tirer son chapeau, si *je suis votre Serviteur* n'avoit pas déjà-été un compliment usité & connu?

Hor. Quand même la chose seroit arrivée comme vous le dites, elle confirmeroit plutôt mon sentiment que le vôtre.

Cleo. L'action de tirer le chapeau a été jusqu'à ce jour une manière muette de faire une civilité à quelqu'un, qui a été introduite pour suppléer aux complimens & aux discours. Réfléchissez à-présent sur le pouvoir de la Coutume, & des Notions dont on est imbu. Nous nous moquons tous deux de cette absurdidité *Gothique*, bien assurés qu'elle tire son origine de la plus basse flatterie. Cependant, si nous rencontrions quelque Personne de connoissance, mais avec qui nous ne serions pas fort familiers, nous ne manquerions pas de lui tirer le chapeau. Que dis-je! nous sentirions un mal-aise, si nous négligions cette civilité. Pour le compliment de *je suis votre Serviteur*, il n'y a pas d'apparence qu'il ait commencé d'égal à égal. Il est plus probable de croire que les Flatteurs s'en sont d'abord servi avec les Princes, & qu'il est devenu ensuite plus commun. Toutes ces attitudes & ces flexions de corps ou des membres, sont dues, suivant toute vraisemblance, aux complaisances basses & étudiées que l'on a eues d'abord pour les Conquérans & pour les Tyrans. Ces sortes de gens aïant tout le monde à craindre, devoient être allarmés à la moindre ombre d'opposition. Ainsi aucune posture ne devoit leur plaîre davantage, que celles qui marquoient une entière soumission. Ne vous paroissent-elles pas aller toutes à ce but? Par cet extérieur soumis, nous assurons, avant que d'ouvrir la bouche, que nous n'avons aucune mauvaise intention. Nous leur apprenons en les approchant, qu'ils n'ont rien à craindre de notre part. Ceux qui en les abordant panchent le visage contre terre, qui la touchent de leur tête, qui s'agenouillent, qui se prosternent, qui posent leurs mains sur leur poitrine, qui les tiennent derrière le dos, qui croisent leurs bras, ceux qui en un mot font toutes les simagrées propres à marquer le respect profond dont ils sont pénétrés, veulent faire sentir qu'ils croient être leurs inférieurs, & pour le rang & pour le mérite; ils témoignent qu'ils sont à leur merci; & que bien loin de penser à leur résister, ils attendent d'eux la vie & le bonheur. De tout cela il est très-naturel de conclure que cette phrase *je suis votre Serviteur*, & l'action de tirer le chapeau, servirent d'abord à marquer de l'obéïssance à ceux à qui on les adressoit.

HOR. Dans la suite des tems, ces coutumes devenues plus communes, on s'en est servi pour se faire civilité les uns aux autres.

CLEO. Je le crois ainsi. Nous voïons que les plus grands complimens sont venus à la mode, à mesure que les Belles Manières se sont perfectionnées, & qu'alors on en a inventé de nouveaux pour les Supérieurs.

HOR. C'est ainsi que le mot de GRACE, qui étoit autrefois un titre uniquement affecté à nos Rois & à nos Reines, est aujourd'hui donné aux Archevêques & aux Ducs.

CLEO. Le titre d'ALTESSE a subi le même sort. On le donne à-présent aux Enfans, & même aux Petits-Fils & aux Petites-Filles des Rois.

HOR. La Dignité attachée à la signification du mot de MONSEIGNEUR, s'est mieux

mieux conſervée parmi nous, que dans la plupart des autres Païs. Les *Eſpagnols*, les *Italiens*, les *Allemands*, & les *Hollandois*, proſtituent, pour ainſi dire, ce tître à tout le monde.

Cleo. Ce mot a auſſi eu une meilleure deſtinée en *France*. Le tître de Sire n'y a rien perdu non plus de ſa majeſté, puiſqu'on le donne uniquement au Monarque. Au lieu que dans notre Ile on commence ſon compliment par ce mot, ſoit qu'on s'adreſſe à un Savetier, ou au Roi.

Hor. Quels que ſoient les changemens que le tems apporte à la ſignification des Mots, il eſt cependant certain que plus le Monde devient poli, & moins la Flatterie ôſe paroître à découvert. Lorſqu'on veut aujourd'hui flatter la vanité de quelqu'un, il faut beaucoup mieux déguiſer ſon but qu'on ne le faiſoit autrefois. Les Anciens ne louoient-ils pas ordinairement les perſonnes en leur préſence? Puiſque l'Humilité doit être une Vertu particulière aux Chrétiens, n'eſt-il pas étonnant que les Pères de l'Egliſe aïent ſouffert ces acclamations, & ces applaudiſſemens qu'on leur donnoit, dans le tems qu'ils prêchoient? Je le ſai, quelques Pères ont déclamé contre cette coutume; il y en a cependant pluſieurs qui ont paru y être fort ſenſibles.

Cleo. La Nature Humaine eſt toujours la même. Lorſque les Hommes font des efforts ſi grands, & qu'ils prennent des peines si extraordinaires qu'elles consument & dissipent leurs esprits vitaux, ces applaudissemens sont fort propres à redonner de nouvelles forces. Les Pères qui ont blâmé ces sortes d'applaudissemens, ont surtout déclamé contre l'abus que l'on en faisoit.

Hor. Y avoit-il rien de plus bizarre que d'entendre tout un Troupeau s'écrier tout d'une voix, ou du-moins la plus grande partie des Auditeurs, *Sophos*, *divinitùs*, *non potest meliùs*, *mirabiliter*, *acriter*, *ingeniosè*. Ils disoient encore aux Prédicateurs qu'ils étoient de bons *Orthodoxes*, & ils leur donnoient quelquefois le nom d'*Apostolus decimus tertius*.

Cleo. Ces paroles prononcées à la fin d'une période, auroient pu passer : mais les Auditeurs les répétoient souvent d'une manière si grossière & si générale, & ils causoient une telle confusion dans l'Assemblée, par le bruit qu'ils faisoient avec les pieds & les mains bien ou mal-à-propos, qu'il étoit impossible d'entendre le quart du Sermon. Malgré cela, plusieurs Pères ont avoué que de tels applaudissemens étoient extrêmement agréables, & chatouilloient infiniment la foiblesse humaine.

Hor. La manière dont on se comporte aujourd'hui dans les Eglises, me paroît plus décente.

Cleo. Depuis que le Paganisme a été entièrement banni de la partie occidentale

tale de l'Ancien Monde, le zèle des Chrétiens s'est beaucoup rallenti : il étoit beaucoup plus animé, lorsqu'ils avoient plusieurs Antagonistes à combattre. Le manque de ferveur n'a pas peu contribué à abolir cette coutume.

Hor. Que ce fût la mode, ou non, toujours doit-elle avoir été fort choquante ?

Cleo. Pensez-vous que les acclamations réitérées, les battemens de mains ou de pieds, & les autres extravagantes manières d'applaudir usitées aujourd'hui dans nos Théatres, aïent jamais blessé les oreilles d'un Acteur favori ? Croïez-vous que les *Huzza* † de la Populace, ou que les cris effroïables des Soldats, aïent jamais choqué les Personnes de la plus haute distinction qui en étoient les objets ?

Hor. J'ai cependant connu des Princes qui étoient fort las de ces sortes d'acclamations.

Cleo. Oui, quand elles avoient duré trop long-tems ; mais ce n'a jamais été, lorsqu'on a commencé à pousser ces cris. En faisant jouer une Machine, il faut toujours avoir égard à la force & à la solidité de sa construction. Des Créatures bornées ne sont point susceptibles de plaisirs infinis. Aussi voïons-nous qu'un plaisir prolongé au-delà de ses véritables limites, se

* *Huzza*, cri de joie en usage parmi le Peuple en *Angleterre*, & qui répond au *Vivat* des *François*.

ſe tourne en peine. Dès-que la coutume du Païs le permet, tout bruit qui ſe fait viſiblement à notre honneur, & que nous pouvons écouter avec décence, ne ſauroit jamais nous déplaîre, lorsqu'il ne dure pas au-delà d'un tems raiſonnable. Mais il n'y a point de cordial ſi ſouverain qui ne puiſſe être nuiſible, dès-qu'on en prend à l'excès.

Hor. De même plus les Liqueurs ſont douces & délicieuſes, plutôt elles dégoûtent, & moins elles rappellent leur Buveur.

Cleo. Votre comparaiſon eſt juſte. Les mêmes acclamations, qui d'abord ſont raviſſantes à une Perſonne, & qui continuent peut-être à lui faire goûter des plaiſirs indicibles pendant huit ou neuf minutes, peuvent par degré devenir moins agréables, indifférentes, dégoûtantes, incommodes, & même ſi choquantes, qu'enfin elles lui feront réellement de la peine. Tout cela peut ſe paſſer en moins de trois heures, ſi ces cris continuent auſſi longtems ſans interruption.

Hor. Les ſons doivent être bien enchanteurs, pour produire ſur nous des effets auſſi différens, que ceux que nous remarquons ſouvent.

Cleo. Le plaiſir que produiſent des acclamations n'eſt pas dans l'ouïe, mais il vient de l'opinion que nous avons de la cauſe qui produit ces ſons; je veux dire de l'approbation des autres. Dans tous les Théatres d'*Italie*, vous avez entendu du comment l'Assemblée donne des marques de satisfaction & d'applaudissement, lorsqu'elle demande le silence & l'attention. Le bruit qu'on fait alors, approche si fort de notre sifflement, qu'on auroit de la peine à les distinguer. Ils veulent par-là témoigner leur contentement, au lieu que nous nous en servons pour marquer le dégoût & le mépris que nous avons pour ce qui se passe sur nos Théatres. Sans-doute les huées qu'on faisoit pour insulter à *Faustine*, étoient mille fois plus agréables à la *Cozzoni* *, que les sons les plus mélodieux qu'elle eût jamais ouï former à sa Rivale triomphante.

HOR. Que cela étoit abominable !

CLEO. Les *Turcs* témoignent le respect qu'ils doivent à leurs Supérieurs, par le silence profond qui se garde dans tout le Serrail ; & même plus on approche de l'appartement du *Sultan*, plus on observe religieusement ce silencieux respect.

HOR. Il n'est certainement aucune manière plus flatteuse de satisfaire la vanité d'une Personne.

CLEO. Cela dépend absolument de la Mode & de la Coutume.

HOR. Mais lorsqu'on jouït dans le silence des offrandes que l'on fait à la Vanité, on ne craint point que l'oreille en souf-

* FAUSTINE & la COZZONI sont deux fameuses Chanteuses d'*Italie*.

ſouffre. On n'a point cet avantage dans l'autre cas.

Cleo. Tandis que l'on ſatisfait cette paſſion, on ne ſe met point en peine de ce petit inconvénient. Jamais nous ne goûtons de plus grand plaiſir, que lorsqu'en ſatisfaiſant quelque paſſion, on eſt incapable de ſentir quelque autre choſe.

Hor. Mais le ſilence exprime un plus grand hommage, & une plus profonde vénération que le bruit.

Cleo. Dites plutôt que le ſilence eſt propre à flatter la vanité d'un Homme ſtupide. Mais une Perſonne vive aime qu'on rende cette paſſion plus animée, en le tenant, pour ainſi dire, éveillé pendant qu'il en jouït. D'ailleurs l'approbation qui eſt déſignée par le bruit, & qui en eſt accompagnée, eſt beaucoup moins douteuſe que celle qu'on exprime par le ſilence. Quoiqu'il en ſoit, je ne déterminerai point quelle de ces deux manières eſt la plus convenable. Il y a des raiſons pour & contre. Les *Grecs* & les *Romains* ſe ſont ſervi avec beaucoup de ſuccès des ſons, pour éguillonner les Hommes à faire des actions nobles. Mais le ſilence obſervé parmi les *Ottomans*, eſt un frein très-propre à les retenir dans cette ſoumiſſion d'Eſclaves, que leurs Souverains exigent. Le ſilence convient peut-être mieux dans un Païs où le Pouvoir Deſpotique eſt entre les mains d'une ſeule Perſonne.

Le

Le bruit au contraire est préférable dans une Nation, qui conserve quelque apparence de Liberté. Toutes les deux sont extrêmement propres à flatter la vanité de l'Homme, lorsqu'on s'en sert à ce dessein, & qu'on en fait comprendre le but. J'ai connu un fort brave Homme, qui accoutumé aux cris de la Guerre, étoit charmé des applaudissemens bruïans; mais qui se fâchoit extraordinairement contre son Bouteillier, quand il faisoit le moindre bruit avec la Vaisselle.

Hor. Une de mes vieilles Tantes congédia dernièrement un Laquais bien bâti, parce qu'il ne marchoit pas sur la pointe des pieds. Je dois aussi avouer que le bruit que font les Valets en marchant, & que le ton élevé que les Domestiques impolis prennent en parlant, m'ont toujours infiniment déplû, quoique jusques à-présent je n'eusse jamais pensé à en chercher la raison.

Dans notre dernière conversation, lorsque vous décrivîtes les symptômes de l'Estime de soi-même, & la conduite que tiendroit une Personne considérée dans le simple état de Nature, vous fîtes mention de la *Risibilité*. Je n'ignore pas que c'est un des talens caractéristiques de notre Espèce. Mais croïez-vous qu'il soit aussi un résultat de la Vanité?

Cleo. *Hobbes* est de ce sentiment. Il est vrai qu'on peut l'attribuer en plusieurs cas à cette même cause. Cependant il est certains phénomènes, qu'il est impossible d'expliquer par le moïen de cette hypothèse. J'aimerois donc mieux dire que le *Rire* est un mouvement mécanique, qui se produit naturellement chez nous, lorsque nous sommes extrêmement contens. Si notre vanité est sensiblement flattée par quelque distinction ; si nous entendons, ou voïons quelque chose qui soit digne d'admiration ou d'approbation, pendant que nous satisfaisons quelque autre passion, & que la raison pour laquelle nous sommes contens paroît être juste & valable, alors il ne nous prend nulle envie de rire. Mais lorsque des choses & des actions étranges, ou faites mal-à-propos, viennent à nous plaîre, sans que nous puissions en donner de bonnes raisons, c'est alors, généralement parlant, que nous rions.

HOR. Je recevrois plus volontiers le Systême que vous attribuez à *Hobbes*, que le vôtre. Car les choses dont on rit, sont pour l'ordinaire mortifiantes, incommodes, ou préjudiciables aux autres.

CLEO. Mais que direz-vous du chatouillement, qui fait rire un Enfant, quand il seroit sourd & aveugle ?

HOR. Pourriez-vous, suivant votre Systême, rendre raison de ce phénomène ?

CLEO. Non pas d'une manière satisfaisante, mais je vous ferai part de ce qu'on peut en dire. L'expérience nous apprend

prend que plus la peau eſt douce, tendre & ſenſible, plus les Perſonnes, à parler généralement, ſont chatouilleuſes. Nous ſavons pareillement que le contact des choſes rudes, âpres & dures, nous déplaît, même avant que de nous cauſer de la douleur. Au lieu que nous reſſentons un certain plaiſir, lorsque notre peau touche quelque choſe de tendre, d'uni, & de mou. Si donc on touche légèrement, & en même tems, pluſieurs fibres nerveuſes, il eſt poſſible que chacune nous faiſant éprouver une ſenſation agréable, produiſe ce plaiſir confus, qui eſt la cauſe occaſionnelle du *Rire*.

HOR. Mais comment pouvez-vous vous imaginer qu'il y ait un *mouvement mécanique* dans le plaiſir qu'éprouve un *Agent* libre?

CLEO. Quelle que ſoit la liberté dont nous nous piquons dans la formation des Idées, l'effet qu'elles produiſent ſur le Corps, eſt certainement indépendant de la Volonté. Rien n'eſt plus directement oppoſé au rire, qu'une mine rechignée; car elle ride le front, fronce le ſourcil, & fait tenir la bouche fermée; au lieu que le rire fait tout le contraire. Vous n'ignorez pas qu'*exporrigere frontem* *, eſt une Phraſe *Latine*, qui ſignifie *pren-*

* Ou par Syncope *exporgere frontem*, TERENT. *Adelph. Act.* V. *Sc.* III. On dit auſſi *explicare frontem.* HORAT. *Od.* XXIX. *Lib.* III.

prendre un air gai. Quand on ſoupire, les muſcles du ventre & de la poitrine ſont tirés en dedans, tandis que le diaphragme ſe relâchant, s'enfonce dans la cavité de la poitrine. Il paroît par la manière forcée dont nous reſpirons, que nous faiſons tous nos efforts, quoiqu'en vain, pour reſſerrer & comprimer le cœur. Lorſque dans cette ſituation nous avons pris de l'air autant que notre corps en peut contenir, nous le rejettons avec la même violence que nous l'avions ſucé; expiration qui relâche ſubitement tous les muſcles que nous avions emploïés & tendus pour exécuter l'inſpiration. Que la Nature ne nous ait accordé tout cela pour contribuer à la conſervation de nous-mêmes, c'eſt ce qu'on ne ſauroit révoquer en doute, ſi l'on conſidère combien peu nous ſommes libres dans ces opérations. Ne voit-on pas toutes les Créatures capables de produire quelques ſons, jetter des cris & ſe plaindre machinalement dans les grandes afflictions, ainſi que dans les peines & dans quelque danger éminent? Dans les cruels tourmens, les efforts de la Nature ſont ſi violens, que pour les diſſimuler, & pour empêcher qu'on ne s'apperçoive de nos ſouffrances, par les ſons, les cris, les plaintes, & en un mot par les différens indices de la douleur, nous ſommes obligés de fermer la bouche, de l'enfler, quelquefois même de remplir d'air notre poi-

poitrine, de nous mordre les lèvres, ou de les tenir collées ensemble, & d'emploïer en un mot tous les moïens possibles pour empêcher l'air de sortir. Lorsque nous avons des chagrins, nous soupirons: si nous sommes dans la joie, nous rions. Dans ce dernier cas, nous ne laissons qu'un très-petit passage à la respiration; & ce passage est beaucoup moins régulier, qu'il ne l'est pour l'ordinaire. Tous les muscles extérieurs, & toutes les parties internes sont relâchées, & paroissent n'avoir d'autre mouvement, que celui qui leur est communiqué par les agitations & les secousses convulsives qui accompagnent le rire.

Hor. J'ai vu des Personnes rire jusqu'à n'en pouvoir plus.

Cleo. Nous observons des symptômes tout différens dans une Personne qui soupire. Lorsque la douleur, ou qu'un grand malheur nous fait pousser un cri, la bouche s'arrondit, ou du-moins décrit une ovale, on avance les lèvres sans que l'une touche l'autre, & on retire la langue. Voilà pourquoi toutes les Nations s'écrient, *Oh*! lorsqu'elles font une exclamation.

Hor. Quelle en est la raison, je vous prie?

Cleo. Parce que l'on ne peut prononcer aucune autre voïelle, ni aucune autre consone, tandis que la bouche, les lèvres & la langue restent dans la situation

dont

dont je parle. Lorſqu'on rit, on retire les lèvres le plus qu'il eſt poſſible; mouvement qui doit néceſſairement allonger la bouche.

HOR. Je ne puis faire grand fond ſur ce que vous dites, puiſqu'en pleurant il en arrive tout autant. Cependant les larmes ſont des indices viſibles de chagrin.

CLEO. Il y a peu de Perſonnes qui puiſſent jetter des pleurs dans les grandes afflictions, lorſque le cœur eſt accablé, ou dans les chagrins qu'on tâche de ſurmonter. Mais dès-qu'on pleure, on diſſipe l'accablement, & on ſe ſoulage ſenſiblement, puiſqu'alors on ne fait plus de réſiſtance. D'où il ſuit que dans l'adverſité les pleurs ſont moins une marque de triſteſſe, qu'ils ne montrent que l'on ne ſauroit la ſupporter plus longtems. Auſſi regarde-t-on comme indigne d'un Homme de pleurer, parce que l'affliction paroît alors ſurpaſſer nos forces, & nous faire ſuccomber. Mais dans les *Adultes*, l'action de jetter des larmes n'eſt pas plus particulière à la triſteſſe, qu'elle ne l'eſt à la joie. On voit bien des Perſonnes qui, capables de ſupporter ſans jetter la moindre larme les plus grands malheurs, verſeront des pleurs en abondance en voïant repréſenter une Scène touchante d'une Tragédie. Un objet fait plus aiſément impreſſion ſur certaines Perſonnes, tandis que d'autres ſont plutôt émues par un un autre objet. Mais tout ce qui nous touche d'une manière assez vive pour accabler notre esprit, nous arrache nécessairement des larmes. Telle est la cause mécanique des pleurs. Ainsi, outre la tristesse, la joie & la pitié, il y a bien d'autres objets qui peuvent produire le même effet sur nous, quoiqu'ils n'aïent aucun rapport avec nous-mêmes. Tel est le récit d'évènemens surprenans, & d'une fortune arrivée subitement à des Personnes de mérite : les exemples d'héroïsme, de générosité, d'amour, & d'amitié de la part d'un Ennemi, produisent le même effet. Il en est de même de l'ouïe, ou de la lecture de pensées nobles, ou de beaux sentimens d'Humanité ; mais surtout si l'on nous fait part subitement de ces choses d'une manière agréable, imprévue, & avec des expressions pathétiques. On observera encore que personne n'est plus sujet à la foiblesse de répandre des pleurs pour des objets aussi éloignés, que ceux qui ont la conception prompte & facile ; & entre ces derniers, ceux qui sont les plus portés à faire du bien, les plus généreux, & les plus sincères. Les Personnes stupides & grossières, celles qui sont cruelles, qui n'aiment qu'elles-mêmes, & les Fourbes, sont rarement touchés de pareilles choses. Les pleurs sont donc toujours dans une Personne parvenue en âge de maturité, une démonstration certaine & involontaire,

que

que quelque chose l'a frappé & l'accable, de quelque nature que soit l'objet qui l'affecte. L'expérience nous apprend aussi qu'un mouvement violent qui nous affecte extérieurement, un grand vent, par exemple, la fumée, les écoulemens des oignons, & les autres sels volatils, &c. arrachent des larmes. Ces objets agissant sur l'extérieur, produisent le même effet sur les fibres des conduits & des glandes lachrymales, que produisent intérieurement le gonflement subit & la pression des esprits animaux. Il n'est rien qui soit plus propre à manifester la Sagesse Divine, que la variété infinie qu'on observe dans la constitution & la formation des diverses Créatures vivantes. Chaque partie des Animaux est formée avec un art étonnant, & proportionnée avec une exactitude infinie aux différentes fins pour lesquelles chacune est destinée. Le Corps Humain est surtout le Chef-d'œuvre de l'Art le plus merveilleux. L'Anatomiste peut parfaitement connoître tous les os & leurs ligamens, les muscles & leurs tendons. Il est en état de dissequer très-exactement chaque nerf, & chaque membrane. Le Naturaliste peut de même pénétrer fort avant dans l'économie intérieure du Corps, & dans les divers symptômes de la Santé & de la Maladie. Tous les Hommes peuvent approuver & admirer cette curieuse Machine. Mais il n'y a personne qui puisse

avoir

avoir des idées passables de la construction, de l'art & de la beauté de cet Ouvrage, & même de ces parties qui tombent sous les sens, sans qu'il ait quelque teinture & de Géométrie & des Méchaniques.

HOR. Combien de tems y a-t-il que les Mathématiques font partie de la *Médecine?* On dit qu'elles ont beaucoup contribué à porter cet Art à une grande certitude.

CLEO. Ce dont vous parlez à-présent est une chose tout à-fait différente. Les Mathématiques n'ont jamais eu, ni ne peuvent jamais rien avoir à démêler avec la *Médecine*. Peut-être les Mécaniques pourront-elles servir à rendre raison de la structure & du mouvement des parties grossières du Corps. Tous les Fluïdes suivent pareillement les loix de l'*Hydrostatique*. Mais les *Mécaniques* ne peuvent nous être d'aucune utilité, pour découvrir les objets qui, infiniment petits, nous sont entièrement inconnus, & par rapport à leurs figures, & par rapport à leur volume. Les Médecins, comme le reste du Genre Humain, ne connoissent absolument rien des parties élémentaires qui constituent les Corps. Ce sont cependant de ces parties primitives que dépendent les propriétés & les qualités des choses. Cela est également vrai du sang, des autres liqueurs du Corps, & des Simples, & par conséquent de de tous les remèdes qu'on peut ordonner. Il n'est aucun Art qui ait moins de certitude que celui du Médecin. Ses plus solides connoissances lui viennent de l'expérience ; & par conséquent un Homme qui à beaucoup de talens joindroit une grande application, ne pourroit, en se déterminant pour cette étude, espérer d'y savoir quelque chose, qu'après une longue & judicieuse expérience. Pour ce qui est de ces beaux discours qu'on fait pour prouver que les Mathématiques sont de quelque usage pour la guérison des Maladies, c'est une franche *Happelourde*, & une vraie Charlatanerie.

HOR. Puisque l'on remarque un art si merveilleux dans les os, les muscles, & les autres parties grossières du Corps, ne seroit-il pas déraisonnable de croire qu'il y en eût moins dans celles qui sont hors de la portée des Sens?

CLEO. Je n'en doute nullement. Les Microscopes nous ont découvert un Nouveau Monde ; & je suis bien éloigné de croire que la Nature ait abandonné ses Ouvrages, précisément dans le point où nous ne pouvons plus les suivre des yeux. Je suis persuadé que les idées & les affections de l'Ame, ont une influence plus constante & plus mécanique sur certaines parties du Corps, qu'on ne l'a découvert jusqu'ici, & que même, suivant toute probabilité humaine, on

ne

ne le découvrira dans la ſuite. Les Perſonnes les moins attentives ont pu ſe convaincre mille fois par leurs propres yeux, des effets frappans que les idées de l'Eſprit produiſent ſur les yeux & ſur les muſcles du viſage. Lorsque dans une Compagnie d'hommes nous voïons un Magiſtrat qui prend garde à tenir ſon rang, ſes lèvres ſont fermées, & ſes machoires ſe touchent; les muſcles de ſa bouche ſont doucement attachés, & toutes les autres parties du viſage ſe tiennent fermement à leur place. Que ce Cavalier ſe retire enſuite dans une autre chambre, où il y aura une belle & jeune Demoiſelle, qui ſoit affable & obligeante; d'abord, avant même que d'y penſer, vous le verrez changer entièrement de viſage. Sans que lui-même s'apperçoive d'aucun changement qui lui ſoit arrivé, ſon regard vous paroîtra tout autre. Tous ceux qui l'auront obſervé avec vous, le trouveront plus doux & moins ſévère qu'il ne l'étoit un moment auparavant. Voici un autre exemple qui n'eſt pas moins ſenſible. Lorsque nous laiſſons tomber notre machoire inférieure, nous ouvrons un peu la bouche. Si dans cette attitude nous regardons droit devant nous, ſans fixer les yeux ſur quoi que ce ſoit, nous pouvons parfaitement avoir l'air d'un Imbécille; parce qu'alors les traits de notre viſage ſont, pour ainſi dire, effacés, & que les muſcles en ſont relâchés. Avant

que

que les Enfans aïent appris à avaler leur salive, ils tiennent ordinairement la bouche ouverte, & bavent continuellement: pendant qu'ils ont encore des idées fort confuses, les muscles de leur visage ne sont, pour ainsi dire, point tendus, la machoire inférieure tombe, & les fibres des lèvres sont déliées; du-moins nous observons plus souvent ces phénomènes pendant l'enfance, que nous ne les remarquons dans la suite. Dans l'âge décrépit, où l'on commence à radotter, on voit reparoître ces symptômes: mais les plus Idiots ne les quitent point durant toute leur vie; c'est pourquoi nous disons qu'une Personne a besoin d'une bavette, lorsqu'elle se conduit en Sot, ou qu'elle parle comme un Enfant. Si d'un côté nous réfléchissons sur tous ces exemples, & que de l'autre nous considérions que les Idiots sont de toutes les Créatures, & les moins colères, & les moins vaines, je demande s'il n'y a pas une certaine portion d'*Estime de soi-même* qui influe mécaniquement, & qui aide à donner à notre visage un air décent.

HOR. Je ne puis vous donner là-dessus aucune réponse. Tout ce que je sai, c'est que ces conjectures sur le mécanisme de l'Homme, n'ont pas fort éclairé mon entendement. Je m'étonne comment nous sommes venus à parler de ce sujet.

CLEO. Vous avez recherché l'origine de la *Risibilité*, dont personne ne peut ren-

rendre de raiſon certaine. Dans de ſemblables cas chacun a la liberté d'avancer des conjectures, pourvu que les conſéquences qu'on en tire ne ſoient point en contradiction avec ce qu'il y a de mieux établi. Mais en vous propoſant ces réflexions mal digérées, je me ſuis principalement propoſé de vous faire comprendre, combien les Ouvrages de la Nature renferment de myſtères; je veux dire, comment ils brillent par-tout d'un pouvoir éclatant, mais incompréhenſible à tous les Etres Humains. Par-là je voulois vous prouver que les lumières qu'on pouvoit acquérir *à poſteriori*, par des obſervations ſoutenues, par des expériences judicieuſes, & par des raiſonnemens fondés ſur des faits, étoient plus utiles, que celles qu'on pouvoit acquérir en entreprenant hardiment de découvrir les prémières cauſes, ou, ce qui revient au même, en raiſonnant *à priori*. Quelle que fût la ſagacité d'une Perſonne, je ne crois pas qu'ignorant la nature du reſſort d'une Montre, elle pût jamais découvrir par la ſeule réflexion la cauſe de ſon mouvement; il faudroit pour cela qu'elle vît l'intérieur de cette machine. Cependant tout Génie médiocre peut être aſſuré, en voïant ſeulement l'extérieur d'une Montre, que l'exactitude de quelque Ouvrage curieux qui nous eſt caché, fait qu'elle montre les heures, & qu'elle meſure le tems. Il pourra même ſe convaincre que, quel que ſoit le le nombre des causes qui mettent l'aiguille en mouvement, il y a néanmoins dans l'intérieur de la Montre une prémière cause de cette action. Appliquons ceci à la nature de l'Homme.

Les effets de l'Esprit sur le Corps sont palpables. Nous sommes donc assurés que les Idées produisent plusieurs mouvemens par le contact, & par conséquent mécaniquement. Mais les parties, ou les instrumens qui exécutent cette opération, sont si fort éloignés de la portée de nos sens, & la rapidité de l'action est si prompte, qu'il est absolument impossible à des Esprits bornés comme nous, de remonter à la prémière cause de ces effets.

HOR. Mais la Pensée n'est-elle pas une action de l'Ame? Le Mécanisme n'a donc rien à faire ici.

CLEO. Tandis que l'Ame réside dans le Corps, on ne peut pas dire qu'elle pense dans un autre sens, que celui où l'on dit qu'un Architecte bâtit une Maison. Les Charpentiers, les Maçons font l'ouvrage; mais l'Architecte a donné le plan de ce Bâtiment, & il en a l'inspection.

HOR. Dans quelle partie du cerveau croïez-vous que l'Ame habite le plus immédiatement, ou bien pensez-vous qu'elle soit répandue par tout le Corps?

CLEO. Je n'en sai rien de plus, que ce que je vous en ai déjà dit.

HOR.

HOR. Je ſens invinciblement que l'opération de penſer eſt un travail, ou du-moins que c'eſt quelque choſe qui ſe paſſe dans ma tête, & non dans mes jambes, ou dans mes bras. Mais que nous apprend de réel l'Anatomie ſur ce ſujet?

CLEO. Elle ne nous apprend rien du tout ſur ce ſujet *à priori*. Les Anatomiſtes les plus conſommés ne ſont pas plus en état de ſatisfaire à cette queſtion, qu'un apprentif Boucher. Nous pouvons admirer l'art merveilleux qui brille dans le cerveau, les deux membranes *, les veines & les artères qui l'environnent. Mais lorsqu'en le diſſéquant nous avons découvert les diverſes paires de nerfs, & leur origine; lorsque nous avons examiné quelques glandes de diverſe figure & groſſeur, qui, formées d'une autre ſubſtance que le cerveau, ne pouvoient pas échapper à notre vue; lors, dis-je, que nous avons examiné ces choſes, & que nous leur avons donné des noms, dont quelques-uns ſont très-impropres & très-barbares, les meilleurs Naturaliſtes doivent reconnoître qu'il n'y a même qu'une très-petite quantité de ces parties viſibles, ſi l'on en excepte les nerfs & les veines, dont ils puiſſent marquer les uſages d'une manière tant ſoit peu ſatisfaiſante. Ils ne connoiſſent abſolument rien de la ſtructure

* Ces deux membranes ſont la dure & la pie mère.

re myſtérieuſe du cerveau même, ni des raiſons de ſon arrangement impénétrable. En vain ils l'examinent, il ne leur paroît point que ce ſoit autre choſe qu'une ſubſtance moëlleuſe, ramaſſée dans des millions de cellules imperceptibles, qui, diſpoſées dans un ordre inconcevable, & ſerrées entr'elles, forment une variété embarraſſée de plis & d'anfractuoſités. Peut-être ajouteront-ils qu'on peut raiſonnablement préſumer, que c'eſt-là le ſpacieux réſervoir de la connoiſſance humaine. Là les Sens fidèles dépoſent conſtamment le tréſor des images, telles que leurs organes les reçoivent. C'eſt-là le fourneau où les eſprits ſont ſéparés du ſang, pour être enſuite volatiliſés & ſubtiliſés en des particules, qui à-peine peuvent être appellées corporelles. Enfin, peut-être diront-ils que les plus petites de ces particules ſont toujours emploïées ſoit à chercher, ſoit à diſpoſer diverſement les images retenues, & à les répandre par les anfractuoſités ſans nombre qu'on apperçoit dans cette admirable ſubſtance. Ce ſont-là les inexplicables fonctions qui les occupent ſans-ceſſe, & dont la contemplation fait l'étonnement des plus grands Génies.

Hor. Ce ſont-là des penſées creuſes, dont vous ne ſauriez apporter de preuves. La petiteſſe de ces parties, direz-vous, empêche qu'on ne les découvre. Mais ſi faiſant de nouveaux progrès dans l'Optique, on inventoit des Microſcopes qui groſ-

grossissent les objets trois ou quatre millions de fois plus que ceux qu'on a eu jusqu'à présent, on pourroit alors observer ces petites particules si éloignées de tomber sous les sens; il suffiroit que cet Agent, l'Auteur de tout cet Ouvrage, fût corporel.

Cleo. On peut démontrer qu'il est impossible de pousser l'Optique & l'Art assez loin, pour trouver de pareils Instrumens. Mais supposons que par quelque moïen on pût en venir à bout, même alors l'Anatomie ne pourroit fournir que de foibles secours pour éclaircir le sujet obscur dont nous parlons. On ne peut contempler & examiner le cerveau d'un Animal pendant qu'il est en vie. Si tirant d'une Montre le principal ressort, vous laissiez vuide le barillet qui l'enfermoit, il ne seroit pas possible de découvrir ce qu'il y avoit qui faisoit marcher cette machine, lorsqu'elle divisoit si exactement le tems. Nous examinerions tous les rouages, & toutes les parties qui peuvent contribuer au mouvement; après toutes les recherches imaginables, nous pourrions tout au plus découvrir l'usage de ces rouages pour faire tourner les aiguilles; mais toujours la prémière cause de ce mécanisme seroit un mystère.

Hor. Notre principal ressort, c'est l'Ame, qui est également immatérielle & immortelle. Mais pourquoi les autres Créatures, qui aïant un cerveau semblable au nôtre, n'ont-elles pas une substance immortelle, distincte du Corps? Croïez-vous que les Chiens & les Chevaux pensent?

Cleo. Je crois qu'ils ont des idées, mais dans un degré beaucoup moins parfait.

Hor. Qu'est-ce qui dans ces Créatures a l'inspection sur les idées? Où devons-nous chercher ce principe? Quel est le principal ressort?

Cleo. C'est la vie. Je ne puis vous donner une autre réponse.

Hor. Qu'est-ce que c'est que la vie?

Cleo. Chacun comprend ce que ce mot signifie, quoique personne peut-être ne connoisse le principe de la vie, cette partie qui donne le mouvement à tout le Corps.

Hor. Lorsque les Hommes sont assurés qu'il est impossible de découvrir la vérité d'une chose, ils peuvent impunément différer de sentimens, & tâcher de s'en imposer les uns aux autres.

Cleo. Tant qu'il y aura des Foux & des Fripons, la chose arrivera comme vous le dites. Mais je n'ai point cherché à vous en faire accroire. Tout ce que j'ai avancé sur la composition du cerveau, je vous l'ai donné comme une conjecture, que vous deviez seulement recevoir suivant le degré de vraisemblance que vous y trouveriez. Il ne faut pas attendre que je vous prouve une chose, qui par sa nature ne sauroit ad-

admettre de démonstration. Lorsque la respiration & la circulation du sang ont cessé, l'intérieur d'un Animal diffère absolument de ce qu'il étoit, lorsque les poûmons jouoient encore, & que le sang & les autres parties liquides se mouvoient librement par tout le Corps. Vous avez vu de ces Machines qui élèvent l'eau par le moïen du feu. Vous savez que ce sont les vapeurs qui la font monter. Or après la mort d'un Animal il est aussi impossible de voir les particules volatiles qui opèrent & agissent sur le cerveau, qu'il le seroit de voir dans cette Machine, lorsque l'eau est froide par le manque de feu, les vapeurs qui font mouvoir tout l'ouvrage. Cependant si l'on faisoit voir à une personne cette Machine lorsqu'elle n'iroit point, & qu'on lui expliquât la manière dont elle élève l'eau, il passeroit ou pour un grand incrédule, ou pour avoir la conception bien dure, s'il n'en vouloit rien croire, quoiqu'assuré que la chaleur peut faire évaporer les Liquides.

HOR. Mais ne croïez-vous pas que les Ames diffèrent entr'elles? Sont-elles toutes également bonnes, ou toutes également mauvaises?

CLEO. Nous avons quelques idées assez exactes de la Matière & du Mouvement, ou du-moins de ce que nous entendons par-là. Nous pouvons donc nous former des idées des Objets corporels, lors même me qu'ils ſont trop petits pour tomber ſous les ſens. Que dis-je ! nous pouvons concevoir une portion de Matière, mille fois plus petite que celle qui peut être viſible, même à l'aide des meilleurs Microſcopes. Mais l'Ame eſt abſolument incompréhenſible. Nous ne pouvons preſque rien déterminer, que ce qui nous a été révélé. Si les Hommes diffèrent en habileté, je crois que cela eſt entièrement dû à la différence qu'il y a entr'eux dans le domicile de l'Ame, c'eſt-à-dire, dans le plus ou le moins d'exactitude qu'il y a dans la compoſition de la ſtructure de leur Corps, ou dans l'uſage qu'ils en font. Le cerveau d'un Enfant nouvellement né, eſt une *table raſe* ; & , comme vous l'avez fort bien remarqué, nous n'avons d'idées que celles dont nous ſommes redevables à nos ſens. Je ne doute point que l'Action de penſer ne conſiſte dans une circulation des eſprits animaux, qui agiſſant dans le cerveau, cherchent, joignent, ſéparent, changent, & compoſent les idées avec une rapidité inconcevable, ſous l'inſpection de l'Ame.

Tout ce que nous pouvons donc faire de mieux pour les Enfans âgés d'un mois, après la nourriture & le ſoin de les tenir chaudement, c'eſt de leur donner des idées, & de faire ſurtout ſervir à cet uſage les deux ſens les plus utiles, je veux dire la vue & l'ouïe. Il faut les diſpoſer à faire ce travail du cerveau, & les encourager à nous

imi-

imiter dans l'action de penser. J'avoue que d'abord ils n'exécutent la chose que très-imparfaitement. Mais pour leur faciliter cet ouvrage, il seroit fort utile, à ceux du-moins qui se portent bien, qu'on leur parlât beaucoup, même de choses très-différentes, & qu'on les fît sauter, principalement durant les deux prémières années. Pour en avoir soin dans cet âge tendre, je préfèrerois toujours à la Personne la plus sage du monde, une jeune Fille qui auroit la langue bien pendue. On ne peut rien faire de mieux pour eux, que de les porter de côté & d'autre, de les divertir continuellement, & de jouer avec eux dès-qu'ils seront éveillés. Si même on étoit en état de tenir deux ou trois de ces Filles, pour se soulager quand elles seroient fatiguées, il n'en seroit que mieux.

HOR. Croïez-vous donc que le babil des Nourrices destitué de sens, soit si utile aux Enfans?

CLEO. Ce caquet leur est d'un usage infini. Il leur apprend & à penser, & à parler beaucoup plus vite & mieux, qu'ils ne l'auroient jamais fait sans cela. On doit accoutumer les Enfans à exercer ces facultés, & les y occuper continuellement.

HOR. Cependant il arrive rarement que nous nous souvenions de ce que nous avons ou dit, ou entendu, avant l'âge de deux ans. Qu'y auroit-il donc

de

de perdu, si les Enfans n'entendoient pas toutes ces impertinences?

CLEO. Comme l'on doit battre le fer tandis qu'il est chaud & ductile, de même il faut instruire les Enfans dans leur jeunesse. Dans cet âge flexible, les tubes & les membranes étant plus tendres, ils recevront aussi plus facilement de légères impressions, que dans un âge plus avancé. Plusieurs de leurs os ne sont alors que des cartilages, & leur cerveau même est si mou qu'il est en quelque manière fluïde. C'est aussi pour cela qu'il ne retient pas aussi bien les images reçues, qu'il les conserve dans la suite, lorsque sa substance a plus de consistence. Mais si les prémières images se perdent, il leur en succède continuellement de nouvelles. Le cerveau sert d'abord comme d'ardoise pour apprendre à chiffrer, ou comme d'exemple pour apprendre à former des traits semblables. Les Enfans s'accoutumeroient par là à exécuter les actes de la pensée, & s'y exerceroient; ils contracteroient l'habitude de disposer, ou de faire facilement & promptement usage des images retenues, & à les appliquer suivant les vues qu'on se propose. Jamais on n'exécute mieux ces divers actes, & on ne prend plus aisément cette habitude, que lorsque la matière molle encore cède, & dans le tems que les organes sont les plus flexibles & les plus souples. Qu'on exer-

exerce donc les Enfans ou à penser, ou à parler, il n'importe sur quel sujet, pourvu qu'il soit innocent. Dans les Enfans vifs nous remarquons à leurs yeux les efforts qu'ils font pour nous imiter, avant même que d'en être capables. Le peu de liaison qui règne entre leurs actions, & les absurdités qu'ils débitent, nous font voir qu'ils tâchent d'exercer de cette manière leur cerveau, qu'ils essaïent de penser, tout comme ils font des efforts pour articuler des mots. Mais comme il faut plus d'art pour bien penser, que pour bien parler, le prémier est aussi d'une plus grande conséquence.

HOR. Je suis surpris que vous parliez d'apprendre, & de s'attacher si particulièrement à faire une chose qu'on exécute aussi naturellement, que l'action de penser. Il n'en est point qui se forme avec une plus grande vitesse par aucun Corps. *Vite comme la pensée* †, dit le Proverbe. Dans moins d'un moment le plus stupide Païsan pourra transporter son esprit de *Londres* au *Japon*, aussi aisément que le plus grand Génie.

CLEO. Cependant il n'y a rien en quoi les Hommes différent autant les uns des autres, que dans l'exercice de cette faculté. Les différences qu'on remarque entr'eux par rapport à la grandeur, la gros-

† Ce Proverbe est plutôt usité en *Anglois* qu'en *François*; nous disons *vite comme un éclair*, *vite comme le vent* &c.

grosseur, les forces, & la beauté du Corps, ne sont que des bagatelles en comparaison de celle dont je parle. Aussi n'est-il rien au monde de plus estimable, & qu'on apperçoive plus aisément dans les Hommes, que l'heureuse facilité qu'ils ont à penser. Deux Personnes peuvent avoir également de lumières : cependant l'une parlera aussi bien sur le champ, que l'autre pourroit discourir après deux heures de méditation.

Hor. Je pose en fait que personne n'étudiéra deux heures pour faire un discours, lorsqu'il pourra le faire en moins de tems. Ainsi je ne vois pas quelle raison vous avez de supposer que ces deux Personnes peuvent être également savantes, si l'une est en état de faire sur le champ un discours qui demanderoit deux heures à l'autre.

Cleo. Il ne paroît pas que vous fassiez attention à la double signification du mot *savoir*. Il y a une grande différence entre *savoir* ce que c'est qu'un Violon, connoître cet instrument de vue, & *savoir en jouer*. La connoissance dont je parle, est de la prémière sorte. Si donc vous la considérez dans ce sens, vous devez être de mon avis ; car on ne peut, par aucune étude, tirer du cerveau ce qui n'y est point. Supposé que vous composassiez une petite Lettre en trois minutes, tandis qu'une autre Personne, qui auroit la main aussi vite que vous, demeureroit une heure à écrire la même chose ; n'est-il

pas

pas clair que celui qui emploie plus de tems à composer cette Lettre, en fait autant que l'autre qui fait la même chose plus promptement? ou du-moins il ne paroît pas que le prémier ait moins de lumières que le second. Il a reçu les mêmes images; mais il ne peut les trouver, ou les disposer dans cet ordre, aussi vite que vous. Qu'on nous présente deux Compositions, en Vers, ou en Prose, qui soient d'une égale bonté; supposons ensuite que nous sachions surement que l'une de ces Pièces est un *impromptu*, & que l'autre ait occupé pendant deux jours entiers son Auteur; on dira bien que celui qui a composé l'*impromptu* a plus de talens & de génie que son Emule, quoique leurs connoissances soient égales, autant du-moins que nous en pouvons juger par cet échantillon. Vous voïez par cet exemple la différence qu'il y a entre la connoissance, lorsqu'elle désigne le trésor des images qu'on a reçu; & la connoissance, ou plutôt l'habileté à trouver ces images au moment qu'on en a besoin, & à les mettre promptement en œuvre.

Hor. Lorsque nous ne pouvions d'abord & promptement penser, ou rappeller dans notre esprit une chose que nous savions, je croïois que c'étoit manque de mémoire.

Cleo. Cela peut y contribuer en partie: mais il est des Personnes d'une prodigieuse lecture, qui aïant très-bonne mémoire, portent de faux jugemens, & qui

qui disent rarement quelque chose à propos, ou qui, s'ils le disent, le profèrent ordinairement trop tard. Parmi les Dévoreurs de Livres, *Helluones Librorum*, il y a de pitoïables Raisonneurs, qui aïant une faim canine, dévorent les Livres sans pouvoir les digérer. Combien de Savans insensés ne rencontrons-nous pas dans les grandes Bibliothèques! Il paroît par leurs Ouvrages que la Sience étoit dans leur tête, comme les Ameublemens qu'un Tapissier a sur les bras. Le trésor des images qu'il y a dans leur cerveau, bien loin de leur servir d'ornement, est un fardeau pour eux. Tout cela vient du défaut de penser, du peu d'habileté, & du manque de dispositions à ménager, comme il faut, les idées que l'on a reçues. Nous voïons au-contraire des gens qui, sans aucune érudition, ont beaucoup de bon-sens. Les Femmes sont pour la plupart plus promptes à inventer, & plus fortes sur la repartie, que les Hommes qui auroient reçu le même degré d'éducation. On ne sauroit assez s'étonner de voir la brillante figure que quelques Personnes du Beau Sexe font dans les conversations, lorsqu'on pense au peu d'occasions qu'elles ont eu d'acquérir des connoissances.

HOR. Mais d'un autre côté il est assez rare de trouver des Femmes qui aïent l'esprit solide.

CLEO. C'est uniquement faute d'exercice, d'application, & d'assiduïté. Les idées

idées abstruses ne sont absolument point de leur ressort ; & les circonstances où elles sont placées pour l'ordinaire, les conduisent à d'autres occupations. Cependant il n'est aucun Ouvrage de tête, que les Femmes ne soient capables d'exécuter, aussi bien que les Hommes, si l'on suppose qu'elles jouissent des mêmes secours, & qu'elles s'y appliquent assidûment. Or la solidité d'esprit que vous refusez au Beau Sexe, résulte uniquement de cette application soutenue. C'est par son moïen que l'on divise les objets par parties, qu'on les compare les unes avec les autres, & qu'on les considère en elles-mêmes & sans partialité. La meilleure méthode pour se procurer cette qualité, c'est de ne s'occuper que du soin de découvrir, de deux propositions qu'on doit examiner, celle qui est vraie; c'est d'emploïer toutes les puissances de son esprit, pour connoître également toutes les parties du sujet; c'est de mettre une seule & même chose sous tous les points de vue possibles ; c'est enfin de faire de tous ces soins un fréquent usage. Quiconque en agira ainsi, acquerra très-probablement ce que nous appellons un jugement solide. Il semble que l'art qui brille dans la structure des Femmes, soit mieux fini & plus élégant, que celui qu'on remarque dans celle des Hommes. Leurs traits sont plus délicats, leur voix a plus de douceur, tout leur extérieur est plus artistement disposé. Il y a autant de différence entre leur peau & la nôtre, qu'il y en a entre un fin drap & de la bure. Sur quel fondement croiroit-on que la Nature a plus négligé les Femmes, à l'égard des choses qui ne tombent pas sous les sens, que dans celles qui se présentent aux yeux? N'est-il pas plus naturel de penser qu'elle a pris le même soin pour former leur cerveau, qu'elle en a pris pour leur donner de la beauté? Sans-doute elle a emploïé la même exactitude supérieure en formant leurs organes intellectuels, qu'elle en a fait paroître dans leurs organes sensibles.

HOR. La Beauté est l'attribut du Beau Sexe, comme la Force est celui des Hommes.

CLEO. Quelque petites que soient les particules du cerveau qui contiennent les différentes images, & qui nous aident dans l'opération de penser, il y a entre le cerveau des Hommes autant de diversité par rapport à la justesse, à la simétrie, & à l'exactitude, qu'il y en a dans les parties les plus grossières du Corps. Les Femmes doivent donc nous surpasser à l'égard de la bonté, de l'harmonie, & de la souplesse de leurs organes, qui, essentiels dans l'art de penser, méritent seuls le nom de Facultés Naturelles. Car pour ce qui est de l'habileté, de la dextérité, ou de l'aptitude dont j'ai parlé, elle dé-

dépend de l'exercice, & par conséquent elle est manifestement acquise

HOR. Comme la construction du cerveau est plus délicate dans les Femmes que dans les Hommes, je suppose pareillement qu'elle est infiniment plus grossière dans les Brebis, les Bœufs, les Chiens, & les Chevaux &c.

CLEO. Rien ne nous engage à penser autrement.

HOR. Mais après tout, ce *moi*, cette partie de *moi-même* qui veut, qui souhaitte, & qui préfère une chose à une autre, doit être immatérielle. Car si c'étoit de la matière, ou ce seroit une seule & simple partie, ce qui me paroît presque impossible; ou ce seroient plusieurs parties combinées, supposition qui est encore plus difficile à concevoir.

CLEO. Je ne disconveniens point de ce que vous dites. Je vous ai déjà fait entendre que le principe de la pensée & de l'action, est inexplicable dans toutes les Créatures. Mais la spiritualité de ce principe ne résoud point la question ; elle ne nous donne aucun jour, ni pour l'expliquer, ni pour en concevoir la nature. Qu'il doive y avoir un contact mutuel entre le Corps & ce principe, quel qu'il soit, c'est ce dont nous sommes assurés *à posteriori*. Et il est tout aussi difficile de comprendre, comment il peut y avoir une action réciproque entre un Corps & un Objet Immatériel, que de concevoir comment

ment la Pensée peut résulter de la Matière & du Mouvement.

HOR. Quoiqu'il semble que plusieurs autres Animaux pensent, l'Homme est cependant la seule Créature connue, qui fasse voir, ou qui paroisse sentir qu'elle est assurée de penser.

CLEO. Il n'est pas aisé de déterminer quels sont les instincts, les propriétés, ou les lumières dont les autres Créatures sont, ou destituées, ou en possession, lorsque ces qualités ne tombent pas sous nos sens. Mais il est très-probable que les parties principales & les plus nécessaires de la machine, sont moins artistement travaillées dans les Animaux, qui parviennent à toute la perfection dont ils sont capables, au bout de trois, de quatre, de cinq, ou de six ans au plus; qu'elles ne le sont dans une Créature qui à-peine parvient en maturité, & acquiert toute sa grandeur & toutes ses forces à l'âge de vingt-cinq ans. Tout Homme âgé de cinquante ans, & intérieurement persuadé qu'il est le même être qui faisoit telle & telle chose il y a trente ans, qui dans sa jeunesse avoit tels & tels Maîtres, ne peut attribuer la persuasion où il est d'avoir existé tout ce tems-là, qu'à la seule mémoire, sans qu'il puisse jamais remonter à l'origine ou à la naissance de ce sentiment. Suivant moi, il n'est personne qui se rappelle quoi que ce soit de ce qui lui est arrivé, ou de ce qui s'est passé

passé avant qu'il eût atteint l'âge de deux ans. Avant ce tems-là il étoit peu expert dans l'art de penser, & son cerveau n'avoit pas encore une consistence capable de retenir assez longtems les images qu'il recevoit. Remontons aussi haut qu'il nous plaira, ce souvenir ne nous donnera point de nous-mêmes une assurance plus forte, que nous n'en avons d'une autre Personne, qui, aïant toujours été élevée avec nous, n'auroit jamais été une semaine ou un mois absente & éloignée de nos yeux. Une Mère, qui a un Fils âgé de trente ans, croit avec plus de fondement qu'il est le même Homme qui lui est né & qu'elle a élevé, qu'il ne le croit lui-même. Si elle pense tous les jours à son Fils, & qu'elle se rappelle tous les changemens qui sont arrivés de tems en tems à ses traits, elle est plus certaine qu'il n'a point été changé au berceau, qu'elle ne peut l'être de n'y avoir pas été changée elle-même. Tout ce qu'on peut assurer de cette persuasion intérieure, c'est qu'elle consiste, ou qu'elle tire sa source du cours & du mouvement des esprits par toutes les sinuosités du cerveau, & de l'attention que ces esprits donnent aux faits qui nous concernent. Il suffit que quelqu'un perde la mémoire, quoique d'ailleurs il fût en parfaite santé, pour être regardé comme un fou; & dans cet état il ne sent pas davantage qu'il est le même Homme qu'il étoit il y a un an, qu'il ne ſent qu'une Perſonne, qui lui eſt connue depuis quinze jours, n'a jamais été changée. La perte de la mémoire eſt ſusceptible de divers degrés; mais quiconque la perd entièrement, devient *ipſo facto* un idiot.

Hor. Je conviens que c'eſt moi qui ſuis cauſe que nous nous ſommes ſi fort écartés du ſujet que nous traitions; mais je ne m'en repens point. Ce que vous avez dit de l'économie du cerveau, & de l'influence mécanique des idées ſur les parties groſſières du Corps, nous fournit une belle occaſion d'admirer la ſageſſe infinie & ineffable qui brille dans la manière dont les différens inſtincts des Animaux répondent aux fins reſpectives de leur deſtination, & dans l'art avec lequel chaque appétit eſt intimement lié & asſorti à leur ſtructure même. Rien n'étoit plus à propos que ces réflexions; ſurtout après avoir expliqué l'origine de la Politeſſe, & montré l'excellence de notre Eſpèce par-deſſus tous les autres Animaux dans la docilité, la ſoupleſſe, & l'induſtrie que nous faiſons paroître en dirigeant l'eſtime que nous avons pour nous-mêmes. L'art que nous manifeſtons à cet égard eſt ſi merveilleux, que toutes les Aſſemblées & les Sociétés tirent de grands avantages, ſoit par rapport à leur aiſe & à leur ſoulagement, ſoit par rapport à leur proſpérité & à leur conſervation, de la paſſion la plus obſtinée & la la plus féroce, qui sembloit naturellement devoir renverser toute Société, qui même effectivement ne pourroit manquer de rendre une Assemblée d'Hommes Sauvages insupportables les uns aux autres.

CLEO. Si, en remontant de l'effet à la cause, on a découvert *à posteriori* la nature & l'usage de l'*Estime de soi-même*, on peut pareillement, en suivant la même méthode, expliquer avec beaucoup de facilité & de clarté toutes les autres passions. Les Créatures ne se procurent point sans peine les choses nécessaires à la vie ; aussi ont-elles des instincts qui les portent à chercher ce dont elles ont besoin, & qui leur apprennent la manière dont elles doivent s'y prendre pour l'obtenir. Le zèle & l'ardeur que chaque Créature témoigne à satisfaire ses appétits, est toujours proportionné au pouvoir, & au degré de force avec lequel ces instincts agissent en elles. Mais si nous considérons l'état des choses sur la Terre, & la multiplicité des Animaux qui doivent tous également suppléer à leurs besoins, nous comprendrons aisément que les Créatures, en obéissant aux différentes invitations de la Nature, rencontreront souvent des obstacles qui les feront quelquefois échouer dans leurs desseins. Ainsi les Animaux réussiroient rarement dans leurs entreprises, si chaque individu n'étoit animé d'une passion qui, rappellant toutes ses forces, lui inspire une ardente activité, capable de lui faire surmonter tout ce qui peut s'opposer à sa propre conservation, & le troubler dans les soins qu'il se donne pour ce grand ouvrage. La passion dont je parle, porte le nom de *Colère*. On comprend sans peine qu'une Créature, affectée en même tems de cette passion, & de l'*Estime de soi-même*, porte envie à ceux qu'il voit posséder des choses dont elle a elle-même besoin. Après le travail, la Créature la plus sauvage, comme la plus industrieuse, cherche le repos. D'où nous apprenons que les Animaux aiment tous plus ou moins l'aise. Ils se fatiguent en faisant usage de leurs forces; & l'expérience apprend que la nourriture, & le sommeil, sont ce qu'il y a de meilleur pour réparer l'épuisement des esprits animaux. Nous voïons que les Créatures qui ont le plus d'obstacles à surmonter pour se procurer les choses nécessaires à la vie, sont les plus colères, & ont reçu de la Nature les armes les plus redoutables. Si d'un autre côté cette colère, en faisant agir un Animal, l'empêchoit de s'appercevoir du danger auquel il s'exposeroit, il seroit bientôt détruit. C'est pour obvier à cet inconvénient, que la Nature a constamment joint la timidité à la colère. Le Lion même fuit à l'approche de Chasseurs bien armés, & qui sont en trop grand nombre. Il paroît par la con-

conduite que tiennent les Brutes, que parmi les Animaux les plus parfaits, ceux d'une eſpèce peuvent dans bien des occaſions ſe faire réciproquement connoître leurs beſoins. Nous ſommes même aſſurés qu'il en eſt pluſieurs, qui non ſeulement ſe comprennent les uns les autres, mais encore qu'ils ont été formés de manière qu'ils nous entendent. Mais ſi comparant notre nature avec celle des autres Animaux, nous conſidérons la conſtitution de l'Homme, ſes qualités viſibles, ſa ſupériorité au-deſſus des autres Créatures par rapport à la faculté de penſer & de réfléchir, ſon habileté à apprendre à parler, & l'uſage qu'il ſait faire de ſes mains & de ſes doigts, nous ne pourrons douter que nous ne ſoïons plus propres à la Société, qu'aucun des autres Animaux que nous connoiſſons.

HOR. Puiſque vous rejettez abſolument le Syſtême de Milord *Shaftsbury* ſur ce ſujet, communiquez-moi, je vous prie, vos penſées. Dites-moi quelles idées vous avez de la *Société* & de la *Sociabilité*. Si vous voulez bien m'accorder cette faveur, je vous promets de vous écouter avec toute l'attention dont je ſuis capable.

CLEO. La matière n'eſt point du tout abſtruſe. Un Génie médiocre, qui a quelque expérience, & une légère connoiſſance de la Nature Humaine, peut aiſément découvrir le fondement de la *Sociabilité*.

bilité, & ce qu'il y a dans l'Homme qui le rend propre à la Société. Il lui suffit d'aimer sincèrement la vérité, & de la chercher sans préoccupation. Mais la plupart des Savans qui ont traité cette matière, avoient quelque interêt particulier à ménager, quelque passion à satisfaire, quelque cause qu'ils étoient résolus de soutenir par leur Systême.

Il est indigne d'un Philosophe de dire avec *Hobbes*, que l'Homme nait incapable de vivre en Société, & d'établir ce paradoxe sur l'incapacité qu'on remarque à cet égard dans les Enfans, lorsqu'ils viennent au monde. Quelques-uns de ses Adversaires ont néanmoins poussé trop loin la chose, en assurant que tout ce à quoi l'Homme pouvoit parvenir, devoit être considéré comme une raison de son aptitude, & une cause de sa capacité pour la Société.

HOR. Croïez-vous donc que l'Homme ait naturellement plus d'amour pour son Espèce, que les autres Animaux n'en ont pour la leur? Ou bien si nous apportons en naissant une haine & une aversion pour nos semblables? Sommes-nous des Loups & des Ours les uns à l'égard des autres?

CLEO. Je ne crois ni l'un ni l'autre. A en juger par ce qui nous paroît des Affaires Humaines, & des Ouvrages de la Nature, nous sommes mieux fondés à supposer que le désir & l'aptitude qu'a l'Homme de se joindre en Société, ne pro-

procède pas de l'amour qu'il a pour ses semblables, que nous ne le sommes à croire que ce n'est pas une affection mutuelle, que les Planètes ont les unes pour les autres, & supérieure à celle qu'elles ont pour les Etoiles plus éloignées, qui soit la véritable cause pourquoi ces Planètes continuent toujours à se mouvoir ensemble dans le même Systême Solaire.

HOR. Je suis sûr que vous ne croïez pas que les Etoiles aïent de l'affection & de l'amour les unes pour les autres. Pourquoi parlez-vous donc de *mieux fondés* ?

CLEO. Parce qu'il n'y a point de phénomènes, qui contredisent visiblement cette affection mutuelle des Planètes. Nous ne pouvons point dire la même chose de l'Homme. Tous les jours nous observons chez lui mille choses qui nous convainquent, qu'au lieu d'aimer les autres, il rapporte tout à soi-même. Il n'aime, ni ne hait quoi que ce soit que pour l'amour de lui-même. Chaque individu est à son égard un petit monde. Sa félicité est le centre commun de toutes ses actions. Il la recherche autant que son entendement & ses forces le lui permettent. C'est à quoi tendent pendant toute sa vie toutes ses démarches, c'est-là son unique occupation. D'où il suit que la perception que les Hommes ont du Bonheur, les détermine dans leur choix. Jamais ils ne font d'actions, jamais ils ne

for-

forment d'entreprises, qui pour le présent ne leur paroissent plus avantageuses que toute autre.

HOR. Que direz-vous donc de ces paroles de *Médée* ? „ Je vois ce qui est le „ meilleur, je l'approuve & je l'estime, „ & cependant je choisis le pire * ".

CLEO. Cela fait simplement voir la turpitude de nos inclinations. Mais que l'on dise tout ce qu'on voudra, il est certain que dans un Agent libre, tous les mouvemens qu'il desapprouve sont ou convulsifs, ou ne viennent point de lui, & il y est forcé par quelque puissance étrangère; je parle de ces mouvemens qui sont naturellement soumis à la volonté. Lorsqu'on laisse deux choses au choix de quelqu'un, il est évident que celle qu'il choisit lui a paru mériter la préférence, quelque contradictoires, ridicules, ou mauvaises que puissent être les raisons qui l'aïent déterminé. Sans cela il ne pourroit y avoir de *Suïcide* volontaire, & il seroit injuste de punir les Hommes pour des crimes qu'ils auroient commis.

HOR. Je crois qu'il n'est personne qui ne cherche à éprouver des sensations agréables; mais il est inconcevable que des Créatures de la même espèce puissent autant différer les unes des autres, que les

* ——— ——— video meliora, proboque: Deteriora sequor. ——— ——— ———
OVID. Metam. Lib. VII. V 20. &c.

les Hommes diffèrent entr'eux sur les notions qu'ils ont du plaisir. Comment est-il possible que quelques-uns fassent leurs délices des choses pour lesquelles d'autres ont une extrême aversion? Tous aspirent au Bonheur, mais la question est de savoir où il se trouve.

Cleo. Il en est du Souverain Bonheur dans ce Monde, comme de la Pierre Philosophale. Pour parvenir à ces deux objets, on a suivi plusieurs routes très-différentes. Des Sages & des Foux s'y sont appliqués, mais leurs soins ont été jusqu'ici également inutiles. Cependant, dans les recherches qu'ils ont faites pour trouver l'une & l'autre de ces choses, ils ont découvert par hazard quantité de choses très-utiles, qui auroient échappé à toute la sagacité humaine, si on eût voulu les chercher *à priori*.

Il peut très-bien arriver qu'une multitude de Créatures de notre espèce, rassemblées dans quelque lieu du Globe Terrestre, concourent à leur défense réciproque, & que même elles forment un Corps Politique, dans lequel elles mèneront, pendant plusieurs siècles, une vie douce & agréable, quoiqu'elles ignorent mille choses, dont la connoissance contribuéroit à rendre le Bonheur Public plus parfait, suivant les idées que les Hommes ont communément du Bonheur.

Nous avons trouvé, dans une partie du Monde, des Nations grandes & floris-

sarſantes, qui ignoroient abſolument ce que c'étoit que des Vaiſſeaux ; tandis que la Navigation eſt connue depuis plus de deux-mille ans chez d'autres Peuples, qui ont beaucoup perfectionné cet Art, même avant l'invention de la Bouſſole. Il ſeroit ridicule d'alléguer cette dernière découverte, ou comme une raiſon qui détermina l'Homme à aller ſur Mer, ou comme une preuve de ſon aptitude & de ſa capacité naturelle pour les Affaires de la Marine.

Pour former un Jardin, il faut néceſſairement avoir un terrain ſitué dans un climat propre à cette plantation. Si avec cela nous avons les ſemences néceſſaires, il ne nous manque que de la patience pour les cultiver. Les Promenades, les Canaux, les Statues, les Pavillons, les Caſcades, & les Jets d'eau, ſont des embelliſſemens de la belle Nature ; mais aucun de ces ornemens n'eſt eſſentiel à un Jardin. Toutes les Nations doivent néceſſairement avoir eu de petits commencemens : & l'on peut auſſi bien découvrir dans cette enfance des Peuples, ce qu'il y a dans l'Homme qui le rend propre à la Société, qu'on a pu le découvrir lorsque ces Nations ſe ſont augmentées.

Il y a deux raiſons principales qui ont perſuadé que l'Homme eſt une Créature *Sociable*. Prémièrement, on s'eſt imaginé que naturellement il aime & déſire, avec plus

plus d'ardeur qu'aucune autre, de vivre en Société. En second lieu, il est manifeste que les Hommes retirent de cette union plus d'avantages, que les autres Animaux n'en retireroient, si jamais ils s'avisoient de s'unir ainsi.

Hor. Pourquoi en rapportant la première raison, dites-vous que *l'on s'est imaginé* le fait? N'est-il donc pas incontestable?

Cleo. Cette précaution n'est point sans dessein. J'avoue que tous les Hommes qui sont nés dans quelque Société, souhaittent avec plus d'ardeur que tout autre Animal d'y vivre. Mais c'est une question, si ce désir est inné. Quand même l'on accorderoit que ce désir est naturel à l'Homme, il n'y auroit-là rien dont il pût tirer vanité. Je n'y vois rien qui prouve son excellence. L'amour que l'Homme a pour son bien-être & pour sa sureté, le désir permanent qu'il a d'améliorer sa condition, doivent être des motifs suffisans pour lui faire rechercher le commerce de ses semblables. Ses besoins auxquels il ne sauroit rémédier par lui-même, sont donc les raisons humiliantes de l'inclination qu'il sent pour la Société.

Hor. Mais quand vous parlez *des besoins auxquels l'Homme ne sauroit rémédier par lui-même*, ne tombez-vous point dans l'erreur que vous avez reprochée à *Hobbes*?

CLEO. Il s'en faut beaucoup que je ne ſuive le Syſtême de ce Politique. Quand je parle des beſoins des Hommes, je les conſidère parvenus à un âge mûr ; & je dis que plus ils ſont diſtingués, ſoit par leurs lumières, ſoit par leur rang, ſoit par leurs richeſſes, & plus ils ont auſſi de beſoins auxquels par eux-mêmes ils ne ſauroient rémédier.

Un Seigneur riche de vingt-cinq à trente-mille livres *ſterling* de rente, qui entretient trois, quatre, cinq ou même ſix Caroſſes, & plus de cinquante Domeſtiques, a plus de beſoins réels, faiſant abſtraction de ce qu'il poſſède, qu'un Roturier accoutumé à aller à pied, dont tout le revenu ne va pas au-delà de cinquante livres *ſterling* par an. J'en dis autant d'une Femme de la prémière diſtinction, qui n'aïant jamais pris la peine de ſe mettre une épingle, a deux ou trois Femmes qui l'habillent & la deshabillent conſtamment depuis les pieds juſqu'à la tête, comme ſi elle étoit une Poupée, qui ne peut ſe ſervir de ſes membres. Je ſoutiens que cette grande Dame a plus de beſoins auxquels elle ne ſauroit rémédier, que *Doron* la Laitière, qui durant tout l'hiver s'habille dans les ténèbres, en moins de tems que Milady n'en emploie pour placer une mouche.

HOR. Mais le déſir d'améliorer notre con-

condition, dont vous avez parlé, eſt-il ſi général & ſi permanent, qu'il n'y ait perſonne qui en ſoit jamais exempt?

Cleo. Les Créatures qu'on peut appeller *Sociables*, poſſèdent toutes, ſans exception, ce déſir. Que dis-je! Je ſuis perſuadé que ce déſir n'eſt pas moins une qualité caractériſtique de notre Eſpèce, qu'aucune autre qu'on puiſſe nommer. Il n'eſt point de Mortel ſur la Terre, s'il a été élevé dans quelque Société, qui ne ſouhaitte d'ajouter, de retrancher, ou de changer quelque choſe dans ſa perſonne, dans ſes biens, dans les circonſtances où il ſe rencontre, ou enfin dans la Société dont il eſt membre. Que feroit-ce encore, ſi par ſes ſouhaits il opéroit ces changemens? Il n'eſt aucune autre Créature en qui l'on obſerve ces diſpoſitions. Jamais on n'auroit bien connu l'induſtrie admirable de l'Homme à ſuppléer à ce qu'il appelle les beſoins de la vie, ſans les déſirs déraiſonnables & multipliés dont il eſt poſſédé. De tout cela il ſuit évidemment, que plus les Peuples ſont civiliſés, & plus ils ont beſoin de vivre en Société; & par une ſeconde conſéquence également évidente, je dis qu'il n'eſt perſonne qui en ait moins beſoin que les Sauvages.

La ſeconde raiſon pourquoi j'ai dit qu'on appelloit l'Homme *Sociable*, c'eſt que les Hommes retirent de cette union plus d'avantages, que les Animaux n'en retireroient, si jamais ils s'avisoient de former des Sociétés. Pour se convaincre de la vérité de cette observation, nous n'avons qu'à examiner la nature de l'Homme, & les qualités qui le mettent au-dessus des autres Animaux. Mais dans les recherches de ces qualités, nous ferons attention à celles qui sont communes tant aux Hommes Civilisés qu'aux Sauvages, & nous suivrons l'Homme depuis la prémière jeunesse jusques à l'âge le plus avancé.

Hor. Je ne vois pas pourquoi vous voulez vous donner la peine d'examiner la vie de l'Homme, depuis son commencement jusqu'à sa fin. Ne suffiroit-il pas de s'arrêter uniquement aux qualités dont il est orné, lorsque parvenu à l'âge le plus mûr, il est dans son plus haut point de perfection?

Cleo. Ce qu'on appelle *docilité* dans les Créatures, dépend en grande partie de la flexibilité des organes, & de leur souplesse, qui les rend propres à recevoir aisément les impressions qu'on fait sur eux. Qualité qui dans l'âge viril est absolument perdue, ou du-moins fort altérée.

Il n'est rien en quoi notre Espèce, comparée à tous les autres Animaux, excelle autant que par la capacité qu'elle a d'acquérir la faculté de penser & de parler bien. C'est-là une qualité particulière de notre nature, la chose est incontestable: mais

mais il n'eſt pas moins certain d'un autre côté, que cette capacité s'évanouït, ſi nous négligeons d'en faire uſage avant que d'être parvenu à un âge mûr. L'Homme, généralement parlant, jouït d'une vie plus longue que la plupart des autres Animaux: ainſi notre Eſpèce a en cela une prérogative particulière, qui met l'Homme en état d'acquérir plus de ſageſſe, quand même pour ſe la procurer il n'emploïeroit que ſa propre expérience, que ne pourroit en acquérir une Créature qui avec la même capacité ne vivroit que la moitié moins. Ainſi, *cæteris paribus*, toutes choſes égales, un Homme de ſoixante ans connoit mieux ce qu'il faut faire ou éviter, que celui qui n'en a que trente. Ce que MICIO dit à ſon Frère DEMEA pour excuſer les folies de la Jeuneſſe, eſt également vrai, & parmi les Sauvages, & parmi les Philoſophes. Il n'eſt rien, „ *dit-il*, qui ſoit plus propre „ à nous inſtruire, & à nous rendre ſages „ que l'âge. Je n'en excepte que l'atta- „ chement pour l'Argent " †. Or ce ſont ces qualités, jointes avec quelques autres ſemblables, qui concourent à rendre l'Homme *Sociable*.

HOR. Mais pourquoi l'amour que nous avons

† Ad omnia alia ætate ſapimus rectiùs,
Solùm unum hoc vitium ſenectus adfert hominibus,
Attentiores ſumus ad rem omnes, quàm ſat eſt.
TERENT. Adelph.

avons naturellement pour notre Eſpèce, n'entreroit-il pour rien dans cette *Sociabilité?*

CLEO. *Prémièrement*, parce que, comme je l'ai déjà dit, il ne me paroît pas qu'en cela nous différions des autres Animaux. *En ſecond lieu*, je nie que cette affection y entre pour quoi que ce ſoit. Car ſi nous examinons la nature de tous les Corps Politiques, nous trouverons que jamais on ne s'eſt fondé, ni confié ſur une pareille affection, ni pour les former, ni pour les conſerver.

HOR. Mais le terme même de *Sociable* emporte cet amour mutuel dont je parle. Son contraire le démontre évidemment. Quiconque aime à vivre ſeul, a de l'averſion pour la Compagnie. Or le caractère d'un Homme ſingulier, réſervé & chagrin, eſt directement oppoſé à celui d'un Homme ſociable.

CLEO. Je le ſai, lorſqu'on compare quelques Perſonnes avec d'autres, on emploie ſouvent le terme de *Sociable* dans ce ſens. Mais il a une tout autre ſignification, lorſqu'on s'en ſert pour déſigner une qualité particulière à notre Eſpèce. Ainſi, lorſqu'on dit que l'Homme eſt une Créature Sociable, on ne veut dire autre choſe, ſinon qu'il y a dans notre nature une certaine aptitude, qui peut engager de grandes multitudes à s'unir pour ne compoſer qu'un ſeul Corps. Ainſi réunis, ils peuvent profiter de la force, de l'adreſſe & de l'habileté de chaque Individu. Ce Corps ſe gouvernera lui-même, & agira dans toutes les occurrences, comme s'il étoit animé par une ſeule ame, & déterminé par une ſeule volonté.

J'accorderai ſans peine que le déſir que l'Homme a naturellement de vivre dans la compagnie de ſes ſemblables, eſt un des motifs qui le portent à ſe joindre à une Société. Mais d'où lui vient ce déſir ? N'eſt-ce pas de l'amour qu'il a pour lui-même ? Il eſpère de trouver ſon compte dans ce commerce, l'objet de ſes vœux. Jamais il ne ſe feroit aviſé de rechercher la compagnie, ni quoi que ce ſoit, s'il n'avoit cru retirer de ces choſes quelque avantage. Mais je nie formellement que l'Homme déſire naturellement de vivre en Société par affection pour ſes ſemblables, & que cet amour mutuel ſoit ſupérieur à celui que les autres Animaux ont pour leur Eſpèce. C'eſt-là une louange gratuite que nous nous donnons réciproquement, mais qui eſt tout auſſi abſurde, que lorsque nous nous diſons les uns aux autres, *je ſuis votre très-humble Serviteur.* Je nie très-poſitivement que ce prétendu amour pour notre Eſpèce, que cette affection naturelle qu'on ſuppoſe que nous avons les uns pour les autres, & d'une manière diſtinguée de ce qui ſe voit à cet égard dans les autres Animaux, ſoit du moindre uſage pour former des Sociétés. Il me paroît au contraire, que pour agir prudemment, les Membres d'un Corps Politique doivent toujours commercer les uns avec les autres, comme si cette affection étoit absolument imaginaire.

Le Gouvernement est sans-contredit la base de toute Société. C'est dans cette vérité incontestable que nous pourrons puiser les raisons qui portent les Hommes à jouïr du privilège de la *Sociabilité.*

Il suit évidemment de ce principe, que les Créatures doivent pouvoir être gouvernées, pour jamais se réunir en un seul Corps. La docilité est la prémière raison de la *Sociabilité* de l'Homme.

Cette qualité suppose de la timidité, & un certain degré d'entendement. Car une Créature, en effet incapable de crainte, ne sauroit absolument être gouvernée. Sans cette utile passion, les Animaux qui auroient le plus de sens & de courage, seroient en même tems les plus revêches, & les plus indisciplinables. D'un autre côté, la timidité, destituée d'entendement, engage seulement à éviter le danger qui nous menace, sans consulter ce qui pourra arriver dans la suite. On voit cela confirmé par des Oiseaux très-sauvages, qui se casseront la tête contre les fils de leur cage, plutôt que de manger pour conserver leur vie.

Au reste, il y a une grande différence entre être soumis, & pouvoir être gouverné. Celui qui se soumet simplement à un un autre, reçoit un joug qui lui déplaît, pour éviter un autre mal, qui lui déplaît encore davantage. D'ailleurs, nous pouvons être très-soumis, sans cependant procurer aucune utilité à la Personne à qui nous nous soumettons.

Il n'en est pas de même de ce que j'appelle la *Capacité d'être gouverné*. Cette expression désigne un désir de se rendre agréable, & une inclination à contribuer au bonheur de la Personne qui nous gouverne. Mais toute affection bien ordonnée commençant par soi même, il n'est aucune Créature qui puisse pendant longtems travailler avec plaisir à l'utilité des autres, si en même tems il n'y trouve quelque avantage. D'où je conclus qu'une Créature ne sauroit véritablement être gouvernée, à-moins que soumise avec plaisir elle n'ait appris à faire servir sa servitude à son propre avantage. Il faut qu'elle se trouve en quelque manière dédommagée de la peine qu'elle se donne pour les autres. Il est plusieurs espèces d'Animaux, qu'on peut rendre, sans beaucoup de soins, capables d'être ainsi gouvernés; mais l'Homme est de toutes les Créatures, celle qu'on peut le plus aisément engager à servir son espèce. Sans cette disposition, jamais il n'auroit été possible de le rendre Sociable.

HOR. Mais la Nature n'avoit-elle pas destiné l'Homme pour la Société?

Cleo. Le Révélation nous apprend que nous avons été formés dans cette vue.

Hor. Quoi donc ? Si cette vérité ne vous avoit pas été révélée, & que vous fussiez un *Chinois*, ou un *Mexicain*, vous ne pourriez pas l'établir par la seule Philosophie ?

Cleo. Non : tout ce que je dirois, c'est que la Nature a destiné l'Homme pour la Société, comme elle a fait les raisins pour le Vin.

Hor. Mais l'art de faire le Vin est une invention purement humaine, aussi bien que celle de tirer de l'Huile des olives, ou des autres végétables, & de faire des Cordes avec du chanvre.

Cleo. Il en est de même de l'établissement des Sociétés composées de parties naturellement indépendantes. On ne voit rien dans cette formation qui exige plus d'habileté, que dans les inventions dont vous avez parlé.

Hor. Mais la *Sociabilité* de l'Homme n'est-elle pas l'ouvrage de la Nature, ou plutôt de l'Auteur de la Nature, je veux dire de la Providence ?

Cleo. Sans-contredit. On doit attribuer à la même cause les vertus innées, l'aptitude particulière que chaque chose a pour un certain but. Si les raisins sont propres à faire du Vin, si de l'eau mêlée avec de l'orge on tire d'autres Liqueurs, c'est à la Providence qu'il faut l'attribuer ; mais c'est la sagacité humaine-

ne

ne qui découvre les usages qu'on en fait. Appliquons cette réflexion à l'Homme. C'est de Dieu son Créateur qu'il a reçu toutes ses facultés, aussi bien que l'aptitude qu'il a de vivre en Société. Dans ce sens on peut dire que tout ce qui est l'effet de notre industrie, vient originairement de l'Auteur de notre Etre. Mais lorsque parlant des ouvrages de la Nature, nous les distinguons de ceux de l'Art, nous entendons par les prémiers, ceux où nous n'entrons pour rien, & qu'on opère sans que nous y concourions. Par exemple, c'est la Nature qui produit des pois dans la saison; mais il n'est pas possible d'en avoir de verds en *Angleterre* au milieu de *Janvier*, sans un art & des soins infinis. La Nature opère par elle-même ses desseins. On ne peut douter que la Nature n'ait destiné certaines Créatures pour vivre en Société, les Abeilles nous en fournissent une preuve très-sensible. Ces Animaux, comme il paroît par les effets, ont reçu de la Nature des instincts propres à leur faire remplir ce but. Nous devons l'existence, & toutes les choses dont nous jouïssons, au grand Auteur de l'Univers. Mais comme les Sociétés ne pourroient subsister sans sa force conservatrice, ainsi elles périroient bientôt, si la sagesse humaine n'y concouroit. Ces deux choses dépendent en quelque manière l'une de l'autre. Car ou elles ont ensemble une liaison mutuelle, ou bien la pa-

patience du Foible fait éclater la puiſſance du Fort.

La différence qu'il y a entre les Ouvrages de l'Art & ceux de la Nature eſt ſi grande, qu'il n'eſt pas poſſible de les confondre. Il n'y a que Dieu qui connoiſſe les choſes *à priori*, il n'y a que la Sageſſe Divine qui agiſſe naturellement avec une pleine & entière certitude. Ce que nous appellons Démonſtration, n'en eſt qu'une copie groſſière & imparfaite. On ne trouve entre les Ouvrages de la Nature aucun eſſai, aucune ébauche. Tout y eſt complet; chacune de ces choſes eſt telle que la Nature vouloit les avoir, lorsqu'elle les a produits. Et pourvu ſeulement que rien n'ait interrompu ſon action, ſes Ouvrages ſont parfaitement finis, & ſurpaſſent autant notre entendement que nos ſens. Que l'état des Hommes eſt bien différent! Ces miſérables Créatures ne ſont ſures de rien, je n'en excepte pas même leur propre exiſtence, ni les vérités qu'elles découvrent en raiſonnant *à poſteriori*. D'où il ſuit que les Ouvrages de l'Art, inventés par les Hommes, doivent néceſſairement être très-imparfaits & très-défectueux. Les prémiers commencemens de ces Découvertes, doivent avoir été bien peu de choſe. On n'a avancé en connoiſſances que très-lentement, & par des degrés inſenſibles. Il eſt des Arts & des Siences qui ont exigé l'expérience de pluſieurs ſiè-

ſiècles, avant que d'être parvenus à quelque degré de perfection. Avons-nous quelque raiſon de penſer que la Société des Abeilles qui forma le prémier eſſaim, produiſit de la cire & du miel dont la qualité fut inférieure aux productions de leur Poſtérité.

Autre différence entre les Ouvrages de l'Art & ceux de la Nature. Les Loix de la Nature ſont fixes & immuables. Dans tout ce qu'elle ordonne, on voit règner une *ſtabilité*, & une uniformité qui ne ſe rencontre jamais dans les choſes inventées & approuvées par les Hommes:

Quid placet, aut odio eſt, quod non mutabile credas?

Eſt-il probable que parmi les Abeilles il y ait eu autrefois une autre Forme de Gouvernement, que celle que nous voïons chez les Eſſaims d'aujourd'hui. Il s'en faut beaucoup qu'on ne puiſſe dire la même choſe des Hommes. Quelle variété de Spéculations, que de Syſtêmes ridicules n'ont-ils pas propoſé de tout tems ſur le Gouvernement? Combien de diſputes cette queſtion n'a-t-elle pas occaſionné? Combien de querelles, & de guerres fatales n'a-t-elle pas produit? Encore aujourd'hui, on examine quelle eſt la meilleure Forme de Gouvernement. Les projets bons & mauvais qu'on a formés en faveur de la Société, & pour en ren-

rendre l'établissement plus heureux, sont sans nombre. Mais que les bornes de notre sagacité sont étroites ! Que les Hommes peuvent aisément être jettés dans l'erreur ! Ce qui dans un siècle avoit paru infiniment avantageux au Genre Humain, a été dans les tems postérieurs envisagé comme très-pernicieux. Que dis-je ! Ne voit-on pas, même de nos jours, que ce qui est révéré dans un Païs, est en abomination dans un autre ? Mais, je vous prie, quel changement est-il jamais arrivé parmi les Abeilles ? Ont-elles apporté quelque changement dans l'architecture de leurs demeures, ou dans leurs ameublemens ? Ont-elles jamais construit de cellules qui ne fussent pas hexagones ? Se sont-elles jamais servies d'instrumens différens de ceux que la Nature leur a donnés dès le commencement ? Quels superbes Bâtimens n'a-t-on pas élevé parmi les Hommes ! Quels prodigieux Ouvrages n'a-t-on pas vu exécuter chez les grandes Nations. Mais pour toutes ces choses, la Nature a seulement fourni les matériaux. La Carrière donne le Marbre, mais le Sculpteur fait la Statue. Pour se procurer cette variété infinie de Ferremens que l'on a inventés, la Nature ne fournit rien que la Mine de Fer ; encore l'a-t-elle cachée dans les entrailles de la Terre.

HOR. Mais l'habileté des Ouvriers,

& de ceux qui ont inventé les Arts, ou qui les ont perfectionnés, n'a pas peu contribué à perfectionner ces travaux. Or de qui tenoient-ils leur génie? N'est-ce pas de la Nature?

Cleo. Bien loin que cela dépende de leur constitution, il résulte uniquement de l'exactitude de leurs Instrumens. Je l'ai déjà avancé; & si vous voulez bien vous rappeller ce que je vous ai dit sur cet article, vous trouverez que la part que la Nature a dans l'habileté & dans la patience de chaque Particulier qui s'applique à ces Ouvrages, est fort petite.

Hor. Je vous ai bien compris, vous voudriez insinuer deux choses. *Prémièrement*, que ce qui rend l'Homme plus propre à la Société que les autres Animaux, est quelque chose de réel, quoique presque imperceptible dans les Individus, avant que réunis en assez grand nombre, on les ait ménagés avec dextérité. *En second lieu*, que ce quelque chose de réel, cette *Sociabilité*, est un composé de diverses choses, qui concourent toutes ensemble à produire cette propriété. Elle ne consiste donc point, suivant vous, dans une certaine qualité particulière, dont l'Homme seul soit visiblement doué à l'exclusion des Brutes.

Cleo. Vous avez parfaitement raison. Chaque raisin contient un peu de jus; & lorsqu'on en presse une grande quantité, on on en tire une liqueur, qui ménagée avec art peut être convertie en Vin. Mais, ſans s'exprimer très-improprement, on ne peut pas dire qu'il y ait du Vin dans chaque raiſin, ſi l'on conſidère combien la fermentation eſt néceſſaire, pour que cette liqueur acquière une qualité vineuſe; je veux dire, combien cette fermentation eſt eſſentielle à la converſion de cette liqueur en Vin.

HOR. La qualité vineuſe, conſidérée comme un effet de la fermentation, eſt accidentelle; puiſqu'un grain de raiſin ne l'auroit jamais pu acquérir, tant qu'il ſeroit reſté ſeul. Si donc vous voulez comparer la *Sociabilité* de l'Homme à la qualité vineuſe du Vin, il faut que vous me prouviez qu'il y a dans la Société quelque choſe de ſemblable à cette fermentation; je veux dire qu'il y ſurvient quelque choſe dont les Individus ne ſont pas actuellement en poſſeſſion tant qu'ils reſtent ſeuls, mais qui eſt viſiblement acceſſoire à des multitudes de Gens dès-qu'ils ſont réunis enſemble. Comme la fermentation eſt néceſſaire pour procurer la qualité vineuſe au jus des raiſins, ainſi cet équivalent doit être également néceſſaire & eſſentiel à la formation de la Société.

CLEO. On peut démontrer que le Commerce mutuel eſt l'équivalent dont je parle. Car ſi l'on examine chaque faculté & chaque qualité, en vertu de quoi, & pour-

pourquoi l'on juge & l'on déclare que l'Homme eſt une Créature plus Sociable que les autres Animaux, on trouvera que la plupart de ces qualités, pour ne pas dire toutes, ſont acquiſes, & qu'elles naiſſent au milieu des Aſſemblées nombreuſes de Peuple, par le commerce que ſes Membres ont entr'eux. *Fabricando Fabri ſimus.* Les Hommes deviennent Sociables, en vivant en Société. L'Affection naturelle porte toutes les Mères à avoir ſoin des Enfans qu'elles oſent avouer leur appartenir. Elles les nourriſſent, & empêchent qu'il ne leur arrive aucun mal, tant qu'ils ne peuvent pas s'aider eux-mêmes. Mais lorſque les Gens ſont pauvres, & que les Femmes n'ont pas le tems de ſuivre l'inclination qu'elles ont d'exprimer à leurs Enfans leur tendreſſe, qui va toujours en augmentant, ſouvent elles les négligent, & ne ſe donnent pas la peine de les ſoigner, & de les amuſer. Plus même ces innocentes Créatures ſont robuſtes & paiſibles, moins on en prend de ſoin. Ces Enfans devenus grands, ſont quelquefois d'une ſtupidité & d'une ignorance invincible. La cauſe principale de ces défauts, vient ſouvent de ce que dans leur enfance on n'a pas babillé avec eux, ni réveillé leur eſprit. Ainſi nous attribuons ſouvent à une incapacité naturelle, ce qui eſt entièrement dû au peu de ſoin que l'on a pris de les inſtruire dans cet âge tendre. Il y a si peu d'exemples de Créatures Humaines qui n'aïent jamais conversé avec celles de leur propre Espèce, qu'il seroit difficile de conjecturer ce que seroit un Homme qui n'auroit aucune éducation, quelle que ce fût. Mais nous sommes fondés à croire que la faculté de penser seroit bien parfaite dans un tel Homme, si nous considérons que la plus grande docilité ne pourroit être d'aucun usage à une Créature qui n'auroit rien à imiter, ni personne pour l'instruire.

HOR. Les Philosophes tiennent donc une conduite peu sage, lorsqu'ils s'occupent à discourir des Loix de la Nature, & qu'ils prétendent déterminer quelles seroient les pensées d'un Homme considéré dans le simple état de Nature; & comment, sans aucune éducation, il raisonneroit, & de lui-même, & de la Création.

CLEO. Pour penser & pour raisonner juste, comme Mr. *Locke* l'a très-bien remarqué, il faut, & du tems, & de l'exercice. Les Personnes qui ne sont accoutumées à penser qu'aux choses dont elles ont actuellement besoin, reussissent très-mal, lorsqu'elles veulent pousser plus loin leurs réflexions. Dans les Païs éloignés, ou dans ceux qui sont les moins peuplés, nous trouverons, même parmi les Nations les plus policées, que notre Espèce approche plus de l'état de Nature, que dans les grandes Cités & dans les Villes considérables;

bles, ou dans les environs de ces lieux très-fréquentés. Si vous voulez vous convaincre de la vérité de mon assertion, examinez les plus ignorans de ces sortes de gens. Entamez avec ces personnes une conversation où il faudra penser d'une manière tant soit peu abstraite, de cinquante il n'y en aura pas un qui puisse vous comprendre, vous n'avancerez pas plus que si vous parliez à un Cheval. Cependant plusieurs d'entre eux sont de bons Ouvriers, & assez rusés pour vous tromper & pour forger des mensonges. L'Homme est une Créature raisonnable, mais en naissant il n'est point doué de Raison; dans la suite il ne peut pas même revêtir cette faculté tout d'un coup, comme il peut mettre un habit. Quoique la parole soit aussi une des qualités caractéristiques de notre Espèce, cependant l'Homme ne parle point dès le moment de sa naissance. Douze Générations qui descendroient de deux Sauvages, ne produiroient pas un langage passable, si quelqu'un n'avoit jamais ouï parler personne avant que d'avoir atteint l'âge de vingt-cinq ans, on seroit fondé à croire qu'on ne pourroit point du tout lui apprendre à parler.

HOR. Je crois qu'il est très-nécessaire d'apprendre & à parler, & à penser, tandis que les Organes sont flexibles, & qu'ils cèdent aisément aux impressions dont vous avez parlé ci-devant. Mais un Chien, ou un Singe pourroit-il jamais apprendre à parler?

Cleo. Je ne le pense pas. Mais je ne crois pas aussi que des Créatures d'une autre Espèce prissent jamais les peines que quelques Enfans prennent pour apprendre à articuler quelques mots. Il faut encore considérer qu'il n'y a point d'Espèce qui reste aussi long-tems jeune que la nôtre, quoique certains Animaux vivent peut-être plus long-tems que nous. D'ailleurs, outre ce que nous devons à la grande disposition d'apprendre, que nous tenons de notre exacte structure tant extérieure qu'intérieure, nous ne sommes pas peu redevables de notre docilité à la lenteur & à la gradation presque imperceptible avec lesquelles nous croissons, avant que d'être parvenus au plus haut point de notre grandeur. Les Organes des autres Créatures se roidissent, avant que les nôtres aïent acquis la moitié de la perfection dont elles sont capables.

Hor. Lors donc que nous disons que notre Espèce est douée de la *Parole* & de la *Sociabilité*, nous nous attribuons des choses que nous ne possédons pas, à parler exactement. Tout ce qu'il y a de réel, c'est que par l'industrie, & à force de soins, on peut apprendre aux Hommes à parler, & à être Sociables, si on les discipline dès leur tendre jeunesse,

Cleo,

Cleo. C'eſt préciſément ce que je veux dire; & je ſoutiens qu'on ne pourroit jamais rendre Sociables mille Perſonnes âgées de paſſé vingt-cinq ans, qui eſt l'âge auquel ceux de notre Eſpèce ſont Hommes faits, ſi juſqu'a lors ils avoient vécu en Sauvages, & qu'ils n'euſſent point eu de commerce les uns avec les autres.

Hor. Je crois bien qu'on ne pourroit pas les civiliſer, ſi leur éducation commençoit auſſi tard.

Cleo. Mais je prens le mot de *Sociable* dans le ſens qu'on donne à ce terme, lorsqu'on s'en ſert pour déſigner une qualité particulière à l'Homme. Je veux dire qu'il ne ſeroit pas moins impoſſible de les gouverner, que de conduire un pareil nombre de Chevaux ſauvages, à-moins qu'on n'établît ſur eux une Garde trois fois plus nombreuſe pour les retenir dans la crainte. Eſt-il donc ſi certain que la plupart des Sociétés ſe ſoient formées, ou que les Nations aïent commencé à s'établir de la manière que le Chevalier *Guillaume Temple* le ſuppoſe ? Il s'en faut beaucoup que la choſe ſoit arrivée auſſi aiſément qu'il le dit. Je ſuis ſurpris comment une Perſonne, qui a donné autant de preuves inconteſtables de bon-ſens que ce Chevalier, a pu attribuer des idées de juſtice, de prudence & de ſageſſe à une Créature deſtituée de toute éducation; ou enviſager l'Homme comme déjà civiliſé, avant qu'il y eût aucune Société

Civile, avant même que les Hommes aïent commencé à s'unir ensemble.

Hor. Je sai bien que j'ai lu le Livre dont vous voulez parler ; mais je ne me souviens pas parfaitement de l'endroit que vous avez en vue.

Cleo. Ce Livre est précisément derrière vous. C'est le prémier volume de la troisième tablette, à compter d'en-bas. Donnez-le-moi, je vous prie, ce passage mérite bien d'être lu. —— Il se trouve dans son Essai sur le Gouvernement, le voici.

„ Considérons d'abord que l'Homme, „ en augmentant son Espèce par la pro- „ duction d'un grand nombre d'Enfans, „ augmente en même tems ses soins ; „ puisqu'il est obligé de pourvoir à la „ nourriture de ces Enfans, jusqu'à ce „ qu'ils puissent se la procurer eux-mê- „ mes : Obligations, qui d'ailleurs sont „ très-pénibles, & d'une très-longue du- „ rée ; vu qu'il n'est point de Créatures „ qui soient plus tard en état de se procu- „ rer le nécessaire, & qui par conséquent „ soient plus long-tems aux soins de ceux „ qui leur ont donné le jour, que les „ Enfans. Ce n'est pas tout encore. „ Réfléchissons sur l'industrie qu'il doit né- „ cessairement avoir pour subvenir aux „ besoins de ces innocentes Créatures, „ soit qu'il veuille recueillir les fruits que „ la terre produit naturellement, ou cul- „ tiver les plantes qui, pour produire quel-

„ ques alimens, demandent beaucoup de „ peine & de travail. Mais cela ne „ ſuffit point; il faut de plus mettre ces „ Enfans à couvert de tout danger. Quelle „ ſource de peines & d'inquiétudes! Il eſt „ obligé de ſe ſaiſir des Animaux les plus „ faciles à apprivoiſer, de les entretenir, „ & d'aller attaquer les plus féroces, afin „ de tenir en haleine le courage dont il a „ beſoin pour défendre ſa petite Famille, „ & pour empêcher que ces Bêtes ſauva- „ ges ne viennent l'attaquer, comme el- „ les attaquent effectivement les Animaux „ foibles & pacifiques. S'il eſt prudent, „ & qu'il aime l'ordre dans la manière „ dont il diſtribue à ſes Enfans les cho- „ ſes néceſſaires, il doit leur en donner „ à proportion de leur appétit & de „ leurs beſoins. Quelquesfois il garde „ pour le lendemain ſon ſuperflu. D'au- „ tres fois il ſe prive du néceſſaire, plu- „ tôt que d'en voir quelqu'un manquer „ de quelque choſe ——

Hor. Mais cet Homme n'eſt point ſauvage. Il a reçu de l'éducation. Que dis-je! il ſeroit en état d'être *Juge-à-Paix*.

Cleo. Permettez, je vous prie, que que je continue, je ne lirai encore que ce paragraphe.

„ A meſure qu'ils croiſſent, & qu'ils „ deviennent capables de travailler pour „ le Bien Commun, il leur montre, &

„ par

„ par ſes inſtructions, & par ſon exem-
„ ple, ce qu'ils doivent faire à préſent
„ comme ſes Fils, & ce qu'ils devront
„ faire dans la ſuite lorsqu'ils ſeront Pè-
„ res: il leur apprend à diſtinguer ce qui
„ eſt utile d'avec ce qui eſt nuiſible à
„ la ſanté, à la conſervation de la vie,
„ ou au bonheur commun de la Socié-
„ té; inſtructions qui leur feront connoî-
„ tre tout ce qu'on nomme *Vertu*, ou
„ *Vice*: il chérit & encourage tous ceux
„ qui ont de bonnes inclinations, tandis
„ qu'il hait, & qu'il punit même ceux qui
„ en ont de mauvaiſes. Enfin, lorsqu'il
„ ne trouvera point de ſoulagement aux
„ différens maux qu'il éprouvera ſur la
„ Terre, il lèvera les yeux au Ciel; &
„ & ſentant la fragilité de ſa Nature, il
„ recourra à un Etre qui ſera & plus ex-
„ cellent & plus ſublime. De tout cela
„ il faut abſolument conclure, que l'Edu-
„ cation donnera aux Enfans de cet
„ Homme, de hautes idées de ſa ſageſ-
„ ſe, de ſa bonté, de ſon courage & de
„ ſa piété. Et, s'ils voient l'abondance
„ règner au milieu de ſa Famille, ils re-
„ garderont auſſi ce Chef comme un Hom-
„ me très-opulent.

Hor. Je m'étonne ſi cet Homme eſt ſorti du ſein de la Terre, ou s'il eſt tombé du Ciel?

Cleo. Il n'y a point d'abſurdité à ſuppoſer ——

Hor.

Hor. Cette discussion nous mèneroit trop loin. D'ailleurs je suis sûr que je vous ai déjà assez ennuïé, par les questions que j'ai formées mal-à-propos.

Cleo. Bien loin de-là, vous m'avez fait beaucoup de plaisir; vous ne m'avez rien demandé qu'à propos; & il n'est point de personne de sens, qui n'eût fait de semblables questions, à-moins qu'elle ne fût extrêmement familiarisée avec ces idées. C'est pour vous que j'ai lu ce passage, je souhaittois d'en faire quelque usage; mais, comme vous êtes peut-être las d'entendre parler sur ce sujet, je n'abuserai pas plus long-tems de votre patience.

Hor. Vous ne m'avez pas compris, Cleomene; soïez sûr que ce sujet commence beaucoup à me plaire. Mais, avant que de passer outre, j'aurois envie de parcourir encore une fois l'Essai sur le Gouvernement, par le Chevalier *Guillaume Temple*, que je n'ai pas lu depuis long-tems. Après quoi je serai charmé de reprendre le discours que nous venons d'interrompre, & même le plutôt ne sera que le mieux. Je sai que vous aimez le beau fruit. Si donc vous voulez me faire l'honneur de venir dîner demain chez moi, je vous ferai manger d'un excellent *Ananas*.

Cleo. Je goûte tant de plaisir dans votre conversation, qu'il ne me seroit pas possible de refuser l'offre obligeante que vous me fai-

faites; puisque par-là j'aurai occasion de passer d'agréables momens avec vous.

HOR. Adieu jusqu'au revoir.

CLEO. Je suis votre Serviteur.

Fin du Troisième Tome.

www.ingramcontent.com/pod-product-compliance
Lightning Source LLC
LaVergne TN
LVHW020615110826
845149LV00002B/480